教育部 财政部职业院校教师素质提高计划成果系列丛书
教育部 财政部职业院校教师素质提高计划职教师资开发项目
《财务管理》专业职教师资培养资源开发（VTNE075）（负责人：贾圣武）

财务管理专业职教师资培养资源建设研究

贾圣武　赵维新　著

科学出版社

北　京

内 容 简 介

本书是对教育部、财政部《财务管理》专业职教师资培养资源开发项目研究成果的总结与升华,从文献综述和数据调研开始,依次对中等职业学校财务管理类专业教师标准确立、专业教师培养标准的设计、专业课程大纲的编制、主干课程教材的开发、数字化资源库的构建以及培养质量评价方案的建立等方面进行分析,详细梳理研究项目的全过程和基本思路,对项目研究的相关成果进行系统的归纳与总结。

本书可作为职教师资培养院校开展教学与研究的参考资料,也可以作为中等职业学校进行师资培养与培训的参考标准。

图书在版编目(CIP)数据

财务管理专业职教师资培养资源建设研究 / 贾圣武,赵维新著. —北京:科学出版社,2017

ISBN 978-7-03-049682-9

Ⅰ. ①财… Ⅱ. ①贾… ②赵… Ⅲ. ①中等专业学校–财务管理–师资培养–研究 Ⅳ. ①F275

中国版本图书馆 CIP 数据核字(2016)第 199917 号

责任编辑:方小丽 / 责任校对:钟 洋
责任印制:张 伟 / 封面设计:蓝正设计

科 学 出 版 社 出版

北京东黄城根北街 16 号
邮政编码:100717
http://www.sciencep.com

北京京华虎彩印刷有限公司 印刷

科学出版社发行 各地新华书店经销

*

2017 年 1 月第 一 版 开本:787×1092 1/16
2017 年 1 月第一次印刷 印张:15 1/4
字数:300 000

定价:49.00 元
(如有印装质量问题,我社负责调换)

教育部　财政部职业院校教师素质提高计划
职教师资培养资源开发项目专家指导委员会

主　任： 刘来泉

副主任： 王宪成　郭春鸣

成　员：（按姓氏笔画排列）

刁哲军　王继平　王乐夫　邓泽民　石伟平　卢双盈　汤生玲
米　靖　刘正安　刘君义　孟庆国　沈　希　李仲阳　李栋学
李梦卿　吴全全　张元利　张建荣　周泽扬　姜大源　郭杰忠
夏金星　徐　流　徐　朔　曹　晔　崔世钢　韩亚兰

出 版 说 明

　　《国家中长期教育改革和发展规划纲要（2010—2020 年）》颁布实施以来，我国职业教育进入到加快构建现代职业教育体系、全面提高技能型人才培养质量的新阶段。加快发展现代职业教育，实现职业教育改革发展新跨越，对职业学校"双师型"教师队伍建设提出了更高的要求。为此，教育部明确提出，要以推动教师专业化为引领，以加强"双师型"教师队伍建设为重点，以创新制度和机制为动力，以完善培养培训体系为保障，以实施素质提高计划为抓手，统筹规划，突出重点，改革创新，狠抓落实，切实提升职业院校教师队伍整体素质和建设水平，加快建成一支师德高尚、素质优良、技艺精湛、结构合理、专兼结合的高素质专业化的"双师型"教师队伍，为建设具有中国特色、世界水平的现代职业教育体系提供强有力的师资保障。

　　目前，我国共有 60 余所高校正在开展职教师资培养，但由于教师培养标准的缺失和培养课程资源的匮乏，制约了"双师型"教师培养质量的提高。为完善教师培养标准和课程体系，教育部、财政部在"职业院校教师素质提高计划"框架内专门设置了职教师资培养资源开发项目，中央财政划拨 1.5 亿元，系统开发用于本科专业职教师资培养标准、培养方案、核心课程和特色教材等系列资源。其中，包括 88 个专业项目，12 个资格考试制度开发等公共项目。该项目由 42 家开设职业技术师范专业的高等学校牵头，组织近千家科研院所、职业学校、行业企业共同研发，一大批专家学者、优秀校长、一线教师、企业工程技术人员参与其中。

　　经过三年的努力，培养资源开发项目取得了丰硕成果。一是开发了中等职业学校 88 个专业（类）职教师资本科培养资源项目，内容包括专业教师标准、专业教师培养标准、评价方案，以及一系列专业课程大纲、主干课程教材及数字化资源；二是取得了 6 项公共基础研究成果，内容包括职教师资培养模式、国际职教师资培养、教育理论课程、质量保障体系、教学资源中心建设和学习平台开发等；三是完成了 18 个专业大类职教师资资格标准及认证考试标准开发。上述成果，共计 800 多本正式出版物。总体来说，培养资源开发项目实现了高效益：形成了一大批资源，填补了相关标准和资源的空白；凝聚了一支研发队伍，强化了教师培养的"校—企—校"协同；引领了一批高校的教学改革，带动了"双师型"教师的专业化培养。职教师资培养资源开发项目是支撑专业化培养的一项系统化、基础性工程，是加强职教教师培养培训—体化建设的关键环节，也是对职教师资培养培训基地教师专业化培养实践、教师教育研究能力的系统检阅。

自 2013 年项目立项开题以来，各项目承担单位、项目负责人及全体开发人员做了大量深入细致的工作，结合职教教师培养实践，研发出很多填补空白、体现科学性和前瞻性的成果，有力推进了"双师型"教师专门化培养向更深层次发展。同时，专家指导委员会的各位专家以及项目管理办公室的各位同志，克服了许多困难，按照两部对项目开发工作的总体要求，为实施项目管理、研发、检查等投入了大量时间和心血，也为各个项目提供了专业的咨询和指导，有力地保障了项目实施和成果质量。在此，我们一并表示衷心的感谢。

教育部　财政部职业院校教师素质
提高计划成果系列丛书编写委员会
2016 年 3 月

序　　言

为贯彻落实全国教育工作会议和《国家中长期教育改革和发展规划纲要（2010—2020年）》精神，加快推进我国职业教育发展，加强中等职业学校"双师型"教师队伍建设，深化人才培养模式与课程改革，2011年教育部、财政部联合下发的《关于实施职业院校教师素质提高计划的意见》（教职成〔2011〕14号）中指出，2012~2015年，支持职教师资培养工作基础好、具有相关学科优势的本科层次国家级职业教育师资基地等有关机构，牵头组织职业院校、行业企业等方面的研究力量，共同开发100个职教师资本科专业的培养标准、培养方案、核心课程和特色教材，加强职教师资培养体系的内涵建设。作为全国职教师资培养基地，河北科技师范学院承担了"《财务管理》专业职教师资培养标准、培养方案、核心课程和特色教材开发"（简称"财务管理专业职教师资培养资源开发"）项目（项目编号为VTNE075；负责人为贾圣武）。

在教育部的高度重视和项目专家指导委员会的悉心指导下，项目组全体成员倾心努力，密切配合，按照预定计划顺利完成了项目研发工作。项目研发成果主要包括以下六个方面：①构建中等职业学校财务管理类专业教师标准，研发人员为徐祗坤、王晓东、李秀丽、赵瑞；②设计中等职业学校财务管理专业教师培养标准，研发人员为杜茂宝、李国红、张丽英、赵珊珊、王娜；③确定职教师资财务管理本科专业课程大纲，研发人员为卢亚君、王亦明、毛久智、许文静、董振喜；④开发职教师资财务管理本科专业主干课程教材，研发人员为郭艳峥、郜秀菊、付荣霞、周晓娜、王晓勤；⑤建立职教师资财务管理本科专业数字化资源库，研发人员为高建立、戚兆川、赵瑞、赵素娟、李英薇、田琪、张玉红；⑥制订职教师资财务管理本科专业培养质量评价方案，研发人员为赵维新、周晓娜、肖艳、王娜、张丽英、陈立清、史晓红、王树元、郑广娟。

为了总结研究项目的相关成果、梳理研究思路、为进一步的研究提供借鉴，我们撰写完成了此书。本书以"财务管理专业职教师资培养资源开发"项目的研究成果为基础，从基础研究、专业教师标准确立、专业教师培养标准设计、专业课程大纲编制、主干课程教材开发、数字化资源库构建及培养质量评价方案建立等方面，详细梳理研究项目的全过程和基本思路，对项目研究进行总结回顾。

在研究过程中引用并参考了众多专家、学者的研究成果，以及"财务管理专业职教师资培养资源开发"项目的研究成果，在此，谨向这些专家、学者及项目的研发人员致以诚挚的谢意！

　　受学识、能力和时间所限，书中难免会有不足之处，敬请各位专家和读者批评指正。

贾圣武　赵维新

2016 年 10 月

目　　录

第一章　项目研究的基础工作

"财务管理专业职教师资培养资源开发"项目是教育部、财政部为了贯彻落实全国教育工作会议和《国家中长期教育改革和发展规划纲要（2010—2020年）》精神，加快推进我国职业教育发展，加强中等职业学校"双师型"教师队伍建设，深化人才培养模式与课程改革而设立的职业院校教师素质提高计划中的职教师资本科专业的培养标准、培养方案、核心课程和特色教材建设项目之一。为了做好项目的研究开发工作，项目组在研究的起始阶段先开展了大量的前期调研工作，主要包括文献调研、实地调研和问卷调研三个方面的内容。

一、项目调研

为了充分了解社会对财务管理人才的要求，了解中等职业学校财务管理专业师资的需求，借鉴国内外先进的教育教学理念，科学确定中等职业学校财务管理类专业教师标准、专业教师培养标准和培养质量评价方案，构建职教师资培养课程资源，在项目开发的前期，需开展一系列的项目调研工作。

（一）调研目标、方式与内容

调研的总体目标是了解职业师范教育状况与行业发展的趋势；研究职教师资培养学校财务管理专业培养模式、知识体系、能力体系、就业状况、社会企业需求，分析中等职业学校财务管理专业教师岗位需求，为项目的开发奠定基础。具体目标分为以下几个方面。

（1）高等院校职教师资财务管理本科专业及财务管理本科专业人才培养的现状。

（2）中等职业学校财务管理专业或相关专业人才培养的现状。

（3）国家关于中等职业学校教师标准相关文件的内容和要求。

（4）中等职业学校财务管理类专业教师标准的相关研究成果。

（5）职教师资人才培养标准的相关理论与文献。

（6）中等职业学校对财务管理专业教师的需求情况。

（7）中等职业学校关于财务管理专业师资培养的建议。

（8）财务管理相关专业毕业生对本科院校财务管理专业人才培养的评价与建议。

（9）企业对财务管理专业人才标准的看法与建议。

（10）职教师资财务管理本科专业教学大纲、核心教材及数字化资源建设需求与建议。

为了实现上述目标，我们采取文献调研、实地调研与问卷调研相结合的方式进行研究。

（二）文献调研

广泛收集财务管理专业职教师资培养方面的研究成果，包括关于教师标准的文献、制度与规定，国内外关于教师标准、中等职业学校教师标准、中等职业学校财务管理相关专业的教师标准的研究与论述，职教师资财务管理本科专业、职教师资财务会计教育专业、普通教育财务管理本科专业人才培养方案，财务管理人才知识、能力、素质方面构成的研究成果，职业教育方面的理论、方法的学术著作等研究成果、论文与资料。研读与参考的相关资料包括以下内容。

1. 国家政策文件

为了获得更多的政策上的指导，我们先收集、整理并研读了国家关于职教师资培养方面的政策、制度与相关的文献资料。

（1）《教育部关于大力推进教师教育课程改革的意见》（教师〔2011〕6号）。

（2）《教育部 财政部关于实施职业院校教师素质提高计划的意见》（教职成〔2011〕14号）。

（3）《教育部关于进一步完善职业教育教师培养培训制度的意见》（教职成〔2011〕16号）。

（4）《教育部关于"十二五"期间加强中等职业学校教师队伍建设的意见》（教职成〔2011〕17号）。

（5）《国务院关于加强教师队伍建设的意见》（国发〔2012〕41号）。

（6）《教育部 国家发展改革委 财政部关于深化教师教育改革的意见》（教师〔2012〕13号）。

（7）《国家中长期教育改革和发展规划纲要（2010—2020年）》。

（8）《国家中长期人才发展规划纲要（2010—2020年）》。

（9）《教育部 财政部 人力资源和社会保障部 国务院国有资产监督管理委员会关于印发〈职业学校兼职教师管理办法〉的通知》（教师〔2012〕14号）。

（10）《国务院关于大力发展职业教育的决定》（国发〔2005〕35号）。

（11）《教育部关于印发〈幼儿园教师专业标准（试行）〉〈小学教师专业标准（试行）〉和〈中学教师专业标准（试行）〉的通知》（教师〔2012〕1号）。

（12）《教育部关于印发〈中等职业学校教师专业标准（试行）〉的通知》（教师〔2013〕12号）。

（13）《中共中央关于全面深化改革若干重大问题的决定》（2013年11月12日中国共产党第十八届中央委员会第三次全体会议通过）。

（14）《国家教育事业发展第十二个五年规划》。

（15）《国务院关于大力推进职业教育改革与发展的决定》（国发〔2002〕16号）。

（16）《教育部关于大力推进教师教育课程改革的意见》（教师〔2011〕6号）。

（17）《教育部关于推进高等职业教育改革创新引领职业教育科学发展的若干意见》（教职成〔2011〕12号）。

（18）《教育部关于推进中等和高等职业教育协调发展的指导意见》（教职成〔2011〕9号）。

（19）《教育部办公厅关于印发〈职教师资本科专业培养标准、培养方案、核心课程和特色教材开发项目管理办法〉的通知》（教师厅〔2013〕5号）。

（20）《教育部办公厅关于制订中等职业学校专业教学标准的意见》（教职成厅〔2012〕5号）。

（21）《教育部关于印发〈教育信息化十年发展规划（2011—2020年）〉的通知》（教技〔2012〕5号）。

（22）《教育部关于印发〈全国教育人才发展中长期规划（2010-2020年）〉的通知》（教人〔2011〕1号）。

（23）《教育部关于印发〈中等职业学校专业目录（2010年修订）〉的通知》（教职成〔2010〕4号）。

（24）《教育部 人力资源和社会保障部关于加强中等职业学校班主任工作的意见》（教职成〔2010〕14号）。

（25）《教育部关于全面提高高等职业教育教学质量的若干意见》（教高〔2006〕16号）。

（26）《中华人民共和国国家职业分类大典》。

（27）《教育部 财政部职业院校教师素质提高计划〈职教师资本科专业的培养标准、培养方案、核心课程和特色教材开发项目指南〉》。

（28）《中等职业学校设置标准（试行）》（教育部教职成〔2001〕8号）。

（29）《教育部、全国教育工会关于印发〈中等职业学校教师职业道德规范（试行）〉的通知》（教职成〔2000〕4号）。

2. 教育主管部门领导、专家关于职教师资培养相关方面的讲话与报告

（1）教育部副部长吴启迪在全国中等职业教育师资工作会议上的讲话，2007年4月22日。

（2）教育部副部长鲁昕同志在全国职业教育师资工作会议上的讲话，2011年12月28日。

（3）《贯彻落实教育规划纲要 推动职业教育协调发展》，教育部副部长鲁昕在2011年度全国职业教育与成人教育工作会议上的讲话，2011年5月16日。

（4）《适应需求 改革创新 努力提高职业教育服务国家战略的能力》，教育部副部长鲁昕在2012年度职业教育与成人教育工作会议上的讲话，2012年3月16日。

（5）《加快建设中国特色、世界水准的现代职业教育体系，服务国家发展方式转变和现代产业体系建设》，教育部副部长鲁昕，2011年12月15日。

（6）《职教师资培养培训趋向"专业化"——对话教育部职成司师资与科研处处长郭春鸣》编辑部. 职教师资培养培训趋向"专业化"——对话教育部职成司师资与科研处处长郭春鸣. 教育与职业，2011，（34）：38-39.

（7）曹晔. 关于职教师资培养包开发的探讨，2013-12-29.

（8）石伟平. 当前我国中职专业课程改革若干问题的思考，2011-01-29.

（9）钟健. 基于工作过程的课程体系开发，2014-02-27.

（10）姜大源. 以工作过程为导向的职业教育课程改革，2010-11-26.

（11）肖化移. 职业教育课程开发基础，2010-08-07.

（12）何明友. 基于工作过程的高职项目课程体系改革实践研究，2013-12-16.

（13）王宪成. 转变观念深化 职业教育教学改革 加强职教师资队伍建设，2009-07-09。

（14）薛勇民. 提高中等职业学校教师素质专题，2014-08-26.

（15）王建初. 国际职业教育比较，2010-09-01.

（16）饶从满. 教师专业标准解读，2013-11-28.

（17）骆德溢. 实践导向 任务引领——中职课程改革的思考与实践，2013-02-19.

（18）蒋乃平. 以就业为导向的课程改革，2012-03-26.

（19）卢双盈. 职业教育发展、师资队伍建设及课程与教学改革，2011-06-23.

（20）谭绍华. 中澳重庆职教项目与重庆市中等职业学校教师能力标准，2012-03-15.

（21）鲍加农. 中等职业教育专业教学中的教学设计，2013-08-06.

（22）赵志群. 职业教育学习领域课程及课程开发，2013-03-17.

3. 职业教育和财务管理专业教学改革方面的文献资料

（1）王颖华. 卓越教师专业标准的国际比较及其启示. 西北师大学报（社会科学版），2014，（4）：92-99.

（2）董玉祯. 美国教师教育者专业标准研究. 东北师范大学硕士学位论文，2013.

（3）熊建辉. 教师专业标准研究. 华东师范大学博士学位论文，2008.

（4）王智洋. 中小学体育教师专业化标准建设研究. 山东师范大学硕士学位论文，2014.

（5）李夔. 美国优秀教师标准及对我国教育改革的启示——以音乐教师的培养为例. 长沙理工大学学报（社会科学版），2014，（3）：136-140.

（6）陈建. "教师专业理念与师德"的定义、内涵与生成——基于《中学教师专业标准（试行）》. 教学月刊中学版（教学管理），2014，（6）：28-31.

（7）林志峰. 从"中等职业学校教师专业标准"看教师专业发展. 职业教育（下旬刊），2014，（5）：32-34.

（8）李伟，曾树琼. 新教师专业标准视域下以"学生为本"实施障碍与改进策略. 教育理论与实践，2014，（14）：19-21.

（9）司冬梅. 教师专业标准实施背景下的师德教育反思. 商丘职业技术学院学报，2014，（2）：77-80.

（10）教育部教师专业标准国际比较研究课题组.教师专业标准国际比较研究新进展

（二）——评《教师专业标准的国际经验》. 世界教育信息，2014，（8）：34-39.

（11）许毅.《中等职业学校教师专业标准》解读. 职业，2014，（11）：66.

（12）唐明. 专业化视野下高职院校教师的专业发展. 教育与职业，2014，（11）：74-75.

（13）庄榕霞，俞启定. 高职院校双师素质教师基本特征及资格标准研究——基于39所国家骨干高职立项建设院校的分析. 教师教育研究，2014，（1）：69-74.

（14）何文波. 高职"思想道德修养与法律基础"课教师专业标准初探. 长春教育学院学报，2014，（4）：136-137.

（15）赵丽. 实施"教师专业标准"的策略思考——以美国康纳狄格州为例. 教师教育研究，2014，（2）：97-101.

（16）高彩云，吴忠义. 教师专业标准下教学内容体系的重建——以体育教育实习指导课程为例. 肇庆学院学报，2014，（2）：96-100.

（17）毛智力，蒋涛. 高职院校心理健康教育教师专业标准探析. 长春教育学院学报，2014，（6）：120-121.

（18）韩淑云. 高职财务信息管理专业人才培养方案探析. 中国教育技术装备，2013，（36）：102-104.

（19）吴梅兰. 高职高专财务管理专业定位与教学方式问题分析. 中国连锁，2013，（12）：107-108.

（20）董芸. 高职高专财务管理专业实践教学体系构建设想. 财会通讯，2010，（12）：151-153.

（21）童莉莉，吴万盛. 高职院校财务管理专业顶岗实习质量评价指标体系探析. 中国电力教育，2013，（29）：108-109.

（22）杜丽花. 关于财务管理专业实践教学体系的构建——基于战略地图的研究. 会计之友，2011，（3）：115-116.

（23）向德伟. 关于财务管理专业学科体系和课程设置问题的探讨. 会计研究，2003，（3）：56-58.

（24）王斌. 关于优化财务管理专业人才培养方案的实践与思考. 中国电力教育：教育教学研究，2011，（3）：172-175.

（25）齐萱，胡阳. 国家级特色专业教学模式研究——以财务管理（中澳合作）专业为例. 财会教育，2014，（1）：113-115.

（26）陈素琴. 基于"3+1"培养模式的财务管理专业课程体系研究. 财会教育：中文核心期刊要目总览，2014，（2）：116-118.

（27）彭海颖. 基于CDIO教育理念的财务管理专业实践教学体系的改革与设计. 浙江万里学院学报，2013，26（6）：106-109.

（28）孙喜云. 基于产学研探讨财务管理实践教学改革——以辽宁对外经贸学院为例. 中国校外教育下旬刊，2013，（30）：57-58.

（29）黄虹. 基于能力视角的财会本科人才教学模式的创新与实践. 金融教育研究，2012，25（6）：69-78.

（30）李永梅. 基于市场需求构建高校财务管理专业实训内容体系——以广西大学为例. 广西教育学院学报，2012，（3）：125-127，129.

（31）李世辉. 基于新理财环境的财务管理专业本科培养模式探索——兼析中南大学财务管理培养模式. 现代大学教育，2009，（2）：107-110.

（32）陈立弘. 基于行动导向法的高职财务管理专业实践教学模式改革研究. 湖北经济学院学报，2014，（1）：164-165.

（33）卢利红，华中煜. 基于应用型人才培养的财务管理专业教学改革探讨. 经济师，2012，（7）：64-66.

（34）陈四清. 教学型本科院校财务管理专业实践教学模式探讨. 湖南财政经济学院学报，2011，27（132）：73-74.

（35）张春颖，唱晓阳. 论财务管理专业"应用型"培养模式的架构. 长春大学学报，2007，17（5）：105-107.

（36）姚正海，梁栋桢. 论经济全球化环境下的财务管理专业建设. 江苏大学学报，2002，24（3）：76-79.

（37）黄辉. 论市场需求导向财务管理专业分流培养的模式. 黑龙江高教研究，2011，（5）：50-53.

（38）崔莉. 民营院校财务管理专业人才培养方案优化研究——以辽宁对外经贸学院为例. 太原城市职业技术学院学报，2013，（11）：56-58.

（39）赵域. 培养复合型财务管理人才对教学改革的要求. 中国乡镇企业会计，2013，（12）：200-201.

（40）张培荣，金炜. 信息化背景下财务管理教学模式及教学平台的建设研究. 淮海工学院学报（人文社会科学版），2014，12（1）：138-140.

（41）高智林. 以能力为本位的财务管理专业人才培养探析——基于产学研合作教育视角. 教师观点，2012，（36）：122-124.

（42）杨怀宏，李雪芬. 以应用能力为导向的财务管理课程体系建设的探索. 科技专论，2013，（24）：431-434.

（43）甄国红，王娟，张天蔚. 应用型本科财务管理专业"四证一体"人才培养模式的探索与实践——以吉林工程技术师范学院为例. 中国大学教学，2012，（1）：33-35.

（44）陆富彬. 应用型本科财务管理专业课程设置研究. 南京工程学院学报（社会科学版），2005，5（4）：56-59.

（45）卢新国. 应用型本科院校财务管理专业人才培养模式研究. 会计之友，2008，（3）：80-82.

（46）吕立伟，张周. 应用型财务管理人才培养目标引领下学生自主学习能力培养. 财会通讯，2011，（7）：158-160.

（47）周萍，李占国. 应用型财务管理专业实践教学体系构建的探索. 会计之友，2008，（9）：71-72.

（48）杨帆. 应用型财务管理专业实验教学体系优化研究. 中文核心期刊要目总览，

2013, 12（24）：126-127.

（49）刘贤仕. 应用型财务管理专业卓越人才培养模式研究——以常州工学院为例. 北方经济，2012，（10）：14-16.

（50）崔君平，徐振华. 应用型高等院校财务管理专业特色建设探析. 辽宁农业职业技术学院学报，2012，14（5）：44-46.

（51）温琳. 应用型人才培养目标下的财务管理课程教学改革探索. 教学园地，2013，（12）：97-99.

（52）刘育锋. 职教师资职业发展新方向——澳大利亚教师标准透析. 世界之窗，1998，（7）：46-48.

（53）阎晓琳. 财务管理课程实践教学思考. 财会通讯，2013，（11）：66-67.

（54）赵勤. 浅析高校财务管理专业学生自主学习能力的培养. 经济研究导刊，2013，（33）：92-93.

（55）宋农村，陈嘉莉. 财务管理、会计学国家级特色专业建设研讨会综述. 徐州工程学院学报，2011，26（6）：63-66.

（56）甄国红，胡学钊. 财务管理本科专业人才需求分析及启示——来自吉林省数据. 财会通讯，2009，（11）：152-160.

（57）王晚霞. 财务管理就业前景分析. 商，2012，（8）：109.

（58）万力全. 财务管理课程实践教学体系构建探讨——基于财务信息化的思考. 财会通讯，2012，（4）：41-42.

（59）成兵. 财务管理专业"三位一体"实践教学体系设计. 中国管理信息化，2009，12（20）：127-129.

（60）孙静芹，朱文双. 财务管理专业创新型实践教学体系的构建与实施. 会计之友，2010，（4）：114-115.

（61）陈永丽，龚枢. 财务管理专业国际化人才培养体系创新研究——基于 CIMA 理念. 财会通讯，2012，（12）：18-19.

（62）张英明，费会娟，王永，等. 财务管理专业教学改革的调查与思考. 财会通讯（学术版），2006，（7）：122-125.

（63）李洋，武生君，张宇财. 务管理专业立体化教学模式构建探讨——基于 KAQ 目标导向的思考. 财会通讯（综合），2013，（11）：38-40.

（64）曾富全. 财务管理专业培养目标与课程设置：现状与思考. 广西经济管理干部学院学报，2010，22（2）：89-93.

（65）王琼，柴静，江新泉. 财务管理专业实践教学的现状及改进之我见. 会计师，2013，（21）：75-76.

（66）李军，文雪莲. 财务管理专业实践教学课程体系"仿真性"优化探讨. 黑龙江教育，2011，（9）：61-62.

（67）杜驰，李怡，邓小红. 财务管理专业校内实习平台构建——基于职业能力培养的思考. 财会通讯，2012，（4）：38-40.

（68）张瑞龙. 财务管理专业应用型创新人才培养校外实践环节构建. 中国乡镇企业会计，2012，（12）：200-201.

（69）宋小萍. 从培养职业能力视角看高职财务管理专业建设. 中小企业管理与科技（下旬刊），2014，（2）：239-240.

（70）李君. 地方高校财务管理专业人才实践教学创新探析——以校地合作为平台. 学术探索，2012，（4）：123-126.

（71）金颖. 对高校财务管理课程教学方法的探讨——基于国内外教材的比较分析. 石家庄学院学报，2011，13（5）：120-124.

（72）宋郁，韦琳. 对我国经济转型期实战型财务管理人才的构建. 中国商贸，2012，（36）：154，156.

（73）徐炎军. 高校财务管理专业的发展定位与人才培养. 高等财经教育研究，2012，15（4）：25-28.

（74）杨克泉. 高校财务管理专业建设现状及改革构想. 财会通讯（综合版），2006，（8）：18-19.

（75）吕立伟. 高校财务管理专业建设现状与改善构思. 承德民族职业技术学院学报，2005，（1）：3-5.

（76）滕剑仑，韩家彬，谢灵怡. 高校财务管理专业教学创新研究——基于协同演化理论的视角. 兰州教育学院学报，2012，28（5）：116-120.

（77）张国富，孙伟，仪秀琴，等. 高校财务管理专业实践教学改革的探讨. 教育探索，2013，（11）：64-65.

（78）隋静，卢霞. 高校财务管理专业实践教学改革探索——以山西大学商务学院为例. 教育理论与实践，2010，30（11）：18-20.

（79）李红. 高校财务管理专业实验教学改革与创新路径选择——以惠州学院财务管理专业为例. 惠州学院学报（社会科学版），2012，32（1）：115-128.

（80）杨洪. 高职财务管理专业人才培养的探索与创新——基于温州地区的调研分析. 财会教育，2014，（6）：122-124.

（81）解云霞. 高职财务管理专业与中小企业合作培养模式研究. 中国电力教育，2013，（31）：56-57.

（82）张天蔚，甄国红，睢忠林. 职业技术师范院校职教师资人才培养课程体系构建——以吉林工程技术师范学院财务管理专业为例. 职业技术教育，2013，34（2）：5-9.

（83）杨新吉勒图，韩炜宏，Chao C K. 中美财务管理专业课程体系与教学模式的比较研究——以内蒙古工业大学和普渡大学嘉璐美分校为例. 内蒙古工业大学学报（社会科学版），2011，20（2）：84-88.

（84）李茜，孟弼胜，武丽霞. 农林经济管理专业财务分析能力培养质量评价. 中国乡镇企业会计，2013，（12）：202-203.

（85）韩宇堃，徐霞，刘贤仕. 财务管理专业"应用型"本科人才培养实践教学考核评价模式的探讨. 考试周刊，2012，（25）：146-148.

（86）汤长胜. 以就业为导向的高职会计专业人才培养研究. 安徽商贸职业技术学院学报（社会科学版），2014，13（1）：54-56.

（87）付晓兰. 以"学习产出"为质量标准的高职会计人才培养质量评价体系研究. 湖北经济学院学报（人文社会科学版），2014，（2）：75-76.

（88）周燕. 构建高职院校会计电算化专业人才培养质量评价标准的研究. 知识经济，2013，（8）：179-180.

（89）程安林. 能力导向的卓越会计人才培养教学改革探析. 湖北经济学院学报（人文社会科学版），2013，（5）：169-170.

（90）罗小明. 高职会计类专业实践教学考核评价体系研究与实践. 中国乡镇企业会计，2012，（7）：224-226.

（91）田维珍，吕文亮，马维平，等. 基于 Delphi 法的高职中医类专业人才培养质量评价指标体系研究——以湖北中医药高等专科学校为例. 长江大学学报（自然科学版），2014，（15）：94-96.

（92）王芬蕾. 试论我国高等教育人才培养目标的缺失与改进策略[J].辽宁省交通高等专科学校学报，2014，16（2）：57-59.

（93）贺文瑾. 职业教育"双师型"教师队伍专业化建设的新部署. 中国职业技术教育，2014，（21）：216-222.

（94）雷冬海. 高等职业教育师资队伍建设研究. 成人教育，2010，（12）：29-30.

（95）周芳. 高职"双师型"教师胜任力提高的研究——基于德国职教师资的引入、培训、激励评估机制. 唯实（现代管理），2013，（1）：53-54.

（96）申钢. 浅谈高等职业教育师资队伍建设. 内蒙古煤炭经济，2010，（3）：111-113.

（97）吴友娟，沈晓蕙. 完善"双师型"教师评价标准之我见. 今日科苑，2008，（6）：235-236.

（98）邵玉华. 现代高等职业教育师资队伍建设及教育质量保障探讨. 黑龙江科技信息，2013，（10）：217.

（99）韩映雄. 高等教育质量精细分析. 高等教育研究（武昌），2003，（3）：72.

（100）安心. 高等教育质量的本质探析. 高等师范教育研究，1996，（5）：39-44.

（101）肖化移，周一苗. 基于质量标准的职教教师教学能力结构探析. 武汉职业技术学院学报，2009，（2）：46-49.

（102）王彦红，李翔明. 浅谈职业教育师资队伍建设. 中小企业管理与科技（上旬刊），2010，（4）：155.

（103）李贤温. 高等职业教育目标对师资队伍建设的要求. 职教论坛，2005，（3）：179-180.

（104）林林，姚青梅，卢胜利. 职教师资人才培养模式的改革与实施：以"卓越职教师资培养计划"为例. 职业技术教育，2012，（35）：65-68.

（105）昌庆钟. 审核评估与高校内部质量保障体系建设的四个转变. 中国大学教学，2013，（7）：75-78.

（106）Wang J. National board certification as professional development：what are teachers learning? Education Policy Analysis Archives，2006，14（5）：1-46.

（107）Eun C S，Resnick B G. International financial management. Social Science Electronic Publishing，2015，11（4）：1-2.

（108）Fenz S，Ekelhart A，Neubauer T. Information security risk management：in which security solutions is it worth investing? Communications of the Association for Information Systems，2011，28：329-356.

4. 高等院校财务管理专业人才培养方案

1）财经类院校

（1）西南财经大学财务管理专业本科人才培养方案。

（2）东北财经大学财务管理专业（本科）学分制培养方案。

（3）广西财经大学财务管理专业培养方案。

（4）河南财经政法大学财务管理专业本科人才培养方案。

（5）湖北经济学院法商学院财务管理专业本科培养方案。

（6）江西财经大学财务管理专业指导性教学计划。

（7）南京财经大学红山学院财务管理专业培养方案。

（8）南京审计学院财务管理专业培养方案。

（9）上海财经大学财务管理专业培养方案。

（10）上海对外贸易学院财务管理专业培养方案。

（11）中南财经政法大学财务管理专业全程培养方案。

（12）浙江工商大学杭州商学院财务管理专业培养方案。

（13）哈尔滨商业大学会计学院培养方案汇编。

2）理工类院校

（1）兰州交通大学财务管理专业培养计划。

（2）安徽工业大学财务管理专业本科指导性培养方案。

（3）长春科技学院财务管理专业人才培养方案。

（4）常州工学院财务管理专业培养方案。

（5）华北电力大学财务管理专业人才培养方案。

（6）南阳理工学院财务管理专业本科人才培养方案。

（7）青岛科技大学财务管理专业人才培养方案。

（8）厦门理工学院第二专业（财务管理专业）培养方案。

（9）浙江科技学院财务管理专业培养方案。

（10）郑州航空工业管理学院财务管理专业培养方案。

（11）郑州轻工业学院财务管理专业培养方案。

（12）中国石油大学（华东）财务管理专业培养方案。

3）师范类院校

（1）长江师范学院财务管理专业普通本科人才培养方案。

（2）大庆师范学院财务管理专业本科人才培养方案。

（3）福建师范大学财务管理专业培养方案。

（4）阜阳师范学院经济管理系财务管理专业本科学分制人才培养方案。

（5）赣南师范学院商学院财务管理本科专业人才培养方案。

（6）广东技术师范学院财务管理专业人才培养方案。

（7）河南师范大学经济与管理学院财务管理专业培养方案。

（8）湖北师范学院财务管理（本科）专业人才培养方案。

（9）湖州师范学院财务管理专业本科生培养方案和指导性教学计划。

（10）华南师范大学财务管理专业培养方案。

（11）江西科技师范大学财务管理专业（应用类）人才培养方案。

（12）南阳师范学院财务管理专业人才培养方案。

（13）上海师范大学财务管理专业（本科）培养方案说明。

4）文史类院校

（1）北京第二外国语学院旅游管理学院财务管理专业本科生培养方案。

（2）北京物资学院商学院财务管理专业本科人才培养方案。

（3）中国人民大学财务管理专业人才培养方案。

5）综合类院校

（1）东南大学成贤学院财务管理本科专业培养方案。

（2）海南大学财务管理专业培养方案。

（3）安阳大学财务管理专业培养方案。

（4）湖南大学财务管理专业培养方案。

（5）惠州大学财务管理专业培养方案。

（6）吉林大学财务管理专业培养方案。

（7）辽东学院财务管理专业培养方案。

（8）闽江学院财务管理专业培养方案。

（9）莆田学院财务管理本科专业人才培养方案。

（10）沈阳大学财务管理专业培养方案。

（11）石河子大学财务管理专业本科培养方案。

（12）苏州大学财务管理专业培养方案。

（13）塔里木大学财务管理专业本科人才培养方案。

（14）台州学院财务管理专业指导性人才培养计划。

（15）泰山学院人才培养方案。

（16）铜陵学院财务管理专业人才培养方案。

（17）武汉大学经济与管理学院财务管理专业本科人才培养方案。

（18）西南民族大学财务管理专业培养方案。

（19）厦门大学嘉庚学院财务管理专业人才培养方案。

（20）湘潭大学财务管理专业培养方案。

（21）扬州大学财务管理专业培养方案。

（22）扬州大学广陵学院财务管理专业培养方案。

（23）宜宾学院财务管理专业本科培养方案。

（24）枣庄学院财务管理专业四年制本科人才培养方案。

6）其他类院校

（1）安徽农业大学财务管理专业本科人才培养方案。

（2）广东海洋大学财务管理专业培养方案。

（3）河北农业大学财务管理专业指导性教学计划。

（4）青岛农业大学财务管理专业人才培养方案。

（5）四川农业大学财务管理专业培养方案。

（6）仲恺农业技术学院财务管理专业人才培养方案。

5. 与职教师资财务管理专业职教师资培养资源建设有关的专著、教材等文献资料

（1）《中学教师专业标准：要点、行动、示例》编写组. 中学教师专业标准：要点、行动、示例. 北京：北京师范大学出版社，2013.

（2）克莱因 D. 教师能力标准：面对面、在线及混合情境. 顾小清译. 上海：华东师范大学出版社，2007.

（3）鄢月钿. 优秀教师的十大标准/教师综合素质提高丛书修订. 长春：吉林大学出版社，1906.

（4）田廷光，陈上仁. 本科院校教师教育质量标准研究. 北京：中国社会科学出版社，2010.

（5）教育部教师工作司组. 教师工作系列丛书：中学教师专业标准（试行）解读. 北京：北京师范大学出版社，2013.

（6）张建岁，霍习霞. 中国学前教师专业标准岗位达标实训. 上海：复旦大学出版社，2012.

（7）财政部教育部组. 农村经济管理专业教师教学能力标准、培训方案和培训质量评价指标体系. 北京：中国铁道出版社，2012.

（8）教育部财政部组. 物业管理专业教师教学能力标准、培训方案和培训质量评价指标体系. 北京：中国人民大学出版社，2012.

（9）薛勇民. 旅游服务与管理专业教师教学能力标准培训方案和培训质量评价指标体系. 北京：外语教学与研究出版社，2012.

（10）刘雪清，金双华，王满亭. 财政事务专业教师教学能力标准、培训方案和培训质量评价指标体系. 北京：中国财政经济出版社，2011.

（11）朱孟楠. 金融事务专业教师教学能力标准、培训方案和培训质量评价指标体系. 北京：中国财政经济出版社，2011.

（12）吴清烈. 电子商务专业教师教学能力标准、培训方案和培训质量评价指标体系.北京：外语教学与研究出版社，2012.

（13）沈欣，霍红，刘兴革. 物流专业教师教学能力标准、培训方案和培训质量评价指标体系. 北京：中国财政经济出版社，2011.

（14）郎群秀. 市场营销专业教师教学能力标准、培训方案和培训质量评价指标体系（教育部财政部中等职业学校教师素质提高计划成果）. 北京：中国人民大学出版社，2012.

（15）石美珊. 公关礼仪专业教师教学能力标准、培训方案和培训质量评价指标体系（教育部财政部中等职业学校教师素质提高计划成果）. 北京：中国人民大学出版社，2012.

（16）陈云山. 家政与社区服务专业教师教学能力标准、培训方案和培训质量评价指标体系（教育部财政部中等职业学校教师素质提高计划成果）. 北京：中国人民大学出版社，2012.

（17）徐流. 饭店服务与管理专业教师教学能力标准培训方案和培训质量评价指标体系. 北京：外语教学与研究出版社，2012.

（18）王觉，窦洪波，杨洁. 会计专业教师教学能力标准、培训方案和培训质量评价体系. 北京：中国财政经济出版社，2011.

（19）马新妍. 教师必备的 10 项基本素质和能力. 北京：中国图书出版集团世界图书出版公司，2010.

（20）李梦卿. 双师型职教师资培养制度研究. 武汉：华中科技大学出版社，2012.

（21）袁锐鄂. 教师专业化与高素质教师. 广州：广东高等教育出版社，2007.

（22）李宏. 教师能力素养导论. 北京：中国图书出版集团世界图书出版公司，2013.

（23）徐红. 专家型教师培养标准研究. 北京：中国社会科学出版社，2013.

（24）教育部师范教育司组织. 教学人员教育技术能力标准解读. 北京：北京师范大学出版社，2005.

（25）教育部师范教育司组织. 管理人员教育技术能力标准解读. 北京：北京师范大学出版社，2005.

（26）周广强. 教师专业能力培养与训练. 北京：首都师范大学出版社，2010.

（27）中小学教师专业发展标准及指导课题组. 中小学教师专业发展标准及指导（试行）：信息技术. 北京：北京师范大学出版社，2012.

（28）教育部教师工作司. 教师工作系列丛书：小学教师专业标准（试行）解读. 北京：北京师范大学出版社，2013.

（29）石伟平. 国际视野下的职业教育师资培养. 北京：外语教学与研究出版社，2011.

（30）赵国忠. 优秀教师最重要的标准. 南京：南京大学出版社，2009.

（31）孔德兰，许辉. 财务管理——原理、实务、案例、实训训练手册. 第二版. 大连：东北财经大学出版社，2012.

（32）姚海鑫. 财务管理（"十一五"规划教材）. 北京：清华大学出版社，2007.

（33）王玉春. 财务管理（普通高等教育"十一五"国家级教材）. 南京：南京大学出版社，2012.

（34）陈良华，吴应宇，吴斌，等. 财务管理. 第二版. 北京：科学出版社，2013.

（35）王斌. 财务管理. 北京：高等教育出版社，2007.

（36）杨志慧. 财务管理（普通高等院校"十二五"规划教材）. 上海：立信会计出版社，2011.

（37）孔德兰，许辉. 财务管理——原理、实务、案例、实训（学生手册）. 大连：东北财经大学出版社，2011.

（38）李郁明，张惠忠. 财务管理专业实验（实训）指导书. 北京：经济科学出版社，2011.

（39）黄佑军. 财务管理项目实训. 北京：经济科学出版社，2010.

（40）王媚莎. 财务管理项目化实训. 北京：经济科学出版社，2012.

（41）张超英. 财务管理模拟实训. 北京：中国人民大学出版社，2010.

（42）宋秋萍. 财务管理实训教程. 北京：中国财政经济出版社，2006.

（43）刘淑莲. 财务管理. 第三版. 大连：东北财经大学出版社有限责任公司，2013.

（44）卢家仪. 财务管理. 第四版. 北京：清华大学出版社，2011.

（45）王化成. 财务管理（"十一五"国家级规划教材；教育部普通高等教育精品教材；教育部经济管理类核心课程教材）. 第三版. 北京：中国人民大学出版社，2010.

（46）刘占山，赵为粮. 需求导向的职业教育探索与实践——中国-澳大利亚（重庆）职业教育. 北京：高等教育出版社，2007.

根据项目调研的结果，完成相关研究内容的文献综述。通过文献调研，项目组成员进一步了解和理解政府相关部门对职教师资培养的要求与政策，了解国内外学者对职教师资培养问题研究的现状及发现的问题，为进一步开展研究打下较为坚实的基础。

（三）实地调研

为了解财务管理专业职教师资培养的实际需求，取得丰富的第一手资料，从人才需要及培养两个方面为财务管理专业教师标准、专业教师培养标准和培养质量评价方案的制订、核心课程和特色教材开发提供支撑，项目组拟定《职教师资财务管理本科专业培养资源开发项目调研访谈提纲》，认真开展实地调研工作。调研对象包括企业财务管理人员、本科院校和中高等职业学校财务管理相关专业教师及教学管理人员、财务管理及相关专业毕业生。

1. 拟定调研提纲

针对不同的调查对象，我们分别拟定了调研提纲。

1）针对高等学校的实地调研提纲

（1）相关专业的办学历史、现状，招生与就业情况（包括应聘职教师资的比例）。

（2）人才培养目标、课程设置、课程结构、实习、实训的情况（最好能提供本专业的人才培养方案）。

（3）财务管理专业人才培养的经验、问题及改革设想。

（4）师范教育方向人才培养的特点，师范教育与专业教育方面结合的方式。

（5）教学大纲的制定情况，包括大纲制定的依据、制定方式、大纲内容、创新点。

如何更好地体现能力及综合素质教学目标导向？

（6）在校本教材建设方面的经验。

（7）财务管理本科专业学生应具备的知识、能力及素质。

（8）财务管理专业课程体系建设基本思路。初级财务管理、中级财务管理和高级财务管理课程的具体内容，开设"财务管理案例"课程的情况。财务管理专业知识、专业技能实习实践情况（包括实习材料、使用的软件、实习的方式方法）。

（9）校外实践教学基地建设、校企合作办学情况，以及专业教师在其中的作用。

（10）财务管理专业职教师资人才培养的主要核心课程、本科专业应设的主干课程、教材编写的建议。

（11）数字化资源库建设、使用情况；数字化资源库内容及建设的建议。

（12）本科专业毕业生的理论水平与实践技能是否满足用人单位要求，以及其成功经验。

（13）怎样全面地评价培养的学生质量？应注意哪些问题？有没有成型的学生质量评价模式？您认为科学的评价模式应该是怎样的？

（14）贵校在学生科研能力培养方面的做法与成效。

（15）财务管理专业学生具有什么样的专业特点？具有什么样的心理特点？具有什么样的学习特点？学风如何？原因是什么？该如何解决？

（16）贵校或者贵专业如何解决学生的实习实训问题？实习方式是以校外实习为主，还是以校内实习为主？校内实习如何开展？实习实训材料来自何处？如何检测实习实训效果？

（17）贵校是否经常组织学生参加专业技能大赛？有哪些赛事？成绩如何？

（18）贵校对师范类学生教师技能方面实习实训是如何安排的？对学生进行教师技能的一般性训练有哪些？对学生进行的中等职业学校教师技能训练有哪些？

2）针对中等职业学校的实地调研提纲

（1）财务管理等相关专业的办学情况。

（2）招生和就业情况、学生去向。

（3）相关专业的人才培养方案，包括培养目标及课程结构、实习、实训安排等。

（4）校企合作办学情况如何？

（5）专业教师在其中的作用如何？

（6）本科专业教师的主要来源、学校选聘专业教师的条件和要求、新教师的培养。

（7）学校对在职教师基本素质、理论水平、实践技能、科研能力等方面的要求。

（8）财务管理的教师应具备什么样的知识、能力及素质？

（9）您认为大学中的职教师资财务管理专业教学，对学生专业知识的培养应注重系统性，还是够用就行，还是二者兼顾？

（10）大学对科研能力的训练有无必要？应采取什么方式？

（11）专业教师应具备的基本教学能力和专业能力包括哪些？

（12）对职教师资财务管理本科专业人才培养而言，您认为在师范教育和专业教育方面应该如何协调？怎样处理它们在学时分配、先后顺序、教学方式等方面的关系？

（13）就您所毕业的学校而言，您觉得大学里最应该开设的专业课程有哪些？理论和实践课程应如何设置？

（14）对中等职业学校教师而言，在大学期间应设置哪些师范类课程？进行什么样的实践演练最有效？

（15）您在大学期间所学的课程有哪些？学习的知识结构是否合理？理论应该在哪些方面加强？动手能力应该如何提高？学校应怎样做？

（16）您认为怎样做才能全面地评价高等学校学生的培养质量？您认为科学的评价模式应该是怎样的？

（17）关于数字化资源库。您喜欢访问哪些数字资源平台？您认为数字化资源库应该包括哪些内容？您觉得数字化资源库所承载信息的形式可以包括哪些（如文字信息、图片、录像）？

（18）对职教师资财务管理本科专业培养的建议有哪些？

3）针对企业的实地调研提纲

（1）企业概况。

（2）财务岗位设置。会计核算岗位与管理岗位是否分开？分开如何设置？不分开如何设置？

（3）财务工作的主要内容。

（4）工作内容或岗位职责（出纳、往来款项、存货、投资理财、固定资产、薪酬管理、成本管理、收入管理、税费管理、财务网络管理、预算管理、内部控制等岗位）。

（5）财务管理各岗位分别需要具备什么能力？这些能力应如何培养？

（6）财务管理各岗位应当具备什么样的基本素质和专业素质？素质形成的途径是什么？

（7）要从事财务管理相关岗位的工作，一个财务管理或相关专业的本科生应当学习哪些知识？采用什么样的学习方式？

（8）贵公司近年来对财务管理相关专业招聘都有哪些条件？

（9）应届毕业生需要多长时间才能够独立承担财务管理工作？

（10）财务人员的成长过程（包括岗位和一般经历的时间）。

（11）对高等学校财务管理专业毕业生在知识、能力和素质方面的基本评价。

（12）对高等学校财务管理专业人才培养方面的建议。

（13）对高校开展实习、实训方面的建议。

（14）对开展校企合作的建议。

（15）贵单位对开展校企合作的态度。

2. 开展实地调研

根据项目研发需要，项目组于 2013 年 12 月至 2014 年 5 月，分组对中等职业学校、高等学校和企业进行了两次较大规模的集中实地调研。具体分组和调研单位信息分别见表 1.1 和表 1.2。

表 1.1　财务管理专业培养资源开发项目实地调研分组情况一览表

时间	组别	调研工作人员信息		调研单位
		姓名	项目承担角色	
2013 年 12 月	西南 调研组	赵维新	子项目负责人	中等职业学校、高等学校
		卢亚君	子项目负责人	
		周晓娜	项目组成员	
	东北 调研组	徐祗坤	子项目负责人	中等职业学校、高等学校
		赵瑞	项目组成员	
		赵素娟	项目组成员	
	东南 调研组	毛久智	项目组成员	中等职业学校、高等学校、企业
		郭艳峥	子项目负责人	
		肖燕	项目组成员	
2014 年 5 月	京津冀 调研组	贾圣武	项目负责人	企业
		杜茂宝	子项目负责人	
		卢亚君	子项目负责人	
		郭艳峥	子项目负责人	
	冀东 调研组	赵维新	子项目负责人	中等职业学校
		赵瑞	项目组成员	
		王娜	项目组成员	
	冀南 调研组	徐祗坤	子项目负责人	中等职业学校、 高等学校
		王亦明	项目组成员	
		王晓东	项目组成员	

表 1.2　财务管理专业培养资源开发项目实地调研信息一览表

调研单位名称	接受调研人员	调研时间
秦皇岛乐都汇购物中心	财务经理及相关人员	2013 年 11 月 10 日
茅台集团昌黎葡萄酒公司	财务经理及相关人员	2013 年 11 月 10 日
贵州贸易经济学校	学校主管领导及专业教师	2013 年 12 月 14 日
贵州大学职业技术师范学院	学院领导及相关人员	2013 年 12 月 14 日
贵州大学人武学院	学院领导及相关人员	2013 年 12 月 15 日
贵州理工学院	学院领导及相关人员	2013 年 12 月 15 日
重庆师范大学经济与管理学院	学院领导及相关人员	2013 年 12 月 16 日
重庆光华女子职业中专	学校主管领导及专业教师	2013 年 12 月 16 日
四川财经职业学院	学院领导及相关人员	2013 年 12 月 17 日
成都理工大学商学院	学院领导及相关人员	2013 年 12 月 18 日
哈尔滨第一职业中学校	学校主管领导及专业教师	2013 年 12 月 16 日
哈尔滨理工大学管理学院	学校主管领导及专业教师	2013 年 12 月 16 日
哈尔滨商业大学经管实践中心	学校主管领导及专业教师	2013 年 12 月 17 日
哈尔滨商业大学会计学院	学校主管领导及专业教师	2013 年 12 月 17 日

续表

调研单位名称	接受调研人员	调研时间
哈尔滨第二职业中学	学校主管领导及专业教师	2013 年 12 月 17 日
哈尔滨商业大学管理学院、旅游学院、药学院、管理学院、食品工程学院、继续教育学院	相关学院院长	2013 年 12 月 18 日
黑龙江商务学校	主管校长及相关专业负责人	2013 年 12 月 18 日
吉林工程技术师范学院	相关领导与专业教师	2013 年 12 月 19 日
中物功能材料研究院	财务总监	2013 年 12 月 15 日
中城建华南集团公司	董事长	2013 年 12 月 15 日
百丽国际集团公司	培训部主管	2013 年 12 月 15 日
中国银行深圳分行	业务主管	2013 年 12 月 15 日
深圳大学经济学院	院长及相关专业教师	2013 年 12 月 16 日
华南师范大学	学院领导及相关专业教师	2013 年 12 月 16 日
暨南大学管理学院	院长及专业教师	2013 年 12 月 16 日
广东技术师范学院会计学院	学院相关领导及专业教师	2013 年 12 月 16 日
广东财经大学会计学院	学院领导及专业教师	2013 年 12 月 17 日
广州市财会学校	专业教师	2013 年 12 月 17 日
广东省华侨职业技术学校	主管校长及专业负责人	2013 年 12 月 17 日
卢龙职教中心	专业主管领导及教师	2014 年 5 月 20 日
滦县职教中心	相关部门领导及专业教师	2014 年 5 月 20 日
迁安职教中心	校长及专业教师	2014 年 5 月 21 日
玉田职教中心	相关部门负责人及专业教师	2014 年 5 月 21 日
栾城职教中心	主管校长及专业教师	2014 年 5 月 28 日
晋州职教中心	校长及相关专业负责人	2014 年 5 月 28 日
河北金融学院	相关专业负责人及专业教师	2014 年 5 月 29 日
河北经贸大学	相关学院院长及部分专业教师	2014 年 5 月 29 日
曙光信息产业股份有限公司	财务部经理及相关人员	2014 年 5 月 9 日
天津力生制药股份有限公司	会计主管及相关人员	2014 年 5 月 9 日
紫光海泰科技发展有限公司	财务总监及部门相关人员	2014 年 5 月 9 日
天津天地伟业数码科技有限公司	财务部经理及部门相关人员	2014 年 5 月 9 日
天津力神电池股份有限公司	财务总监及相关人员	2014 年 5 月 10 日
天津赛象酒店有限公司	财务部经理及相关人员	2014 年 5 月 10 日
天津滨海高新区地税局	相关领导及部门负责人	2014 年 5 月 10 日

（四）问卷调研

利用问卷调查覆盖面广、样本大、取得相对容易的优势，项目组开展了问卷调研工作，采用纸质问卷与网上问卷①相结合的方式进行。2013 年 9 月至 10 月，根据项目研究

① 天会调研宝. http://www.diaoyanbao.com.

需要，分别针对财务管理职教师资培养单位、中等职业学校管理者和教师、在中等职业学校任教的财务管理等相关专业毕业生、企事业单位财务管理相关人员、在企业财务管理岗位工作的财务管理相关专业毕业生，精心设计了调研问卷，并于 10 月至 12 月开展问卷调研工作，从不同侧面来了解相关人员对财务管理职教师资培养的建议和看法。根据项目的深层次研究需要，2014 年 5 月，项目组又对"面向职业学校财经与管理类教师的调查问卷"进行了修订，并补充开展了调研工作。财务管理专业职教师资培养资源开发项目问卷如下。

问卷 1："财务管理专业职教师资培养资源开发"项目调研问卷

（面向职教师资培养学校教师）

尊敬的先生、女士：

感谢您参加此次问卷调查！

河北科技师范学院承担了教育部、财政部"《财务管理》专业职教师资培养标准、培训方案、核心课程和特色教材开发"项目，为了使项目开发能够真正适应社会需求，设计了本问卷。您的支持将是我们开发本项目的动力和源泉。项目组全体成员对您的大力支持表示衷心的感谢！

财务管理专业职教师资培养资源开发项目组

2013 年 10 月

（一）您的基本情况

1. 目前您任教的学校（请写全称）：＿＿＿＿＿＿
2. 您任教的课程（请写课程名称全称）：＿＿＿＿＿
3. 您的年龄段：（　）　①30 岁以下　②31~40 岁　③41~50 岁　④50 岁以上
4. 您的职称：（　）　①初级　　　　②中级　　　　③高级
5. 您所任课程的类别：（　）　①理论课　②实践课　③其他课　④不任课

（二）请回答下列问题

1. 您认为财务管理专业职教师资人才培养目标定位是（　）
①高级人才　　②应用性高级专门人才　③复合型人才　④财务管理专业人才
2. 关于中学教师的专业标准，您认为下面几项的重要程度排序是（　）
①专业理念与师德　②专业知识　③专业能力
3. 您认为财务管理专业教师培养的核心在于（　）
①专业理论知识　②职业道德　③实际操作技能　④职业技能
⑤其他：＿＿＿＿＿＿
4. 您认为对学生专业知识的培养应该：（　）
①保证专业知识的系统性　②专业知识够用实用兼顾系统性
③专业知识够用就行　　　④其他：＿＿＿＿＿＿

5. 您认为财务管理专业人才培养应进行哪些方面的改进？（　　）

①提高师资质量　②加强实践性课程和实践性教学环节　③开拓实习基地

④理论联系实际，邀请实务界人士讲学　　　　　⑤其他：＿＿＿＿＿＿

6. 请您按重要程度由高到低，对以下影响财务管理专业人才培养质量的因素进行排序：（　　）

①专业培养目标定位　②专业培养方案　　　③专业办学条件（硬件）

④专业教师　　　　　⑤人才培养模式　　　⑥校园文化底蕴

⑦生源质量　　　　　⑧学生学习风格和方法　⑨学校管理水平

7. 您对培养中等职业学校教师的职教师资财务管理本科专业的看法是（　　）

①有别于财务管理专业和普通师范专业的独立的财务管理教育专业

②财务管理专业+师范模块（课程）　③师范专业+财务管理模块（课程）

④其他：＿＿＿＿＿＿

8. 您认为中等职业教育财务管理专业教师应具备的知识应由哪些项目构成？

（1）基础知识构成：（　　）

①人文知识　　　②自然科学　　　③外语知识　　　④信息技术知识

⑤社会知识　　　⑥高等数学　　　⑦其他：＿＿＿＿＿＿

（2）专业基础知识构成：（　　）

①经济学　　　　②管理学　　　　③金融学　　　　④风险管理

⑤数量方法与统计　⑥企业信息系统　⑦税法与经济法

⑧其他：＿＿＿＿＿＿

（3）专业知识构成：（　　）

①财务管理　　　②财务管理、会计等专业软件的应用知识　③会计知识

④审计知识　　　⑤教学教育知识　　　⑥金融投资　　　⑦资产评估

⑧其他：＿＿＿＿＿＿

9. 请对中等职业教育财务管理专业教师应具备的能力结构及重要程度打分（注：很重要为5分，重要为4分，一般为3分，不重要为2分，很不重要为1分）。

（1）基础能力。

项目	人际交往能力	团队合作能力	创新能力	应对压力及合理安排时间能力	知识转换能力	逻辑批判思维能力	终身学习能力
得分							

（2）专业能力。

项目	财务分析	财务预算	财务投资	财务筹资	营运资金管理	利润分配	财务控制	财务协调	财务组织	纳税筹划	业绩评价	会计核算与控制
得分												

（3）教师能力。

项目	教学能力	科研能力	管理能力	沟通协调能力	专业实践能力	专业发展能力	收集信息能力
得分							

10. 为提高学生将来教师职业能力，除开设教育学、心理学、教育技术外，还应增开哪些课程？（　　）

①职业教育理论　　②教育与社会学　　③专业教学法　　④课程开发
⑤教育心理学　　⑥工作创业与能力　　⑦教师工作环境　　⑧教师专业发展
⑨学习指导与评估　　⑩其他：＿＿＿＿＿＿

11. 您所承担专业课程的大纲是（　　）

①由学校课程组制定　　②由任课教师编写　　③使用其他学校的大纲　　④无大纲

12. 您使用的专业课程大纲更新情况是（　　）

①每年更新　　② 2~3 年更新　　③按需更新　　④从未更新

13. 您承担课程的"专业课程大纲"推荐采用哪本教材？（　　）

①课程名称：＿＿＿＿＿＿；教材名称：＿＿＿＿＿＿；主编：＿＿＿＿＿＿
②课程名称：＿＿＿＿＿＿；教材名称：＿＿＿＿＿＿；主编：＿＿＿＿＿＿
③课程名称：＿＿＿＿＿＿；教材名称：＿＿＿＿＿＿；主编：＿＿＿＿＿＿

14. 您所承担课程的"专业课程大纲"在教学中的应用情况是（　　）

①严格按照大纲实施　　②部分参考大纲实施　　③按照教材实施

15. 您觉得财务管理专业课程设置应该（　　）

①体现"宽口径、厚基础"专业特色　②体现"多元化、个性化"专业特色
③体现"重能力、重实践"专业特色　④课程门类齐全、教学内容丰富

16. 对于培养中等职业学校财务管理专业教师的培养，下列三类课程按重要性排序是（　　）

①通识类课程　　②教师专业课程　　③财务管理专业课程

17. 您认为职教师资财务管理专业的最重要的五门核心课程是（　　）

①财务会计　　②金融学　　③财务管理　　③财务分析
④计算机财务管理　　⑤成本管理会计　　⑥国际财务管理　　⑦会计电算化
⑧财务风险与战略管理　　⑨专业教学教法　　⑩其他：＿＿＿＿＿＿

18. 您认为在财务管理专业学习中，对学生最有价值的是哪些课程？（　　）

①会计学基础　②财务会计　③成本会计　④初级财务管理　⑤财务报表分析
⑥计算机财务管理　　⑦资产评估　　⑧中级财务管理　　⑨其他：＿＿＿＿＿＿

19. 您认为目前的财务管理专业需加强的课程是（　　）

①公共课程　②专业核心课程　③专业基础课程
④专业选修课程　⑤专业实训课程

20. 您所教授的课程（请注明课程名称）教学的方式是（　　）

①理论讲授　②理实一体　③理论+实践
有无教学实习：（　　）　①有　②无

21. 您认为教师能力培养涉及的课程与专业课程设置方式应该是（　　）

①与专业课交叉进行　　②在专业课完成后进行

③在专业课之前进行　　④其他：＿＿＿＿＿＿＿＿

22. 您认为在财务管理本科专业中，财务管理类课程应该（　　）

①按财务管理主体设置：财务管理学基础、企业财务管理、集团公司财务管理、
国际财务管理和非营利组织财务管理等

②按照资金运动的不同环节设置：财务管理学基础、企业筹资管理、企业投资管理、
企业营运资金管理和企业利润管理

③按照财务管理知识的层次设置：初级财务管理、中级财务管理、高级财务管理、
公司财务管理专题

④其他：＿＿＿＿＿＿＿＿＿＿＿

23. 您认为专业教学法的相关内容应（　　）

①编写在专业教材中　　②单独编一本教材　　③不需要这部分内容

24. 就您承担的课程而言，理论教学、实验课、课程实习各部分学时如何分配更合
理？（　　）

课程 1 名称：＿＿＿＿＿＿＿　理论学时＿＿＿实验学时＿＿＿课程实习学时＿＿＿

课程 2 名称：＿＿＿＿＿＿＿　理论学时＿＿＿实验学时＿＿＿课程实习学时＿＿＿

课程 3 名称：＿＿＿＿＿＿＿　理论学时＿＿＿实验学时＿＿＿课程实习学时＿＿＿

25. 现有教材的内容满足教学要求的程度是（　　）

①内容偏多　②内容合适　③新知识、新技术、实验技能内容偏少

26. 您认为所承担课程的教材是否需要改进？（　　）

①是，改进之处：＿＿＿＿＿＿＿　　　　②否

27. 您认为财务管理专业需要加强的实训、实践内容是（　　）

①会计手工模拟实训　②会计电算化模拟实训　③财务管理综合实训

④财务分析模拟实训　⑤纳税筹划模拟实训　　⑥证券投资模拟实训

⑦ERP 沙盘模拟操作　⑧其他

28. 您对学校实践教学的评价是（　　）

①提升了学生综合能力　②流于形式　　　　　③校外实习基地充实

④校外实习基地不充实　⑤校内实践教学条件较好　⑥校内实践教学条件较差

⑦教师全程指导　　⑧教师指导不到位　　　⑨以项目形式完成

⑩教师随意安排　　⑪教师科学评定成绩　　⑫成绩评定存在随意性

29. 您认为应如何加强财务管理专业的实践性教学环节（　　）

①校内模拟实验　　　　　　②学生利用假期或统一安排时间自行实践

③校内模拟实验与社会调查、实习相结合　④学校统一组织安排到有关部门实习

⑤其他：＿＿＿＿＿＿＿

30. 您所开设的实验课是（　　）。

①以验证性实验为主　②以综合性实验为主　③学生自主设计实验为主　④兼顾

31. 您通常采用的教学方法是（　　）

①传统教学法　②传统为主结合现代教学法　③现代教学法　④依教学内容选用

32. 您在课堂教学中是否组织学生进行小组讨论？（　　）

①是　　②否　　③偶尔

33. 您认为提高财务管理专业教学效果的有效途径是（　　）

①利用案例启发式教学　②使用多媒体教学　③加强实践教学，培养实际操作能力

④邀请实务界人士讲学　⑤其他：＿＿＿＿＿＿＿＿

34. 贵校财务管理专业的专业课程的考核方式主要有（　　）

①期末卷面考试　②实际操作考核　③课程论文　④平时成绩+期末考核成绩

⑤其他：＿＿＿＿＿＿＿＿

在考核方式改革方面您的建议是＿＿＿＿＿＿＿＿

35. 贵校学生的毕业论文选题主要领域是（　　）

①应用研究　②理论研究　③教学研究　④其他：＿＿＿＿＿＿＿＿

36. 您了解您所教学生今后从事的工作岗位及其要求吗？（　　）

①很了解　②比较了解　③基本了解　④不知道

37. 您对学生从事工作岗位的了解，主要通过哪些途径获得？（限选两项）（　　）

①下企业实践锻炼　　②企业人士来校讲座　③到企业参观学习

④参与专业市场调研　⑤与其他教师交流　　⑥其他：＿＿＿＿＿＿＿＿

38. 根据您的了解，贵校财务管理专业毕业生就业的主要去向是（　　）

①职业院校　　②企业　　③金融机构　　④行政单位

⑤事业单位　　⑥其他：＿＿＿＿＿＿＿＿

39. 与贵校其他专业相比，财务管理专业毕业生就业情况如何？（　　）

就业率：（　　）　①高于其他专业　②低于其他专业　③差别不显著

就业质量：（　　）　①优于其他专业　②劣于其他专业　③差别不显著

40. 您认为职教师资财务管理专业毕业生能够从事哪些岗位的工作？（　　）

①出纳　②投融资专员　③会计　④柜面人员　⑤风控人员　⑥贷款审核员

⑦审计专员　⑧理财助理　⑨职教师资　⑩其他：＿＿＿＿＿＿＿＿

41. 您的学生就业后，用人单位对其哪些方面比较满意？（若有多个选项，请排序）（　　）

①教师职业素养　②教学基本技能　③实践教学能力　④教学研究能力

⑤专业知识水平　⑥组织与管理能力　⑦合作与交流能力　⑧社会实践能力

⑨学习能力　　⑩综合能力　　⑪其他：＿＿＿＿＿＿＿＿

42. 贵校财务管理专业、财务会计教育专业毕业生从事专业教学的比例是（　　）

①90%~100%　②80%~90%　③70%~80%　④60%~70%　⑤50%~60%

⑥40%~50%　⑦30%~40%　⑧20%~30%　⑨20%以下

43. 您在教学过程中使用过数字化资源库吗？（　　）

①经常使用　②偶尔使用　③不使用

44. 依照您的理解，您认为数字化资源库应包括哪些核心内容？（　　）
①教学课件　　②电子教材　③教学视频　④模拟教学　⑤网络互动
⑥课程论坛　　⑦网上考核　⑧课程大纲　⑨试题库　　　⑩教学案例
⑪其他：＿＿＿＿＿＿＿

45. 您认为建立数字化资源库对实现教学目的有何作用？（　　）
①作用很大　②作用较大　③作用一般　④无作用

46. 您认为数字化资源库对提高学生的自主学习能力是否有帮助？（　　）
①帮助很大　②帮助一般　③无帮助　④不好说

47. 您认为数字化资源库是应该更强调知识展示，还是应更注重其互动的功能？（　　）
①知识展示　②互动的功能　③两者同等重要

48. 假如要使用数字化资源库，您更愿意通过哪种方式来使用？（　　）
①台式机或笔记本　　②移动终端（如手机、平板电脑）　　③其他：＿＿＿＿＿＿

49. 您觉得有必要将微信、微博、即时信息（如 QQ）等方式嵌入数字化资源库中促进实现师生间的互动吗？（　　）
①非常必要　②有必要　③没有必要　④无所谓

50. 如果数字化资源库可以接收来自教师上传的资料，通过审核后可以作为资源的一部分，您愿意贡献力量么？（　　）
①愿意　　②不愿意　　③有一定激励措施可以

问卷 2："财务管理专业职教师资培养资源开发"项目调研问卷

（面向职业学校财经与管理类教师的调查问卷）

尊敬的先生、女士：

感谢您参加此次问卷调查！

河北科技师范学院承担了教育部、财政部"《财务管理》专业职教师资培养标准、培训方案、核心课程和特色教材开发"项目，为了使项目开发能够真正适应社会需求，设计了本问卷。您的支持将是我们开发本项目的动力和源泉。项目组全体成员对您的大力支持表示衷心的感谢！

财务管理专业职教师资培养资源开发项目组
2013 年 10 月

（一）您的基本情况

1. 目前您任教的学校（请写全称）：＿＿＿＿＿＿＿
2. 您任教的专业及课程名称：＿＿＿＿＿＿＿
3. 您的毕业学校：＿＿＿＿＿＿；所学专业：＿＿＿＿＿＿；毕业年份：＿＿＿＿＿＿
4. 您的年龄段：（　　）　①30 岁以下　②31~40 岁　③41~50 岁　④50 岁以上
5. 您的职称：（　　）　　①初级　　　②中级　　　③高级
6. 您的教师类型：（　　）①专业教师　②行政人员　③教辅人员　④兼职教师

7. 您所学专业：（　）①财务管理　②财会类　③管理类　④经济类　⑤其他

8. 您从事中等职业学校专业教学工作的年数：（　）

9. 您入职前的学历：（　）　①研究生　②本科　③专科　④中专　⑤无

10. 您现在的学历：（　）　①研究生　②本科　③专科　④中专　⑤无

（二）请回答下列问题

1. 您大学所学专业的性质是（　）

①普教师范类　②职教师范类　③非师范类

2. 您大学所学专业和现在任教课程的相关性：（　）

①完全对口　②比较相近　③改行过来的

3. 作为一名中等职业学校教师，您对自身发展最关注的是（　）

①学术水平　②教学水平　③综合发展　④工资待遇

⑤其他（请填写）：＿＿＿＿＿＿＿

4. 您觉得教育学、心理学等教育理论知识对教学的作用如何？（　）

①作用很大　②作用比较大　③作用一般　④作用不大　⑤没有作用

5. 您认为"双师型"教师必须具备哪些条件？（多选）（　）

①教师资格证书　　②职业技能资格证书　　③专业理论教学能力

④专业技术生产能力　⑤相关管理与技术服务能力　⑥其他：＿＿＿＿＿＿

6. 您认为中等职业学校财务管理相关课程的教师需加强的能力是（多选）（　）

①实践教学能力　②理论教学设计能力　③创新能力　④与企业合作能力

7. 您对自己的教学满意吗？（　）

①大多数情况下不满意　②基本满意，但有时不满意　③非常满意

8. 您参加过校内、校外的课题研究吗？（　）

①从未参加过　②参加过，但很少　③经常参加

9. 您主持或参与过哪一层次的教学研究项目？（多选）（　）

①国家级　②省部级　③市厅级　④没参加过

10. 您认为职教师资财务管理专业培养目标是（　）

①高级人才　②应用性高级专门人才　③复合型人才　④财务管理专业人才

11. 您认为中等职业教育财务管理专业教师应具备的基础知识包括哪些方面？（多选）（　）

①人文知识　②自然科学　③外语知识　④信息技术知识

⑤社会知识　⑥其他：＿＿＿＿＿＿

12. 您认为中等职业教育财务管理专业教师应具备哪些方面的专业基础知识？（多选）（　）

①经济学　　②管理学　③金融学　④风险管理　⑤数量方法与统计

⑥企业信息系统　⑦税法与经济法　⑧其他（请列出具体课程）：＿＿＿＿＿＿

13. 您认为中等职业教育财务管理专业教师应具备哪些方面的专业知识？（多选）（　）

①财务管理　②财务管理、会计等专业软件的应用知识　③会计知识

④审计知识（以内部审计为主） ⑤教学教育知识 ⑥金融投资

⑦资产评估 ⑧其他（请列出具体课程）：_____

14. 中等职业教育财务管理专业教师应具备的能力及重要程度打分（注：很重要为5分，重要为4分，一般为3分，不重要为2分，很不重要为1分）。

（1）基础能力。

项目	沟通及协调能力	团队合作能力	人际交往能力	应对压力及合理安排时间能力	逻辑性和批判性思维能力	终身学习能力
得分						

（2）专业能力。

项目	财务分析	财务预算	财务投资	财务筹资	营运资金管理	利润分配	财务控制	财务协调	财务组织	纳税筹划	业绩评价	会计核算与控制
得分												

（3）教师能力。

项目	教学	科研	管理	创新	专业实践	收集信息
得分						

（4）教学能力。

项目	价值引导能力	专业实践能力	教学实施能力	教学研究能力	组织管理能力	创业指导能力
得分						

15. 您认为中等职业教育财务管理专业教师应具备哪些方面的素质？（ ）

①职业道德素质 ②思想素质 ③业务素质 ④政治素质

⑤其他：_____

16. 您所教的学生主要出路是什么？（ ）

①考入高等学府 ②在本专业相关岗位就业 ③在非本专业相关岗位就业

17. 您觉得自己在教学中所存在的问题有哪些？（ ）

①教学内容偏理论、轻实践 ②教学方法以讲授为主，缺乏灵活与创新

③师生互动交流较少④教学过程以教师讲授为主，学生参与较少

⑤内容呈现以 PPT 为主，呈现方式单一 ⑥其他（请填写）：_____

18. 您能根据教学分析和教学条件选择合适的教学资源和媒体吗？（ ）

①能 ②不能 ③不知道

19. 您经常在实训或实验教学中使用教学软件吗？（ ）

①经常用，非常熟练 ②经常用，比较熟练 ③很少用，不熟练

20. 您能够根据实训或实验的教学需要，提出明确的需求并应用相关的软件吗？（ ）

①能提出需求，并熟练应用 ②能提出需求，不能应用 ③两者都不能

21. 您能根据一些教学理论(如任务驱动等)设计一些教学课件支持您的教学吗?(　　)
①能,经常设计　②能,偶尔设计　③不能设计

22. 您在教学过程中用到过哪些教学方法?(多选)(　　)
①探究式教学法　　　②案例教学法　　　③项目教学法
④小组协作教学法　　⑤启发式教学法　　⑥任务驱动法

23. 在新课程理念下,根据《课改纲要》《课程标准》的要求,在课堂教学设计和实施中对学生个性差异如何对待?(　　)
①很重视　　②较重视　　③不够重视

24. 在实验课上,您经常用教学软件评价学生的课程学习成果吗?(　　)
①经常使用　　②偶尔使用　　③听说过,但没用过　　④从来没听说过

25. 您经常上网关注行业需求及前沿发展吗?(　　)
①经常　　②偶尔　　③没有

26. 您与其他教师或专家协作教研吗?(　　)
①经常　　②偶尔　　③从不

27. 您经常在教学中关注新的案例并尝试将其应用到教学中吗?(　　)
①经常　　②偶尔　　③从不

28. 您认为您在专业知识与技能方面,需要提高的是(多选题)(　　)
①专业理论　　②教学设计与教学方法　　③实践技能　　④教学评价
⑤其他(请写出):_____

29. 结合您的教学,您认为在创设课堂情景方面表现如何?(　　)
①做得很好　　②做得较好　　③还可以

30. 您的专业知识和教学能力主要的获取途径是(多选)(　　)
①上学时老师所教　　②参加培训　　③个人自学　　④学术活动

31. 影响您在教学实践中应用专业知识的因素有(多选)(　　)
①教学设计能力缺乏　②学校硬件设备不能满足需要　③缺乏合适的教学资源
④缺乏激励　　　　　⑤其他(请填写):_____

32. 您觉得以下哪些教学能力对教师教学效果影响比较大?(多选)(　　)
①教学设计能力　②教学操作能力　③教学管理能力　④教学的自我监控能力
⑤教学研究能力　⑥其他(请填写):_____

33. 您所在单位的教师如果教学能力缺乏,您认为主要体现在哪些方面?(多选)(　　)
①学科专业基础不扎实　　②知识陈旧　③缺乏语言表达和组织能力,照本宣科
④缺乏教育教学知识和技能　⑤缺乏课堂管理能力　⑥缺乏教学研究能力
⑦其他(请填写):_____

34. 您认为自己目前的专业课教学中哪个方面最需要加强?(　　)
①专业理论　　　②专业技能　③职教理论
④教学方法和技能　⑤课程开发　⑥企业实践经历

35. 大学期间您对专业课程大纲了解情况如何？（　　）

①了解　②不了解

36. 您认为在大学期间财务管理专业学习中，最有价值的是哪些课程？（可多选）（　　）

①会计学基础　②管理学　　③税收理论与实务　④财经写作　⑤财务会计

⑥税务会计　　⑦财务管理　⑧财务报表分析　　⑨管理会计　⑩审计学

⑪计算机财务管理　⑫财务软件

37. 您认为职教师资财务管理专业的核心课程构成是（可多选）（　　）

①财务会计　　　　②金融学　　　　③财务管理　　　④财务分析

⑤计算机财务管理　⑥成本管理会计　⑦国际财务管理　⑧财务风险与战略管理

⑨专业教学教法　　⑩其他：＿＿＿＿＿＿

38. 大学期间专业课教材的内容满足学习要求的程度是（　　）

①内容偏多　②内容合适　③新知识、新技术、实验技能内容偏少

39. 对照"双师型"教师标准，您认为大学期间最需要提高的能力是（限选两项）（　　）

①会计职称等级　　②会计业务综合处理能力　③教学方法　　　　④课程开发

⑤企业实践经历　　⑥项目开发或产品开发　　⑦教学或课题研究

⑧现场管理能力　　⑨其他：＿＿＿＿＿＿

40. 您认为财务管理专业各骨干课程教材是否需要改进？（　　）

①是，改进之处：＿＿＿＿＿＿　　　　②否

41. 您认为专业课中，哪些知识和技能最重要？（　　）

①营销类　②技术类　③管理类　④其他：＿＿＿＿＿＿

42. 财务管理专业教材应怎样编写？（　　）

①按岗位模块编写　②按管理流程编写　③按资金循环编写　④其他：＿＿＿＿＿＿

43. 教材编写如何体现培养职教师资财务管理本科专业知识、能力、素质的关系？（　　）

①侧重知识掌握　②侧重能力培养　③侧重素质提高写　④知识与能力的结合

⑤知识、能力、素质全面提高　⑥其他：＿＿＿＿＿＿

44. 您认为是否要开设"财务管理案例"课程？

①开设，理由是＿＿＿＿＿＿

②不开设，理由是＿＿＿＿＿＿

45. 您认为专业理论和实践技能方面有哪些欠缺？＿＿＿＿＿＿

希望充实哪些内容？＿＿＿＿＿＿

46. 您认为大学期间所学的下列三类课程在您的教学中重要性的排序是（　　）

①通识类课程　②教师专业课程　③专业学科课程

47. 您主持或参与过的教学研究或科学研究项目有（　　）

①6 项以上　②4～5 项　③1～3 项　④0 项

48. 您发表的研究论文有（　　）

①11 篇以上　②6～10 篇　③1～5 篇　④0 篇

49. 您参与的专业技能比赛有（　　）

①会计实务类　②电算化　③证券投资模拟　④教师技能　⑤其他：＿＿＿＿＿＿＿

50. 您是否参加企业专业调查或专业指导？（　　）

①经常参与　②偶尔参与　③从未参与

51. 您现在认为入职时欠缺的能力是（若有多个选项，请按程度排序，最欠缺的排在前）（　　）

①教师职业能力　　②实践教学能力　　　③教学研究能力　④专业能力

⑤社会实践能力　　⑥组织与管理能力　　⑦科研能力　　　⑧合作与交流能力

⑨自学能力　　　　⑩创新能力　　　　　⑪教材评估能力　⑫其他：＿＿＿＿＿＿

52. 您的学生就业后，用人单位对其哪些方面比较满意？（若有多个选项，请排序）（　　）

①专业理论　②操作技能　③适应能力　④敬业精神　⑤团结协作　⑥学习能力

⑦其他：＿＿＿＿＿＿

53. 您认为大学阶段的专业实习和教学实习对您现在从事的教学工作（　　）

①非常重要　②重要　③一般　④不重要

54. 为提高教师职业能力除了开设教育学、心理学、教育技术外，还应增开哪些课程？（　　）

①职业教育理论　　②教育与社会学　　　③专业教学法　　　④课程开发

⑤教育心理学　　　⑥工作创业与能力　　⑦教师工作环境　　⑧教师专业发展

⑨学习指导与评估　⑩其他：＿＿＿＿＿＿

55. 您认为中等职业学校教师的培养中，课程内容应该（　　）

①保证学科的系统性　②知识够用实用兼顾系统性　③知识够用就行

④其他：＿＿＿＿＿＿

56. 您在教学中是否运用项目教学法：（　　）

①经常　②偶尔　③从未

57. 您所教授的课程（请注明课程名称）理论教学与实践教学的方式是（　　）

①理论讲授　②理实一体　③理论+实践

58. 您所开设的实验课（　　）

①以验证性实验为主　②以综合性实验为主　③以学生自主设计实验为主

④兼顾

59. 您对学生学习成绩评价的方式是（　　）

①课堂考试　②过程考核　③作品评价　④其他：＿＿＿＿＿＿

60. 您的工作角色是（可多选）（　　）

①指导和帮助者　②领导和约束者　③促进和塑造者　④组织和管理者

⑤反思和研究者　⑥倡导和践行者　⑦施教和监控者　⑧其他：＿＿＿＿＿＿

61. 您获得教学理念、方法的主要渠道是（若有多个选项，请按主次排序）（　　）

①大学期间的系统培养　②对自己老师的传承　③同事的指导

④校外或校本培训　　　⑤自我提高　　　　　　⑥其他：＿＿＿＿＿＿＿

62. 您对大学期间实践教学的评价是（　　）

①提升了综合能力　②流于形式　③校外实习基地充实　④校外实习基地不充实

⑤校内实践教学条件较好　⑥校内实践教学条件较差　⑦教师全程指导

⑧教师指导不到位　　　⑨以项目形式完成　　　　⑩教师随意安排

⑪教师科学评定成绩　⑫教师评定成绩有随意性

问卷3："财务管理专业职教师资培养资源开发"项目调研问卷

（面向在中等职业学校工作的经管类专业毕业生）

尊敬的先生、女士：

　　感谢您参加此次问卷调查！

　　河北科技师范学院承担了教育部、财政部"《财务管理》专业职教师资培养标准、培训方案、核心课程和特色教材开发"项目，为了使项目开发能够真正适应社会需求，设计了本问卷。您的支持将是我们开发本项目的动力和源泉。项目组全体成员对您的大力支持表示衷心的感谢！

财务管理专业职教师资培养资源开发项目组
2013 年 10 月

（一）您的基本情况

1. 目前您任教的学校（请写全称）：＿＿＿＿＿＿＿

2. 您任教的专业及课程名称：＿＿＿＿＿＿＿

3. 您的毕业学校：＿＿＿＿＿＿＿；所学专业：＿＿＿＿＿＿＿；毕业年份：＿＿＿＿＿＿＿；本科□；专科□；专接本□

4. 您的年龄段：（　　）　①30 岁以下　②31~40 岁　③41~50 岁　④50 岁以上

5. 您的职称：（　　）　　①初级　　　　②中级　　　　③高级

（二）请回答下列问题

1. 您认为职教师资财务管理专业人才培养目标定位是（　　）

①高级人才　②应用性高级专门人才　③复合型人才

④财务管理专业人才　⑤不知道

2. 您觉得财务管理专业的学生最重要的专业素质是（可多选）（　　）

①系统的专业知识与理论　　②熟练运用财务软件　③一定的操作技能

④具备一定的财务分析能力　　⑤其他：＿＿＿＿＿＿＿

3. 除教育学、心理学、教育技术外，下列哪些课程对您提高教师职业能力可能有帮助？（可多选）（　　）

①职业教育理论　　②教育与社会学　　③专业教学法　　④课程开发

⑤教育心理学　　　⑥教师专业发展　　⑦学习指导与评估

4. 您认为中等职业学校教师应提高的能力是（若有多个选项，请排序）（　　）

①教师职业能力　　②实践教学能力　　③教学研究能力　　④组织与管理能力

⑤专业能力　　　　⑥社会实践能力　　⑦合作与交流能力　⑧自学能力

⑨适应环境能力

5. 您认为财务管理专业课除财务与会计专业课程外，哪些知识和技能最重要？（可多选）（　　）

①营销类　②技术类　③管理类　④其他：＿＿＿＿＿＿＿

6. 您认为职业资格证书是否重要？（　　）

①重要　　②不重要

7. 您希望取得哪些资格证书？（可多选）（　　）

①会计证　　②统计证　　③证券从业资格证书　　④其他：＿＿＿＿＿＿＿

8. 您在大学时最想获得哪些知识？（　　）

①财务管理专业知识　②会计专业知识　③管理知识　④经济知识

⑤社交知识　　⑥网络知识　　⑦计算机及网络应用知识

9. 您对大学的专业课程设置是否满意？（　　）

①满意　②基本满意　③不满意　④很不满意

10. 您对专业课程设置体系不满意的原因是（可多选）（　　）

①内容交叉复杂　②开课顺序颠倒　③选修课程太少　④实务课程太少

⑤科研训练太少　⑥课程庞杂，专业特色不明显　⑦其他：＿＿＿＿＿＿＿

11. 您对大学财务管理专业实践教学的建议是（可多选）（　　）

①增加社会实践机会　　　②增加校内模拟实习的时间

③改进实践教学指导方式　④增加从师技能的训练

12. 您认为在中等职业学校教学中，对您最有价值的五门课程是（　　）

①会计学基础　　②管理学　　③税收理论与实务　④财经写作

⑤财务会计　　　⑥税务会计　⑦财务管理　　　　⑧财务报表分析

⑨管理会计　　　⑩审计学　　⑪计算机财务管理　⑫财务软件

13. 您对学校的专业教学安排（专业课程及教学计划）如何评价？（　　）

①太紧，负担重　②适中　③太松，无事可做

14. 您对实习实训的总课时（或周学时）安排是否满意？（　　）

①课时太多　③满意　④课时太少

15. 您认为大学的理论课程设置是否合理？（　　）

①是　②否，改进之处：＿＿＿＿＿＿＿

16. 您认为财务管理专业应该设置哪几门核心课程？（　　）

①财务会计　②财务管理　③审计学　④计算机财务管理　⑤职业教育学

⑥专业教学法　⑦高级财务管理　⑧财务分析　⑨成本管理会计　⑩税务筹划

17. 您认为所学的下列三类课程重要性的排序是（　　）

①通识类课程　②教师专业课程　③财务管理专业课程

18. 您认为专业实习效果好的实习方式是（　　）

①校外实习　　②校内模拟实习　　③校外+校内

19. 您认为财务管理专业课程应该（　　）

①保证学科知识的系统性　　②学科知识够用实用兼顾系统性

③学科知识够用就行　　　　④其他：＿＿＿＿＿＿＿＿

20. 贵校财务管理专业课程的考核方式主要有（　　）

①期末卷面考试　　②实际操作考核　　③课程论文　　④平时成绩加期末考核成绩

⑤其他在考核方式改革方面您的建议：＿＿＿＿＿＿＿＿＿

21. 您对财务管理专业课程教学是否满意？（　　）

①满意　　②基本满意　　③不满意　　④很不满意

22. 您认为大学专业教师业务能力存在的缺陷是什么？（可多选）（　　）

①实务能力较差　　②科研能力较差　　③专业知识不足

④教学方法呆板　　⑤责任心不强　　⑥其他：＿＿＿＿＿＿＿

23. 在你的专业学习中，专业课程的教材：（　　）

①重要　　②不重要　　③不需要　　④只需教师提供的课件资料

24. 现有教材的内容满足学习要求的程度：（　　）

①内容偏多　　②内容合适　　③新知识、新技术、实验技能内容偏少

25. 您认为财务管理专业各骨干课程教材是否需要改进？（　　）

①是　　②否，改进之处：＿＿＿＿＿＿＿＿

26. 您对目前大学教学的看法是（　　）

①比较合适　　②不能适应社会需要　　③缺少专业能力培养

④缺少专业知识的培养　　⑤缺少从事技能的培养

⑥缺少职业道德与社会公德教育

27. 您对大学教师教学方法的总体看法是（　　）

①多数教师能够应用恰当的教学方法　　②多数人教学方法死板

③多数人理论脱离实际　　④多数人不注重能力的培养

28. 您对大学理论教学改进的建议是（可多选）（　　）

①增加基础课程学时　　②增加专业课程学习

③增加实践教学环节　　④增加社会锻炼的机会

29. 您对大学教材的期望是（可多选）（　　）

①学科完整　　②简单明了　　③理论与实践结合　　④内容够用即可，不要太复杂

30. 您比较喜欢的授课方式是（　　）

①教师照本宣科的讲授方式　　②以教材为主，结合财经时事热点讲授

③案例教学为主，组织、启发学生研讨　　④其他：＿＿＿＿＿＿＿

31. 您觉得大学中最缺乏的课程是什么？

＿＿＿＿＿＿＿＿

32. 您是否使用过数字化资源库？（　　）

①是　　　②否

33. 您认为数字化资源库对提高学习效率的作用如何？（　）
①很大　②一般　③较小　④没有

34. 您是否愿意花费时间去了解并应用数字化资源库去学习本专业知识？（　）
①非常愿意　②愿意　③不愿意　④说不好

35. 您对数字化资源库最感兴趣的内容（可多选）是（　）
①教学课件　②电子教材　③教学视频　④模拟教学　⑤网络互动
⑥课程论坛　⑦网上考核　⑧试题库　⑨教学案例　⑩其他：＿＿＿＿＿＿

36. 您认为数字化资源库是应该强调知识展示还是应更注重其互动的功能？（　）
①知识展示　②互动的功能　③两者同等重要

37. 假如要使用数字化资源库，您更愿意通过哪种方式来使用？（　）
①台式机或笔记本　②移动终端（如手机、平板电脑）　③其他：＿＿＿＿＿＿

38. 您觉得有必要将微信、微博、即时信息（如QQ）等方式嵌入数字化资源库中促进实现师生间的互动吗？（　）
①非常必要　②有必要　③没有必要　④无所谓

39. 假如您认为有必要通过微信、微博、即时信息（如QQ）等方式嵌入数字化资源库中促进实现师生间的互动，您更习惯于使用哪种方式？（上一题选①、②的填写）（可多选）（　）
①电子邮件　②即时信息　③微博　④微信　⑤在线论坛　⑥其他：＿＿＿＿＿＿

40. 您对贵校实践教学的评价是（可多选）（　）
①提升了综合能力　②流于形式　③校外实习基地充实　④校外实习基地不充实
⑤校内实践教学条件较好　⑥校内实践教学条件较差　⑦以项目形式完成
⑧教师随意安排　⑨教师科学评定成绩　⑩教师评定成绩有随意性

41. 您认为评价大学本科毕业生教学质量的标准有（可多选）（　）
①就业质量　②职业证书　③学生就业薪酬比较　④获奖情况
⑤扎实的理论基础　⑥高超的实践技能　⑦较高的专业和道德素质
⑧科研能力的重要性

42. 您对贵校财务管理专业就业状况的评价如何？（　）
就业率：（　）①高于其他专业　②低于其他专业　③差别不显著
就业质量：（　）①优于其他专业　②劣于其他专业　③差别不显著

43. 请您按重要程度由高到低的顺序，对以下衡量财务管理专业人才培养质量的要素进行排序：（　）
①就业率和就业质量　②专业知识与技能的掌握程度　③职业素养
④创业意识和精神　⑤终身学习等自我发展能力　⑥社会适应能力
⑦其他：＿＿＿＿＿＿

44. 请您从专业素养的角度对贵校财务管理专业培养质量做出评价：（　）
①很高　②比较高　③一般　④较差　⑤很差

45. 您认为您有能力将所学的知识和掌握的技术教会他人吗？（　　）

①有　　②没有　　③不好说

46. 请您按重要程度由高到低的顺序，对以下影响财务管理专业人才培养质量的因素进行排序：（　　）

①专业培养目标定位　　②专业培养方案　　③专业办学条件（硬件）

④专业教师　　⑤人才培养模式　　⑥校园文化底蕴

⑦生源质量　　⑧学生学习风格和方法　　⑨学校管理水平　　⑩其他：＿＿＿＿＿＿

问卷 4："财务管理专业职教师资培养资源开发"项目调研问卷

（面向企业管理人员和专业人员）

尊敬的先生、女士：

感谢您参加此次问卷调查！

河北科技师范学院承担了教育部、财政部"《财务管理》专业职教师资培养标准、培训方案、核心课程和特色教材开发"项目，为了使项目开发能够真正适应社会需求，设计了本问卷。您的支持将是我们开发本项目的动力和源泉。项目组全体成员对您的大力支持表示衷心的感谢！

财务管理专业职教师资培养资源开发项目组

2013 年 10 月

（一）您的基本情况

1. 您的单位名称（请写全称）：＿＿＿＿＿＿

2. 您单位的性质：（　　）　　①私营　　②集体　　③国有或国有控股

　　　　　　　　　　　　　　④中外合资或独资企业　　⑤ 其他：＿＿＿＿＿＿

3. 您从事的工作：＿＿＿＿＿＿　　工作年限：＿＿＿＿＿＿

（二）请回答下列问题

1. 请对财务管理人员应该具备的知识结构进行排序（从重要—不重要）：（　　）

①会计知识　　②财务管理知识　　③审计知识　　④计算机知识

⑤管理、金融、税收及法律知识　　⑥外语水平

2. 您认为财务管理专业毕业生必须具备的专业知识有（　　）

①财务会计　　②公司理财　　③成本管理　　④管理会计

⑤证券投资　　⑥项目投资　　⑦风险管理　　⑧内控审计

⑨企业战略　　⑩资产评估　　⑪财产保险

⑫银行业务与经营　　⑬市场营销　　⑭国际贸易　　⑮专业英语

3. 您觉得财务管理专业毕业生最缺乏的是（　　）

①系统理论知识　　②实践经验　　③熟练的技能　　④财务分析能力

⑤市场经济意识　　⑥创新意识　　⑦文化功底薄弱　　⑧不清楚

⑨其他：_____

4. 您认为从事财务管理工作应该具备哪些能力？（　　）

①办公软件应用　②财务软件应用　③外语水平　④文字写作　⑤商务沟通礼仪

⑥银行、税务等社会业务处理能力　⑦成本计算与管理　　　　　⑧会计核算

⑨其他：_____

5. 您觉得财务管理专业的学生最重要的专业素质是（　　）

①系统的专业知识与理论　　②熟练运用财务软件　③一定的操作技能

④具备一定的财务分析能力　⑤其他：_____

6. 您认为培养财务管理专业学生需着重注意：（　　）

①专业技能培养　②实践能力培养　③专业理论知识灌输　④综合素质提高

⑤沟通能力　　　⑥协调能力　　　⑦职业道德培养　　　⑧其他：_____

7. 对财务管理专业毕业生，您对哪些方面的专业能力要求更高？（　　）

①会计电算化账务处理　②资金计划编制　③报表分析　④金融产品比较分析

⑤内部控制流程设计　⑥纳税筹划方案设计　⑦投资与筹资方案设计

⑧投资数据分析与软件应用　⑨企业管理信息系统应用

⑩其他：_____

8. 您所在单位招聘财务管理专业毕业生时优先考虑以下哪些素质？（　　）

①专业知识和能力　　②经济信息把握和分析能力

③计算机和英语能力　④良好的道德品质和工作态度

⑤自学和创新能力　　⑥沟通能力和团队精神

9. 对财务管理专业毕业生，您认为主要需要掌握哪些信息技术工具（　　）

①财务软件　②Word　③Excel　④PPT　⑤数据库　⑥统计分析软件

⑦网络技术　⑧其他：_____

10. 您认为财务管理本科专业毕业生英语能力如何？（　　）

①非常重要　②重要　③不重要

11. 您如何看待财务管理专业学生实习的作用？（　　）

①非常重要，可提高就业竞争力②适当参与即可，工作后再锻炼

③无须参加，对工作没有帮助

12. 您认为财务与管理的对接，即财务管理运用中经常遇到的问题是（　　）

①财务与管理人员要求的能力素质不同②在实际中遇到将两者孤立

③两者的目标不匹配

13. 您所在单位是否要求毕业生必须有实习经历或者工作经验：（　　）

①是　②否　③优先考虑有经验的毕业生

14. 对刚毕业的毕业生，贵单位会提供哪些与财务管理方向相关的职位给他们？（　　）

①财务助理　②财务分析员　③出纳　④助理统计员　⑤审计员

15. 您所在单位对财务管理专业毕业生的评价如何？

（1）积极好学态度：（　　）①很高　②较高　③一般　④较差

（2）解决问题的能力：（　）①很高　②较高　③一般　④较差

（3）敬业精神：（　）①很高　②较高　③一般　④较差

（4）工作态度：（　）①非常积极　②较积极　③一般　④不积极

（5）处理合作任务的能力：（　）①很高　②较高　③一般　④较差

（6）安全生产意识：（　）①很高　②较高　③一般　④较差

（7）对技术资料的记录、归档、评估和技术表达的能力：（　）

①很高　②较高　③一般　④较差

（8）对设备的操作和器具的使用能力：（　）①很高　②较高　③一般　④较差

（9）独立工作的能力：（　）①很高　②较高　③一般　④较差

（10）注重工作质量、效益的意识：（　）①很高　②较高　③一般　④较差

（11）协调、合作能力：（　）①很高　②较高　③一般　④较差

（12）责任心：（　）①很强　②比较强　③一般　③较差

（13）法纪观念：（　）①很强　②比较强　③一般　④较差

（14）文化知识与人文素养：（　）①很强　②比较强　③一般　④较差

16. 您所在单位是否愿意接收财务管理专业学生顶岗实习，并支付劳动报酬？

（1）愿意，是因为（　）

①学生素质较高，经短期培训可直接上岗

②劳动力成本较低

③通过学生在企业实习可了解学生，从中选择优秀员工

④其他：_____

（2）不愿意，是因为（　）

①学生的技能培训不过关，不能直接上岗

②为顶岗学生支付劳动报酬，成本过高

③考虑学生安全问题

④其他：_____

17. 您所在单位对会计岗位和财务管理岗位设置情况是（　）

①统一设岗　②单独设岗　③在会计部门专门设置财务管理岗位

④其他：_____

18. 您所在单位担任财务管理岗位人员的专业背景是（　）

①财务管理专业　②会计专业　③金融专业　④非相关专业

19. 财务管理专业毕业生的能力结构及重要程度打分（注：很重要为 5 分，重要为 4 分，一般为 3 分，不重要为 2 分，很不重要为 1 分）。

（1）基础能力。

项目	沟通及协调	团队合作	人际交往	应对压力及合理安排时间	逻辑性和批判性思维	终身学习	理解政策	适应环境
得分								

（2）专业能力。

项目	财务分析	财务预算	财务决策	财务控制	财务协调	财务组织	纳税筹划	业绩评价	会计核算与控制	内部控制
得分										

20. 请在高等学校毕业生能胜任的工作栏内打"√"。

工作岗位		全日制大学毕业生
财务战略		
投资决策		
筹资决策		
营运资金管理	现金管理	
	存货管理	
	应收账款管理	
利润分配决策		
财务预算		
纳税筹划		
业绩评价		
内部控制		
成本控制与预算管理		
财务报告		
供应链管理		
现金流量管理		
风险管理		
会计核算与控制		
财务分析		
财务预算编制		
执行与财务决算		
信用管理		
金融证券投资与管理		
财务信息系统建立与管理		
计算机财务管理		
税金的计算、申报及解缴		
利润分配核算		

21. 根据您的工作经验，您认为大学专业教育教学应该从哪些方面加以改进？

问卷 5："财务管理专业职教师资培养资源开发"项目调研问卷

（面向在企、事业单位工作的经管类专业毕业生）

尊敬的先生、女士：

感谢您参加此次问卷调查！

河北科技师范学院承担了教育部、财政部"《财务管理》专业职教师资培养标准、培训方案、核心课程和特色教材开发"项目，为了使项目开发能够真正适应社会需求，设计了本问卷。您的支持将是我们开发本项目的动力和源泉。项目组全体成员对您的大力支持表示衷心的感谢！

财务管理专业职教师资培养资源开发项目组

2013 年 10 月

（一）您的基本情况

1. 您工作的单位（请写全称）：＿＿＿＿＿＿＿

2. 您从事的主要工作：＿＿＿＿＿＿＿

3. 您的毕业学校：＿＿＿＿＿＿＿；所学专业：＿＿＿＿＿＿＿

毕业年份：＿＿＿＿＿＿＿；本科□；专科□；专接本□

4. 您的年龄段：（　　）　①30 岁以下　②31~40 岁　③41~50 岁　④50 岁以上

（二）请回答下列问题

1. 您认为职教师资财务管理专业人才培养目标定位是（　　）

①高级人才　②应用性高级专门人才　③复合型人才　④财务管理专业人才

⑤不知道

2. 您觉得财务管理专业的学生最重要的专业素质是（可多选）（　　）

①系统的专业知识与理论　②熟练运用财务软件

③一定的操作技能　④具备一定的财务分析能力　⑤其他：＿＿＿＿＿＿＿

3. 您认为财务管理专业课除财务与会计专业课程外,哪些知识和技能最重要？（　　）

①营销类　②技术类　③管理类　④其他：＿＿＿＿＿＿＿

4. 您认为职业资格证书是否重要？（　　）

①重要　②不重要

5. 您希望取得哪些资格证书？（可多选）（　　）

①会计证　②统计证　③证券从业资格证书　④其他：＿＿＿＿＿＿＿

6. 您在大学时最想获得哪些知识？（　　）

①财务管理专业知识　②会计专业知识　③管理知识　④经济知识　⑤社交知识

⑥网络知识　⑦计算机及网络应用知识

7. 您对大学的专业课程设置是否满意？（　　）

①满意　②基本满意　③不满意　④很不满意

8. 您对专业课程设置体系不满意的原因是（可多选）（　　）

①内容交叉复杂　　②开课顺序颠倒　　③选修课程太少　　④实务课程太少

⑤科研训练太少　　⑥课程庞杂，专业特色不明显　　⑦其他：＿＿＿＿＿＿

9. 您对大学财务管理专业实践教学的建议是（可多选）（　　）

①增加社会实践机会　　　　②增加校内模拟实习的时间

③改进实践教学指导方式　　④增加从师技能的训练

10. 您认为在日程工作中，对您最有价值的五门课程是（　　）

①会计学基础　　②管理学　　③税收理论与实务　　④财经写作

⑤财务会计　　⑥税务会计　　⑦财务管理　　⑧财务报表分析

⑨管理会计　　⑩审计学　　⑪计算机财务管理　　⑫财务软件

11. 您对大学期间的专业教学安排（专业课程及教学计划）如何评价？（　　）

①太紧，负担重　　②适中　　③太松，无事可做

12. 您对实习实训的总课时（或周学时）安排是否满意？（　　）

①课时太多　　②满意　　③课时太少

13. 您认为大学的理论课程设置是否合理？（　　）

①是　　②否，改进之处：＿＿＿＿＿＿＿

14. 您认为财务管理专业应该设置哪几门核心课程？（　　）

①财务会计　　②财务管理　　③审计　　④计算机财务管理　　⑤证券投资

⑥内部控制　　⑦高级财务管理　　⑧财务报表分析　　⑨成本管理会计

⑩税务筹划　　⑪投资学　　⑫财务风险管理　　⑬公司治理　　⑭计量经济学

15. 您认为所学的下列三类课程重要性的排序是（　　）

①通识类公共课程和基础课程　　②专业基础课程　　③专业课程

16. 您认为专业实习效果好的实习方式是（　　）

①校外实习　　②校内模拟实习　　③校外+校内

17. 您认为大学专业课程的教学应该：（　　）

①保证学科知识的系统性　　②学科知识够用实用兼顾系统性

③学科知识够用就行　　　　④其他：＿＿＿＿＿＿

18. 贵校大学专业课程的考核方式主要有（　　）

①期末卷面考试　　②实际操作考核　　③课程论文　　④平时成绩加期末考核成绩

⑤其他在考核方式改革方面，您的建议是＿＿＿＿＿＿

19. 您对大学专业课程教学是否满意？（　　）

①满意　　②基本满意　　③不满意　　④很不满意

20. 您认为大学专业教师业务能力存在的缺陷是（可多选）（　　）

①实务能力较差　　②科研能力较差　　③专业知识不足

④教学方法呆板　　⑤责任心不强　　⑥其他：＿＿＿＿＿＿

21. 在你的专业学习中，专业课程的教材：（　　）

①重要　　②不重要　　③不需要　　④只需教师提供的课件资料

22. 现有教材的内容满足学习要求的程度：（　　）

①内容偏多　　②内容合适　　③新知识、新技术、实验技能内容偏少

23. 您认为财务管理专业的骨干课程教材是否需要改进?（　　）

①是，改进之处：_____②否

24. 您对目前大学教学的看法是（　　）

①比较合适　　②不能适应社会需要　　③缺少专业能力培养

④缺少专业知识的培养　　⑤缺少从事技能的培养

⑥缺少职业道德与社会公德教育

25. 您对大学教师教学方法的总体看法是（　　）

①多数教师能够应用恰当的教学方法　　②多数人教学方法死板

③多数人理论脱离实际　　④多数人不注重能力的培养

26. 您对大学理论教学改进的建议是（可多选）（　　）

①增加基础课程学时　　②增加专业课程学习

③增加实践教学环节　　④增加社会锻炼的机会

27. 您对大学教材的期望是（可多选）（　　）

①学科完整　　②简单明了　　③理论与实践结合　　④内容够用即可，不要太复杂

28. 您比较喜欢的大学的授课方式是（　　）

①教师照本宣科的讲授方式　　②以教材为主，结合财经时事热点讲授

③案例教学为主，组织、启发学生研讨　　④其他：_____

29. 您是否使用过数字化资源库?（　　）

①是　②否

30. 您认为数字化资源库对提高学习效率的作用如何?（　　）

①很大　②一般　③较小　④没有

31. 您是否愿意花费时间了解并应用数字化资源库去学习本专业知识?（　　）

①非常愿意　　②愿意　　③不愿意　　④说不好

32. 您对数字化资源库最感兴趣的内容是（可多选）（　　）

①教学课件　②电子教材　③教学视频　④模拟教学　⑤网络互动

⑥课程论坛　⑦网上考核　⑧试题库　⑨教学案例　⑩其他：_____

33. 您认为数字化资源库是应该强调知识展示还是应更注重其互动的功能?（　　）

①知识展示　②互动的功能　③两者同等重要

34. 假如要使用数字化资源库，您更愿意通过哪种方式来使用?（　　）

①台式机或笔记本　　②移动终端（如手机、平板电脑）　　③其他：_____

35. 您觉得有必要将微信、微博、即时信息（如 QQ）等方式嵌入数字化资源库中促进实现师生间的互动吗?（　　）

①非常必要　　②有必要　　③没有必要　　④无所谓

36. 假如您认为有必要通过微信、微博、即时信息（如 QQ）等方式嵌入数字化资源库中促进实现师生间的互动，您更习惯于使用哪种方式?（可多选）（　　）

①电子邮件 ②即时信息 ③微博 ④微信 ⑤在线论坛 ⑥其他:_____

37. 您是否参与过教师的研究项目？（ ）

①是 ②否

38. 您是否参与过各类技能比赛？（ ）

①是 ②否

39. 您参与的社会实践活动与所学专业的联系如何？（ ）

①密切 ②一般 ③无关

40. 您对贵校实践教学的评价是（可多选）（ ）

①提升了综合能力 ②流于形式 ③校外实习基地充实

④校外实习基地不充实 ⑤校内实践教学条件较好

⑥校内实践教学条件较差 ⑦以项目形式完成

⑧教师随意安排 ⑨教师科学评定成绩 ⑩教师评定成绩有随意性

41. 您认为评价大学本科毕业生教学质量的标准有（可多选）（ ）

①就业质量 ②职业证书 ③学生就业薪酬比较 ④获奖情况

⑤扎实的理论基础 ⑥高超的实践技能 ⑦较高的专业和道德素质

⑧科研能力的重要性

42. 您对贵校财务管理专业就业状况的评价如何？

就业率：（ ）①高于其他专业 ②低于其他专业 ③差别不显著

就业质量：（ ）①优于其他专业 ②劣于其他专业 ③差别不显著

43. 请您按重要程度由高到低的顺序，对以下衡量财务管理专业人才培养质量的要素进行排序（ ）

①就业率和就业质量 ②专业知识与技能的掌握程度 ③职业素养

④创业意识和精神 ⑤终身学习等自我发展能力 ⑥社会适应能力

⑦其他:_____

44. 请您从专业素养的角度对贵校财务管理专业培养质量做出评价：（ ）

①很高 ②比较高 ③一般 ④较差 ⑤很差

45. 请您按重要程度由高到低对以下影响财务管理专业人才培养质量的因素进行排序：（ ）

①专业培养目标定位 ②专业培养方案 ③专业办学条件（硬件） ④专业教师

⑤人才培养模式 ⑥校园文化底蕴 ⑦生源质量 ⑧学生学习风格和方法

⑨学校管理水平

问卷6："财务管理专业职教师资培养资源开发"项目调研问卷

（针对职技高师学生的问卷）

尊敬的先生、女士:

感谢您参加此次问卷调查！

河北科技师范学院承担了教育部、财政部"《财务管理》专业职教师资培养标准、培训方案、核心课程和特色教材开发"项目，为了使项目开发能够真正适应社会需求，设计了本问卷。您的支持将是我们开发本项目的动力和源泉。项目组全体成员对于您的大力支持表示衷心的感谢！

财务管理专业职教师资培养资源开发项目组

2014 年 5 月

（一）您的基本情况

1. 您的单位（请写全称）：＿＿＿＿＿＿＿＿

2. 专业、班级（学生填写）：＿＿＿＿＿＿＿＿

（二）请回答下列问题

1. 在利用数字化资源进行教学与学习时，您对教学资源的哪些方面更为看重？

调查项目	非常重要	重要	一般	不重要
本学科的名家主讲或设计				
教学设计水平				
易于使用，交互性强				
内容全面				
有无后续技术支持，资源更新服务				
是否便于二次开发				

2. 您认为专业课程网站应该包括哪些内容？（多选）（　　）

①培养方案　②教学大纲　③教学规范　④授课计划　⑤教案
⑥教学课件　⑦教学案例　⑧教学录像　⑨试卷模板　⑩试题库
⑪参考文献　⑫交流互动平台　⑬学科资源网站　⑭其他：＿＿＿＿＿＿

3. 您在日常教学与学习过程中经常使用哪些类型的数字化教学资源？（可多选）（　　）

①多媒体素材（文本、动画、图片等）　②试卷　③课件　④文献资料
⑤学科工具与模板　⑥电子教案　⑦录像课例　⑧电子图书、期刊
⑨网络课程　⑩学科资源网站　⑪习题集　⑫交流互动平台
⑬其他：＿＿＿＿＿＿

4. 您喜欢通过哪种形式获取所学内容？（可多选，按喜欢程度排序）（　　）

①文字资料　②图片素材　③动画展示　④视频资料

5. 您在平时的教学与学习中最缺少的资源是（可多选）（　　）

①课件　②教案　③试题　④备课素材　⑤其他：＿＿＿＿＿＿＿＿＿

6. 您认为影响您使用数字化教学资源的原因是（可多选）（　　）

①资源较少　②资源的质量不高，不便于充足利用　③资源分散

④因权限无法访问或资源不方便获取 ⑤资源的交互设计不够灵活有效

⑥其他：_____

7. 您认为哪种互动方式更适合您？（ ）

①网站留言（或发帖） ②网络即时信息 ③在线讨论 ④微信交互

8. 对于开放性问题，您更喜欢以哪种方式呈现？（ ）

①动态窗口提示热点讨论问题 ②讨论区置顶

③自己参与的讨论问题突出呈现 ④最终能有老师（或专家）做出总结与结论

9. 相比之下您更愿意利用哪种方式来学习？（ ）

①通过笔记本、台式机登录网络平台 ②借助手机、平板电脑等移动工具

③把数字资料下载、打印出来，通过传统方式学习 ④无所谓

10. 您在使用教学课件时，这些课件大部分是使用哪种软件制作的？（ ）

①PPT 幻灯片制作工具 ②FLASH 工具

③dreamwear 网页制作工具 ④uthorware 课件制作工具

11. 您认为数字化资源中的教学课件，哪种形式更便于学习？（ ）

①提要形式 ②详细到具体内容

③教学课件为提要式，辅助以电子讲义讲解具体内容

④提要形式，辅助以重点、难点动画 ⑤其他建议：_____

12. 您认为电子教案应采取的制作单位为（ ）

①一次课时长来进行设计 ②以一章节为单位进行设计

13. 您认为对于每章的重点、难点部分，最好以何种方式突出？（ ）

①在电子教案（或课件）中以不同颜色表示

②不用单独列明，只需在课件中明确提出即可

③作为课件资源中的一个独立内容单独展示

④更好的方式：_____

14. 对于课程例题与习题，您希望以哪种方式出现？（ ）

①以章为单位列出 ②课程综合习题集

15. 对课程习题的考核，您希望的考核方式为（ ）

①答完一题可以看一题答案

②试题库中随机出试卷，答完试题后打分并统一出答案

③习题和答案可以同时给出

16. 您认为学习中遇到的常见问题应以哪种方式出现？（ ）

①在每一章内容中出现 ②以课程为单位，统一设置常见问题栏目

17. 您认为实习实训网站应该介绍哪些方面的内容？（可多选）（ ）

①认知实习 ②课程教学实习 ③生产实习

④毕业实习 ⑤教育实习 ⑥其他：_____

18. 从有利于培养和提高财务管理专业知识的角度出发，您认为下列哪些课程应该进行教学实习？（最多选五门）（　　）

　　①财务管理　　②计算机财务管理　　③基础会计
　　④财务会计　　⑤成本会计　　　　　⑥管理会计
　　⑦会计实验　　⑧其他：_____

19. 您认为实习实训网站资源的展现形式应该是什么样的？（可多选）（　　）

　　①成套的文档资料　　②视频，音频
　　③图像、动画　　　　④其他：_____

二、调研结果分析

在上述前期调研的基础上，我们对文献资料进行了综述，对调研的结果进行了分析整理。

（一）国外职教师资培养概况

很多发达国家很早就开展了职业技术教育教师培养工作，并积累了大量成功经验和理论成果，这为我们的研究与实践提供了有益的借鉴。相关的经验与成果分述如下。

1. 职业学校教师必须接受过教育教学机构的专门训练

许多国家和地区职业学校的教师不仅需要接受过专业教育，还必须接受过专门的教育教学训练。国外培训职业教育师资的课程设置主要有两种方式：一种是教育类课程与专业课程统筹安排，齐头并进；另一种是学生在专业学院毕业，获得学士学位后，再进入教育学院进行一段时间的学习，修完规定的教育课程或学分后，可以获得职业教育教师资格。不论哪一种安排，都强调学习教育类课程和教育教学实践对获得职业教师资格的必要性。

德国在职教师资培养的第二阶段，即预备实习期间，实习教师不仅要在职业学校兼课，还要去教师进修学院学习教育学、心理学等方面的课程。通过各种各样的教学活动，把教育学、心理学、方法学及学科知识结合起来，以培养他们的基本素质。同样，实践课教师也必须有足够的科技知识，并对他们负责的培训工作有足够的了解，也要具备教育学、心理学知识和教学技能。

德国职业教育的双元特性首先表现在有企业和职业学校两个培训场所上，这也决定了德国职业教育师资结构的双元性。在德国，从事职业教育教学工作的师资主要有两种，即职业学校的教师和职业学校之外的教育培训机构（主要是企业）的实训教师。学校的教师又分为理论课教师和实践课教师两种。由于各种教师的工作岗位和工作任务不同，所以他们的任职资格和培养途径也各不相同。实训教师是在企业里或其他非学校机构中负责职业教育的、在业务上和品格上合适的人员，理论课教师是必须接受过完整的高等教育和教育学院教育实践课的教师。

英国要求职业学校教师必须取得适当的教学资格，教师与讲师的教学培训通常由大学或学院提供。学校教师要在完成四年制学士课程或获得第一学位后，再参加由大学举办的一年制课程，获得教育硕士文凭后才有资格成为职教师资。

澳大利亚对职教师资的要求，除必须具有丰富的专业知识外，还必须具有从事跨学科教学能力、特殊教育能力、环境教育能力、运用现代教育信息能力、编写教学计划能力、讲授理论课和指导学生实践的能力。在教育教学能力培养过程中，教育实习环节受到特别的重视。

美国要求职教师资必须经过三个阶段的测试：第一阶段是学术能力测试，第二阶段是学科知识和教学能力测试，第三阶段是课堂表现测试。

2. 职业学校教师必须有企业工作的实践经历

德国职教师资培养实行"双元制"。2005 年以来，德国政府通过《职业训练法》《联邦职业教育保障法》等一系列职业教育法案，确保了作为世界职业教育楷模的"双元制"体系正常运行，同时也对职教师资做了相应的规定。"双元制"职业教育的特性首先表现在企业和职业学校两个培训场所上，学习与工作、学校培训和企业实践紧密结合。从事职教工作的师资分为两大类，即职业学校教师和企业实训教师。其中实训教师占到教师总数的70%左右。在分工上，职业学校教师承担理论课（包括文化课）教学，实训教师负责企业培训的计划、组织实施和监督。

日本的职教教师称为"职业训练指导员"。"职业训练指导员"是一种职业资格，"职业训练指导员"是集理论课讲授与实际操作训练于一体的师资，其培养有四年制长期课程、6 个月的短期课程和在职指导员进修课程等。四年制长期课程的培训对象是通过考试招收的高中毕业生，培养目标是具有较高理论知识水平、专业技能和教学能力的指导员，毕业生可获取有关专业的指导员资格证书；6 个月的短期课程培训主要是为具有专业技能和经验的学习者开设的，这样能够分别培养合格的专业理论课教师与实践指导教师。持有教师资格证书者先去企业工作，然后再转到教师岗位上来。

澳大利亚没有直接从大学毕业生中招聘职业教育教师的现象。TAFE（technical and further education，即职业技术教育学院，相当于中国的高等职业教育层次）教师的基本条件如下：应有五年专业实践工作经历；受过大学教育专业和相关专业的培训，持有教师资格证书；通过四级职业证书和工作场所的训练。具备上述条件后，还要先做兼职教师，一般经过 5 年以上的教学实践才能转为正式教师。TAFE 正式教师要定期去企业进行专业行业实践，还要成为专业协会的成员，参加专业协会的活动，接受新的专业知识、技能和信息。

美国职业教育教师资格的一般要求如下：教师应当胜任他们的教学工作，一般应在他们所教领域取得学士学位，并对所教技术课程有 1 年以上实际工作经验，在相关技术领域有 1 年以上经验的可以代替学士学位要求；负责安排和监督执行教育计划的人，必须有硕士学位或其他高等训练，并有相应领域的工作经验。教师要有工业、商业、销售方面的最新经验，或者有所讲授技术的相关专业实践经验，这些经验要包括一些团体的最新成果，还要有当顾问和单独判断与研究的能力。

3. 国外职教师资培养模式

"能力本位教育与培训"是当今世界流行的一种职教课程模式。目前，德国的"双元制"职教模式、加拿大的"以能力培养为中心的教育"（competency based education，CBE）职教模式、国际劳工组织的"模块式技能培训"（modules of employable skills，MES）教学模式、英国的"能力本位教育与训练"（competency based education and training，CBET）模式和澳大利亚的"能力本位课程培训"（competency based training，CBT）模式等，基本上代表了以能力为本位开设职业教育课程的发展趋势。任何一种职业教育教学和职业培训，其根本宗旨都是使受教育者具备一种职业能力。

国外职业教育师资培训的共同特点如下：①系统性强，即职前有专门的培养机构（院校），职后有继续进修提高的机构（部门），师资来源有稳定的渠道；②任职要求规范，以法律的形式规定职业教育教师的任职资格，实施资格证书制度；③进修提高有保障，国家为教师创造继续教育的机会，保证教师的专业知识随着科学技术的进步而不断更新，使教学内容符合社会发展的需要；④培训方案具备科学性和可操作性，培训方案符合实际需要，深入周全细致，一旦确定，要求并且能够严格执行。

在课程设计方面，德国职业教育师资培养课程设计是以职业活动的行为过程为导向，将基础知识、专业知识、教师能力合理地结合成一个专业技术知识体系。普通理论课教学内容浅，而专业必修课却几乎覆盖了专业所需的所有理论，知识面广，综合性强。理论教学与实践教学课时比例为 3：7。加拿大的 CBE 课程设计分为两步：第一步是制订教学计划开发（developing a curriculum，DACUM）表，由校方邀请企业代表组成委员会，通过分析、归纳确定这一职业应具备的综合能力；第二步是编制课程大纲，由学校组织相关教学人员对 DACUM 表进行分析，将相同或相近的知识归类在一起，构成可以在一定时期内完成的教学模块。

教学方法灵活多样，加拿大 CBE 教学模式采用了"自我培训评估体系"，强调学生的自我评估，重视培养学生的反馈能力，教师在教学过程中不再只是知识的传授者、评解者，而且是指导者、咨询者。学生不再是被动地接受知识，而是主动地获取知识。CBE 综合运用了演示法、读书指导法、练习法、参观法、讨论法、模拟法、实验法及现代化电教手段，使学生的积极性得到了最大限度调动，学生的独立思考能力、创新能力均得到了全面的提高。教材不仅仅限于纸质教材，而是扩展到电子教材、实物教材、演示教材等。

校企合作是通常做法，德国政府规定，产学合作制度化，共同受益。企业要给予学校财力支援以分享教育成果，学校要通过培养企业所需的人才，来接受企业的资金支援。政府设立"产业合作委员会"，对企业和学校双方进行控制和监督。美国的"合作教育"则是一种半天在校学习、半天在企业工作的工读交替的培训制度。

综上所述，国外职教师资及其培养有以下共性。一是对普通文化课与专业理论课教师，要求必须具有高等教育水平，生产教学技师需具有中等专业学校以上文化教育水平。二是要具备教育理论知识和育人的品格。三是需经过一定时间的生产实践、教育实习与见习的锻炼，以具备生产实践的操作能力和施教能力。四是理论与实践教师相结合，专、兼职教师相结合。五是培养培训课程设置上，一般都有普通科学类、专业课程类、教育心理学类，还有生产和教育实习。六是注重以下三个方面的培养：①强化动手能力的培养，要求本专业实践能力达到中级工水平；②突出师范性教育，在教育理论方面开设教育学、心理学、教学法、生产实习与专业课教学法；③拓展知识面，在保证专业理论教学、实践教学及教育理论的学习之外，各个专业还开设了拓宽知识面的选修课程。

（二）国内职教师资财务管理本科专业培养概况

1. 职业教育师资培养机制的形成

1985 年 5 月，发布了《中共中央关于教育体制改革的决定》，提出大力发展职业技术教育。至 1990 年，全国相继建立 14 所职业技术师范学院，并在 150 多所普通高等工科、农科、师范院校建立了职业师范系或学院来培养职教师资。

1991 年出台《国务院关于大力发展职业技术教育的决定》，要求制定职业技术教育教师的任职条件。1997 年国家教育委员会《关于加强中等职业学校教师队伍建设的意见》（教职〔1997〕8 号）提出，要大范围建立职业教育师资培养培训基地。1999 年 11 月教育部批准天津大学等 20 所学校为首批全国重点建设职业教育师资培训基地。为保证此项工作顺利进行，2000 年教育部再次下发《关于进一步加强中等职业教育师资培养培训基地建设的意见》（教职成〔2000〕9 号），此后 2000 年、2001 年、2006 年、2007 年和 2012 年共批准建设 89 个全国重点建设职业教育师资培训基地。

2005 年《国务院关于大力发展职业教育的决定》（国发〔2005〕35 号）提出，实施职业院校教师素质提高计划，建立职业教育教师到企业实践制度，加强"双师型"教师队伍建设。2006 年 9 月，教育部下发《关于建立中等职业学校教师到企实践制度的意见》（教职成〔2006〕11 号）。同年 12 月，教育部和财政部联合下发了《关于实施中等职业学校教师素质提高计划的意见》（教职成〔2006〕13 号），我国职教师资制度建设日趋成熟。

经过多年的实践，我国职教师资培养属于封闭式、定向型的人才培养模式，即由独立设置的师范院校对学生进行普通文化科目、专门科目和教育科目、教育实践的混合训练，以达到特定的培养目标，学生毕业后被分配或推荐到职业学校从事教师工作。该模式以职前教师的培养为主，既重视教育教学技能的培养，也注重专业理论与技能的训练。我国职业院校在自身的发展中形成了一些各具特色的师资培养模式。例如，天津职业技术师范大学"双证书、一体化""本科+技师"培养模式；西北农林科技大学"三突出""四双制"培养模式；河北科技师范学院农科专业双"三三四"培养模式；重庆师范大学"需求导向、行业参与、能力本位、学员中心"培训模式；山东-巴伐利亚职教师资培训中心"五个导向"培训模式。"中等职业学校教师素质提高计划"创新性地提出"基地培训+企业实践"培训模式。此外，一些地方政府也在为职教师资队伍建设工作积极行动，如辽宁实施"千名教师进企业，千名技师进学校"工程、河北开展"1+1+1"专业带头人研修培训等。

2. 职教师资财务管理本科专业培养现状

财务管理专业是我国本科专业目录中设置的一个专业，属于管理学下的工商管理类，专业编号为 120204。目前多数财经类院校和综合性本科院校都设有财务管理本科专业，到 2014 年 7 月，我国招收财务管理本科专业学生的院校已达 631 所。在这些学校中，既有普通大学，也有师范大学。

由于我国本科专业目录中没有专门培养职教师资的财务管理本科专业，因此在这些财务管理本科专业中，没有职教师资财务管理专业。从我们收集到的资料看，目前有些学校设有财务管理职教师资方向或教师方向。例如，四川农业大学曾开设财务管理教育（财经商贸类）本科专业，哈尔滨商业大学曾开设职教师资财务管理专业，吉林工程技术师范学院的财务管理专业设有职教师资培养的相关课程，长江师范学院设有财务管理（职教师资）本科专业，贵州大学设有财务管理（职教师资方向），安徽财经大学招收职教师资财务管理本科专业班。

（1）长江师范学院财务管理（职教师资）本科专业的培养目标如下：培养具备财务、金融管理等方面理论知识，具有分析和解决财务、金融问题的基本能力，能在企业、银行、证券公司、事业单位和政府部门从事财务、金融管理等工作和能胜任中职或高职学校财务管理专业类课程教学工作的专业人才。主干课程包括财务管理、财务会计、成本会计学、会计电算化、统计学、证券投资学、财务管理信息系统、资产评估、财务报表分析、跨国公司财务、职业教育学、职业心理学、专业教学论等。

（2）四川农业大学财务管理教育（财经商贸类）本科专业的主要课程包括教育学、教育心理学、管理学原理、微观经济学、宏观经济学、会计学原理、会计电算化、财务会计、财务管理学、经济法、税法、审计学等。

（3）贵州大学财务管理（职教师资方向）的培养目标如下：培养掌握财务管理基本理论知识，具备较强的财务管理技术应用能力，能在各类企事业单位、政府机关及有关部门从事财务管理、金融管理等实际工作，或从事相关专业教育教学工作的高级应用型、复合型管理人才。主要课程包括管理学、西方经济学、教育学、教育心理学、统计学、经济法概论、营销学原理、管理信息系统、会计学原理、财务管理、财务会计、公司财务、成本管理、财务分析、高级财务管理、投资学、项目评估。就业方向为可在各类企事业单位从事财务管理、金融管理工作，或是在中职类院校从事相关专业的教学、科研工作。

通过对上述学校培养方案的分析，我们得出以下结论。

一是培养目标：校企合作，工学结合，培养双师型人才。

二是专业培养方案的设置、实训的安排及实施：专业素质培养与教师素质培养并重。

三是培养方式：理论课程通识教育与纵深教育兼顾，基础课程面更宽，主干课程配合实践实习向纵深教育发展；重视实践，实行"实践双基地"，即校内实习基地和校外实习基地结合。大力发展校企合作，除了将企业作为学生实习基地外，还聘请企业人员做指导教师，还有学校要求老师到企业实践等。

四是"双证书"：既要取得专业资格证书，如会计资格证、理财规划师证，又要取得教师资格证。

3. 职教师资培养培训体系的发展趋势

（1）培养培训主体单位专门化。职业教育师资培养是一种不同于普通师范教育的专业师范教育，有其独特性和不可替代性。目前，我国现有培养职教师资的院校或单位无论在规模、层次和专业建设等方面都有提升的空间，可以通过内涵式发展加强院校建设，实现高素质人才培养的要求。

（2）培养培训形式类型多样化。现代网络传媒和通信业的发展将会使各种教育培训和学习更加方便，培养培训的类型更加多样，种类更加丰富，可以满足不同层次、行业的人群需求。

（3）培养培训内容过程规范。职教师资的一个重要特点就是要突出职教、师范双重特色。一是课程教材建设将进一步加强，教学改革继续深入，能够适应社会经济发展的实际变化，更加注重技能应用型和综合管理型人才的培养；二是校企合作更加紧密，相关制度趋于成熟，实训基础条件齐全，基地设施完备，完全满足教学、培训、科研和社会服务等方面的需要；三是培养培训整个过程安排合理有序。

（4）培养培训时间周期弹性化。职业教育事业规模庞大、涉及面广，要吸收社会各界共同参与职教师资队伍建设，培养多样化人才，就需要根据不同的需要科学合理地分配时间、设置学习年限、灵活安排培训周期等。

（三）中等职业学校财务管理专业教师岗位分析

1. 中等职业学校设置的财务管理相近专业

在《中等职业学校专业目录（2010 修订）》中没有财务管理专业，但至少有 6 个专业将"财务管理"作为支撑，包括会计（120100）、会计电算化（120200）、统计实务（120300）、金融实务（120400）、保险实务（120500）、信托实务（120600）。中等职业学校财务管理相近专业如表 1.3 所示。

表 1.3　中等职业学校财务管理相近专业

专业名称	专业（技能）方向	对应职业	职业资格证	学制
会计 120100	企业会计 金融业会计 政府会计 非营利组织会计 税务代理	会计人员 统计人员 银行清算员 银行信用卡业务员 收银员 银行储蓄员 保险推销员 保险理赔员	会计从业资格证书 统计从业资格证书 银行从业资格证书 收银员	3～4 年
会计电算化 120200	（不分专业方向）	会计人员 统计人员 银行清算员 银行信用卡业务员 银行储蓄员 保险推销员 保险理赔员 收银员	会计从业资格证书 会计电算化合格证 统计从业资格证书 银行从业资格证书 收银员	3～4 年

续表

专业名称	专业（技能）方向	对应职业	职业资格证	学制
统计实务 120300	统计信息技术 统计咨询服务	统计人员	统计从业资格证书	3 年
金融实务 120400	银行事务 证券事务 投资理财	银行储蓄员 银行清算员 银行信贷员 银行货币发行员 银行信托业务员 银行信用卡业务员 证券发行员 证券交易员	银行从业资格证书 收银员 会计从业资格证书	3～4 年
保险实务 120500	人身保险 财产保险 保险产品营销 社会保障	保险代理人 保险理赔员	保险代理从业资格证书	3～4 年
信托实务 120600	民事信托 营业信托 公益信托	典当业务员 租赁业务员 中介代理人 银行信托业务员 拍卖师	银行信托业务员	3～4 年

2. 中等职业学校财务管理专业教师岗位分析

1）中等职业学校财务管理专业教师工作职责

作为中等职业学校财务管理专业的教师，其工作职责可以描述如下。

（1）忠诚中职教育事业，有强烈的事业心、责任感，有正确的教育思想，既是学生学习上的指导者，又是青少年思想品格上的引路人。

（2）遵循教育方针和学校具体要求，依照所任课班级的实际情况，制订出所任课程的学期教学工作计划（包括班主任工作计划）。

（3）按照课程标准和教材内容的要求，从学生实际出发，努力完成教学任务。认真组织课堂教学，不断改进教学方法，指导学生改进学习方法，培养学生良好的学习习惯。

（4）按照培养方案中的实习实训要求，认真做好实践教学，根据可能积极采用现代化教学手段，努力培养学生科学观念、动手操作等能力。

（5）勇于改革，积极进行各种教育、教学改革的实践，不断探索，不断提高教育和教学质量。

2）中等职业学校财务管理专业教师工作内容

职教师资财务管理专业毕业生毕业后，到中等职业学校财务管理类专业从教，其重要工作内容大致如下。

（1）在中职学校财务管理、会计、会计电算化等专业担任专任教师，承担财务管理实务、财务会计、财务报表分析、全面预算管理、成本核算与管理、税收等专业课程的理论讲授和课程实验、实习实训指导方面的教学内容。

（2）主持、参加编写教材、教学参考书及其他教学文件。

（3）学习了解本学科的国内外学术、技术发展动态。

（4）参加科学研究、技术开发、社会咨询等工作。

3）中等职业学校人才培养目标和学生主要就业岗位

（1）中等职业学校的人才培养目标可以表述如下：培养与我国社会发展、经济建设相适应，德、智、体、美全面发展，具有综合职业能力，在生产服务一线工作的高素质劳动者和技能型人才。中等职业教育应具有双重性教育宗旨：一是"初等职业技术水平"，以帮助学生取得职业入行或上岗资格；二是"高中阶段的文化基础教育"，它的基本内涵是培养学生具有综合的知识结构和智能结构，培养学生包括理想、情操、人格、文明在内的精神品质。

（2）中等职业学校财务管理类专业的培养目标可以综合表述为培养具有较强综合职业素质的、为社会经济建设服务的应用和技能型人才。

（3）中等职业学校财务管理类专业毕业生就业去向：中小型企业或公司、服务行业等领域的会计核算、会计咨询、收银、出纳、代理记账、税务代理等岗位工作。

4）中等职业学校专业课程设置

中等职业学校财务管理类专业开设的主要课程，一般包括基础会计、会计电算化、财经法规、中级财务会计、成本会计、税收基础、会计模拟实习、校外顶岗实习等。

（1）基础会计：主要讲授会计的基本理论、基本方法和基本技能，包括对会计的定义、会计核算的职能、会计核算的对象、会计核算方法、会计核算的基本前提和一般性原则、会计要素和会计等式等基本理论的讲解；详细阐述会计科目和账户的设置、复式记账原理、成本计算和财产清查、会计核算程序、会计工作组织等基本核算方法；全面介绍会计凭证的填制、账簿的登记和会计报表的编制等基本技能。

（2）会计电算化：主要讲授企业会计信息系统分析与设计的基本原理、电算化软件的初始化设置、总账系统、报表系统，以及工资核算、固定资产核算等业务核算子系统的操作方法；会计信息系统的数据流程、模块构建，会计电算化对传统手工会计方式的影响；企业实行会计电算化的管理要求与制度规范、购销存业务核算子系统、基于商品化会计软件的数据整理与加工。

（3）财经法规：主要讲授会计法律制度、支付结算法律制度、税收征收管理法律制度和会计职业道德等内容。

（4）中级财务会计：主要讲授会计确认、计量、记录与报告的基本理论与方法；系统讲解企业持续经营条件下引起会计要素变动的主要交易和事项的会计处理程序；阐述资产负债表、利润表、所有者权益变动表和现金流量表的作用、格式及编制方法。重点介绍货币资金、应收款项、存货、投资、固定资产、无形资产及其他非流动资产、流动负债、非流动负债、所有者权益、收入、费用和利润等具体准则和核算方法。

（5）成本会计：主要讲授成本的基础概念和基本思想，以及成本理念和方法的起源；成本归集和成本分配，通过对具体生产要素的归集和分配，以及生产费用在完工产品和在产品之间的分配，形成产品成本计算的基本程序和方法；产品成本计算的主要方法和辅助方法。

（6）税收基础：主要讲授税收概述、税收职能和作用、税收制度、中国现行税制概况、流转税制、所得税制、资源税制、财产税制、行为税制、税收管理概述、税收征收管理。

（7）会计模拟实习：主要内容是以企业单位实际发生的经济业务为对象，从建账开始，到填制审核凭证、登记账簿和编制会计报表的全程实务操作演练，使学生进行接近于企业真实业务的会计操作，全面了解企业的会计工作，具体包括模拟企业相关业务，根据原始凭证编制记账凭证；根据记账凭证登记现金、银行存款日记账和有关明细分类账；根据记账凭证编制科目汇总表；根据科目汇总表登记总分类账；有关明细账、日记账与实物核对，达到账实相符；总账与有关明细账相互核对，达到账账相符；根据总账和明细账编制会计报表并进行报表分析。

（8）校外顶岗实习：根据学生和实习基地的情况进行安排。在巩固理论基础上，提升实务技能，协助出纳和财务做账及票据整理，财务报表的编制与分析；提升电算化技能，在实习单位相关岗位人员指导下，熟悉和学习企业电算化过程及数据维护与分析；提升会计主体和外部的沟通协调能力，在有条件的情况下让学生参与会计主体的外部财务沟通。

5）中等职业学校"双师型"教师的认定

《教育部关于"十二五"期间加强中等职业学校教师队伍建设的意见》（教职成〔2011〕17号）提出"十二五"期间中等职业学校教师队伍建设的指导思想：以推动教师专业化为引领，以加强"双师型"教师队伍建设为重点，以创新制度和机制为动力，以完善培养培训体系为保障，以实施素质提高计划为抓手，统筹规划，突出重点，改革创新，狠抓落实，加快建设一支数量充足、素质优良、结构合理、特色鲜明、专兼结合的高素质专业化中等职业学校教师队伍。

"双师型"的内涵有"双证"说、"双能"说、"双证双能叠加"说、"双师结构"说等。"双师型"教师是一种复合型人才，是创新人才，其认定标准应从以下方面考虑：①职业道德；②教育知识和能力；③专业知识和能力；④团结协作能力；⑤身心素质和能力；⑥工作绩效。

6）中等职业学校校企合作情况

《国家中长期教育改革和发展规划纲要》（2010—2020）对职业教育明确提出，实行"工学结合、校企合作、顶岗实习"的人才培养模式，教育部《中等职业教育改革创新行动计划》也提出，着力推进中等职业教育校企一体化办学。职业教育要坚持"以服务为宗旨、以就业为导向"的办学方针，而校企合作、工学结合是提高学生就业率和就业质量的基本途径。

财经类专业校企合作办学困难大，主要问题如下：①校企合作缺乏有效的机制；②企业利益限制及认识异同；③企业多数不具备接待大批学生的实习条件。

（四）财务管理专业人才就业岗位分析

财务管理专业与会计专业相近，会计以核算为主，对经济业务进行计量和报告，侧重账务处理；财务管理是在会计的基础上，强调对资金在经营活动、筹资活动、投资活动、分配活动中的运用，侧重成本、资金等方面的管理，包括财务分析等工作。会计基本职能是核算和监督，侧重对资金的反映和监督。而财务的基本职能是预测、决策、计划和控制，侧重对资金的组织、运用和管理。

由于会计与财务有不可分割的关系，一般中小型企业是将财务、会计放在一起，称为财务部或会计部、财会部等。大型企业因业务量大，也有将两个职能分别管理，分设财务部、会计部及资金部的情况。就一个企业而言，财务管理的岗位应该包括会计核算、预算管理、营运资本管理、成本核算与控制、筹资管理、投资管理、利润分配、财务分析、税务管理与筹划等。

就大学本科毕业生而言，由于具备较为全面的财务管理理论知识与操作技能，更加适合财务管理的相关工作，但是财务管理的工作和会计工作有时交织在一起，很多财务管理专业的毕业生也在从事企业的会计核算工作，而且实际工作中企业的财务管理人才大都是在从事财务会计工作基础上长期积累工作经验之后慢慢成长发展的。就职教师资财务管理本科专业人才而言，其就业的目标定位就是中等职业学校教师，由于我国目前设置财务管理专业的中等职业学校很少，如果这些毕业生被中等职业学校录用为专业教师，其主要的教学岗位应该是财务管理及相近专业的专业课程任课教师。从实际就业状况看，高校职教师资财务管理本科专业毕业生到中等职业学校从事教学工作的普遍较少，占毕业生比例较低，比例高的学校也不超过15%。

对中等职业学校财会类专业毕业生，由于其所学的财务管理知识较少，涉及的内容也较少，适合的财务管理岗位较少，除了财产物资的日常管理外，很难适应企业资金管理与决策的高级财务活动，因此中等职业学校财务管理专业的毕业生基本上以现金、出纳、收银等岗位为主，少数毕业生能够到会计岗位上，真正能够到企业财务管理部门的少之又少。对毕业生以对口升学为主的中职学校，不能升入专科以上学校的学生选择就业；其他学校毕业生以就业为主，或是升学与就业结合，个别专业的少部分学生能到银行、税务部门等就业，其他大部分到企业就业，从事低级别的岗位工作，如出纳、办事员、文秘等，从事会计和财务管理岗位工作的比较少。学生就业层次相对较低，从事财务工作的基本都是出纳岗位，很少一部分从事记账员工作，还有一部分不能够从事与专业相关的工作。

（五）中等职业学校财务管理类专业教师标准

1. 国家关于中等职业学校教师标准的表述

关于教师专业标准的要求，国家在不同的文件资料中均有体现，特别是2013年9月教育部发布的《中等职业学校教师专业标准》，是本书制定专业教师标准的重要依据和基础。

《中等职业学校教师专业标准》指明了中等职业学校教师专业化发展和队伍专业化建设的根本方向，它是国家对中等职业学校教师专业素质的基本要求，是合格中等职业学校教师开展教育教学活动的基本规范，是引领中等职业学校教师专业发展的基本准则，是中等职业学校教师培养、准入、培训、考核等工作的基本依据。

在"师德为先、学生为本、能力为重、终身学习"基本理念的指导下，从专业理念与师德、专业知识、专业能力3个维度，具体包括职业理解与认识、对学生的态度与行为、教育教学态度与行为、个人修养与行为、教育知识、职业背景知识、课程教学知识、通识性知识、教学设计、教学实施、实训实习组织、班级管理与教育活动、教育教学评价、沟通与合作、教学研究与专业发展15个领域，对中等职业学校教师职业提出了60条基本要求。

2. 国外职教师资标准的综述

西方国家对职教师资的专业标准一般都有明确的规定，所包括的内容不尽相同。

德国文化教育部于2004年12月颁发了《德国教师教育新标准》，该标准被分成两类，一类是理论性的，另一类是在教师教育阶段应该达成的实践性的标准。该标准提出教师应该具备的11项能力，这些能力又被归类为教学、教育、评价与创新4大能力领域，同时给出了反映这些能力的具体指标。

英国于20世纪90年代确立了《教学专业实践标准》，划分出专业品质、专业知识与理解和专业技能3个基本维度。英国学校教育与发展署于2007年5月颁布了修订后的《英国合格教师专业标准与教师职前培训要求》，对教师教学技能的要求分为以下六部分：①备课；②教学实施；③评价、监控与反馈；④教学反思；⑤学习环境；⑥团队合作。

美国在职业教育师资培养标准方面，既有全国性的标准，也有地方性的标准。《生涯与技术教育教师标准》以优秀生涯与技术教育教师的专业实践为分析对象，专业标准涵盖了四大类13种专业能力。

获得职业教育教师资格证书是澳大利亚职业教育教师岗位的准入要求，教师需要获得"培训与评价"培训包的证书。2010年5月，"培训与教育"培训包发布，专门对职业教育培训部门的培训师和教师资格进行了针对性的规定，培训包划分了学习设计、培训实施、运行高级学习项目、评价、培训咨询服务、国际教育管理、分析并将持续发展能力应用到学习项目中7个职业教育教师核心能力模块。

欧洲职业培训发展中心于2009年9月发布了欧盟《职业教育与培训专业人员的能力结构》，涵盖了欧盟职业教育教师、培训师与职业学校校长3类专业人员的能力标准。包括管理、培训、发展与质量保证、工作关系网构成4个核心领域。

3. 对职教师资培养院校教师的调研结果

在本书研究中，通过实地调研走访、问卷等形式，对职教师资培养院校的教师进行了问卷调研，下面是根据调研资料整理得出的调研结果。

（1）对专业理念与师德、专业知识、专业能力三个项目重要性排序的调查结果显示，应排在第一位的比重中：专业理念与师德为84.7%；专业知识和专业能力分别为9.7%和5.6%。需要说明的是，不是专业知识和专业能力不重要，而是在所给选项中专业理念与师德被认为是当前中学教师专业标准中最重要的因素，对一个人的后续发展起着基础作用。对职中教师专业标准的几个方面按重要程度排序如图1.1所示。

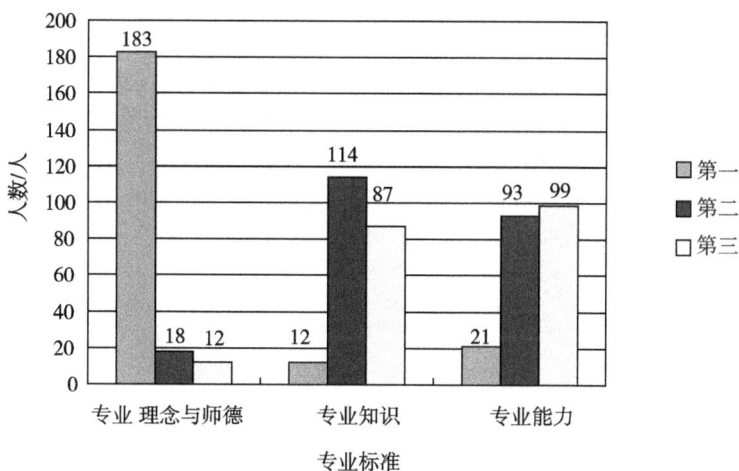

图 1.1 专业标准的重要程度

（2）就财务管理专业教师应掌握专业知识的程度而言，通过对 213 份问卷的分析，61%（129 人）的人认为财务管理专业教师专业知识应当达到专业知识够用、实用、兼顾系统性，25%（54 人）的人认为应保证专业知识的系统性，14%（30 人）的人认为专业知识够用就行。从图 1.2 中可以看出，职业学校教师在注重专业知识的理论性的同时，更强调知识的实用性。

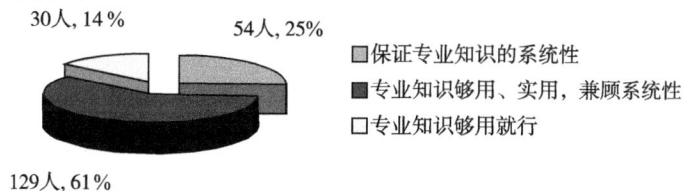

图 1.2 财务管理专业教师应掌握的知识

（3）在财务管理专业人才培养质量需要改进的方面，被调查者普遍认为，提高师资质量、加强实践性课程和实践性教学环节、开拓实习基地、理论联系实际和邀请实务界人士讲学等都是行之有效的措施，尤其是有 75%的被调查者选择了加强实践性课程和实践性教学环节方面的改进（图 1.3），可见实践教学在师资培养方面应该投入更大的精力。

（4）在职教师资财务管理本科专业课程设置方面争议较大，45%（96 人）的人认为是财务管理专业+师范模块（课程），41%（87 人）的人认为是有别于财务管理专业和普通师范专业的独立的财务管理教育专业，14%（30 人）的人认为应该是师范专业+财务管理模块（课程），如图 1.4 所示。

（5）在中等职业教育财务管理专业教师应具备的基础知识方面，50%以上的人认为应具备人文知识、信息技术知识、社会知识，这也和财务管理专业的性质和信息技术的工作环境相关，40%以上的人认为还应具备高等数学知识、外语知识，如图 1.5 所示。

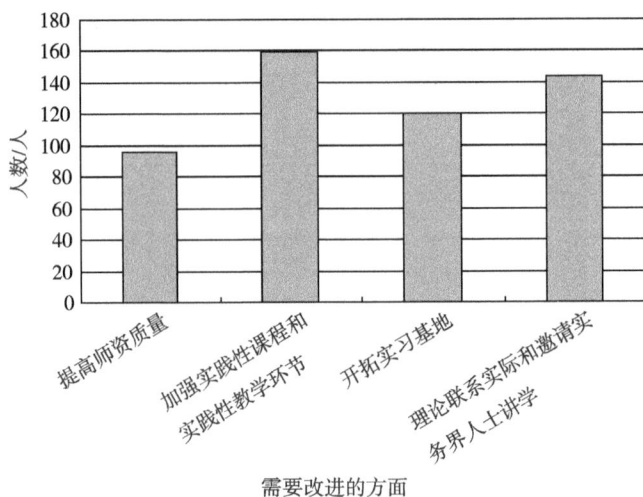

需要改进的方面

图1.3　财务管理专业人才培养的改进

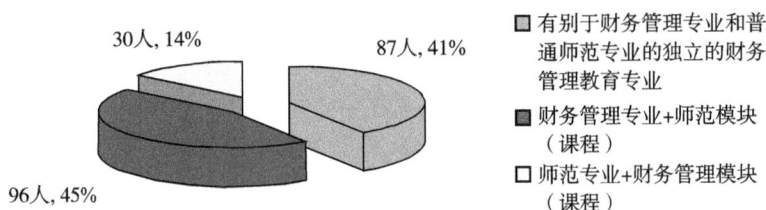

图1.4　财务管理专业课程设置

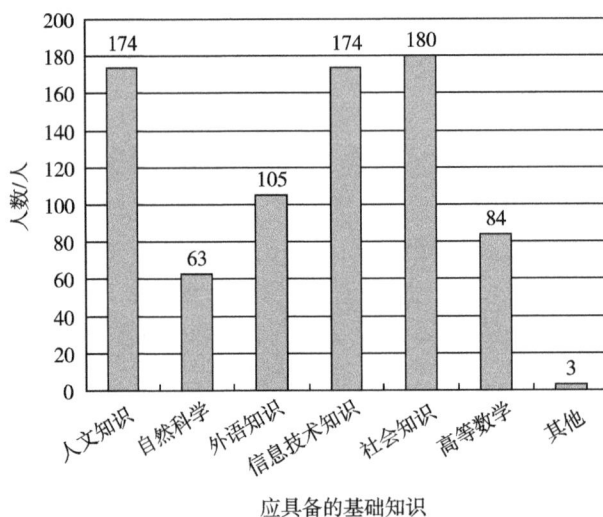

应具备的基础知识

图1.5　专业教师应具备的基础知识

（6）在中等职业教育财务管理专业教师应具备的专业基础知识方面，70%以上的人认为应具备经济学、管理学、金融学和税法与经济法知识，50%~70%的人认为应具备风险管理、数量方法与统计知识，46%的人认为还应具备企业信息系统知识，2%的人认为还应具备其他知识，如图1.6所示。

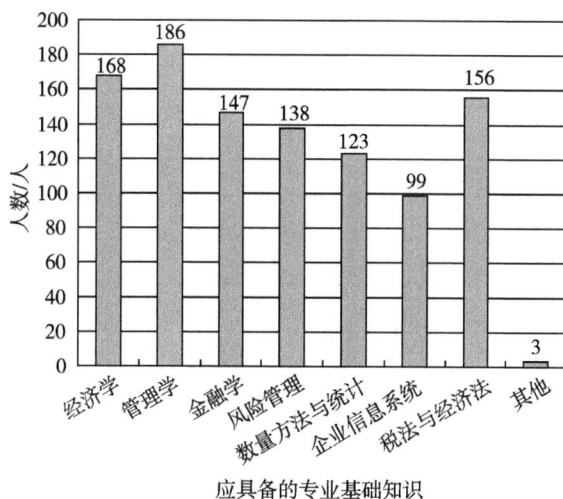

图 1.6　专业教师应具备的专业基础知识

（7）在中等职业教育财务管理专业教师应具备的专业知识方面，70%以上的人认为应具备财务管理、会计软件应用、会计知识、教学教育知识，40%~60%的人认为应具备审计知识、金融投资知识、资产评估知识，2%的人认为还应具备其他知识，如图 1.7 所示。

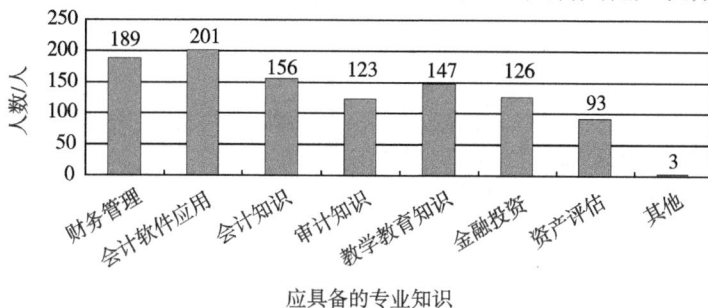

图 1.7　财务管理专业教师的专业知识构成

（8）在中等职业教育财务管理专业教师应具备的基础能力方面，人们普遍认为，沟通协调能力、人际交往能力、团队合作能力、压力应对能力、时间掌控能力、逻辑判断能力、终身学习能力都很重要（图 1.8），此结果反映出基础能力对一个人的后续发展起着至关重要的作用，现在职教师资更注重综合素质的提高。

（9）在中等职业教育财务管理专业教师应具备的专业能力方面，认为财务分析能力、会计核算能力、财务投资能力、财务筹资能力、资金管理能力、纳税筹划能力、财务控制能力很重要，认为利润分配能力、财务协调能力、财务组织能力、业绩评价能力介于很重要和重要之间（图 1.9）。

（10）在中等职业教育财务管理专业教师应具备的教师能力方面，认为教学能力、专业实践能力很重要，认为科研能力、管理能力、收集信息能力的重要性介于很重要和重要之间，很少有人认为上述能力不重要（图 1.10）。

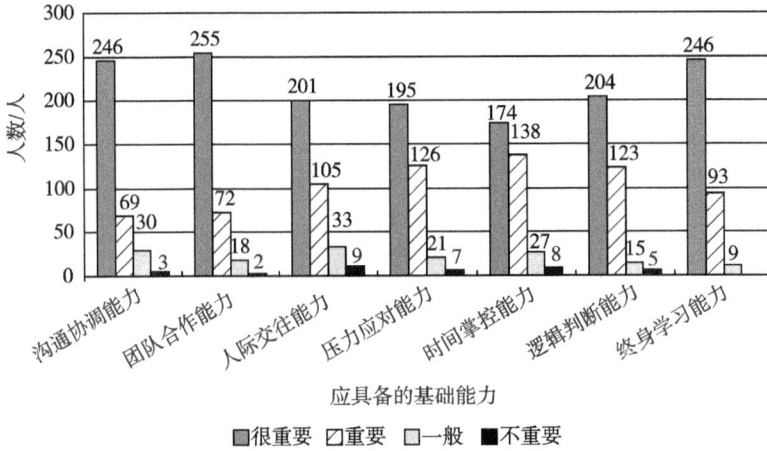

图 1.8　中等职业教育财务管理专业教师应具备的基础能力及重要程度

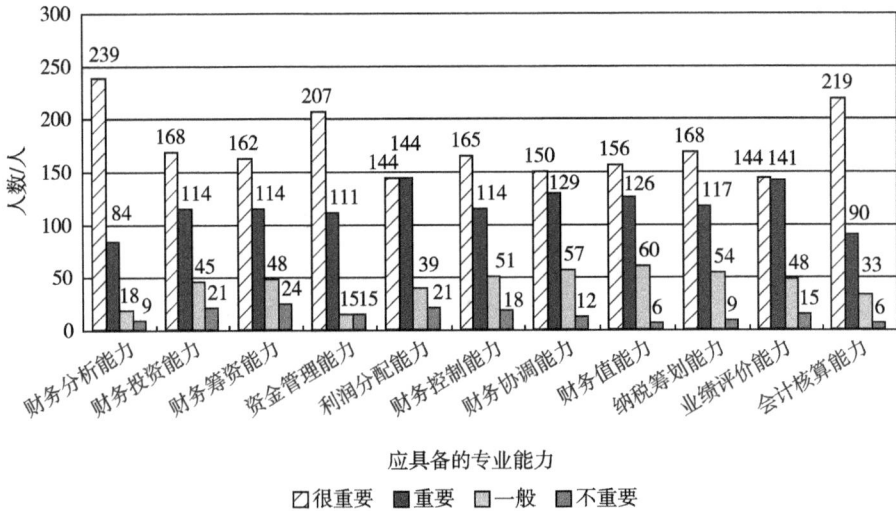

图 1.9　中等职业学校财务管理专业教师应具备的专业能力重要性评价

　　另外，关于影响财务管理专业人才培养质量的因素，大多数人认为专业目标定位、专业培养方案和师资队伍水平非常重要，办学条件、生源质量、校园文化和学校管理水平是重要因素。

4. 对职业学校财务及会计相关专业教师的调研结果

　　（1）中等职业学校的教师对自身发展最关注事项中，62%的人能够正确理解教师职业，注重学术水平和教学水平的综合发展，11%的人选择最关注学术水平，19%选择最关注教学水平，8%选择最关注工资待遇（图 1.11）。

　　（2）对职教师资财务管理专业培养目标，38.8%的人选择应用型高级专门人才，38.8%的人选择复合型人才，19.8%的人选择财务管理专业人才（图 1.12）。

　　（3）对学生个性化培养方面，中等职业学校教师更注重差异化培养，强调因材施教。在 291 份问卷中，65%的教师比较重视差异化培养，20%的教师很重视差异化培养，15%的教师不够重视差异化培养（图 1.13）。

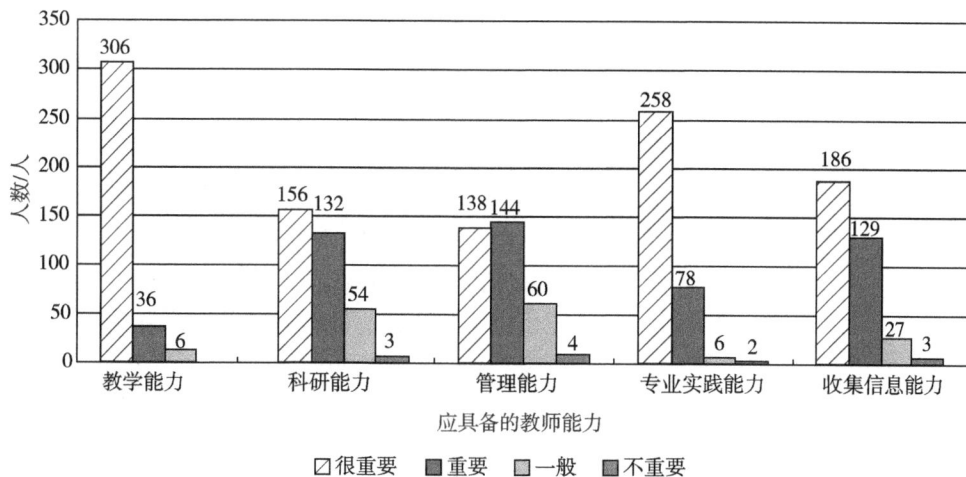

图 1.10 中等职业学校财务管理专业教师能力重要性评价

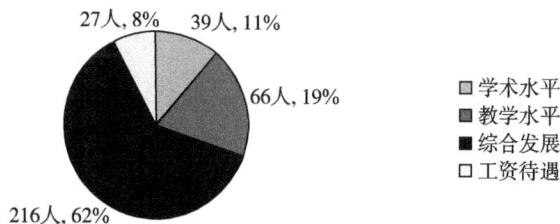

图 1.11 中职教师最关注的内容

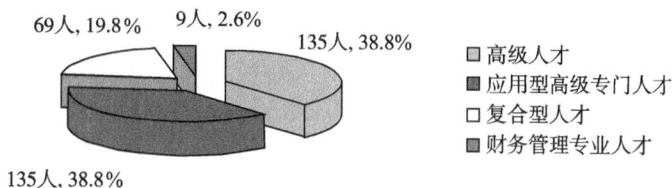

图 1.12 专业目标培养

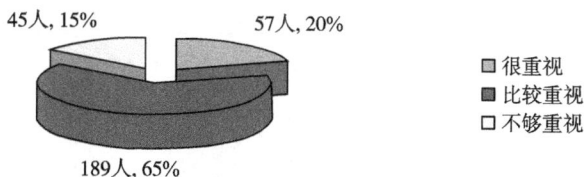

图 1.13 差异化培养

（4）在中等职业学校财务管理类专业教师应具备的财务管理专业知识方面，81%的人认为应当以专业知识够用实用兼顾系统性即可，17%的人认为保证专业知识的系统性即可，2%的人认为专业知识够用就行（图1.14）。这与面向职教师资培养学校的教师的调查结果一致，选择专业知识够用实用兼顾系统性的比例甚至更高，原因是专业教师更强调专业的重要性、系统性和实用性。

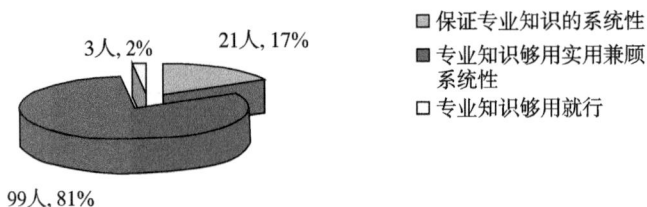

图 1.14　中职师资应具备的财务管理专业知识

（5）在中等职业教育财务管理专业教师应具备的基础知识方面，70%以上的人认为应具备人文知识、信息技术知识、社会知识，这也和职教师资培养学校的回答结果一致，30%以上的人认为还应具备自然科学知识、外语知识（图 1.15）。

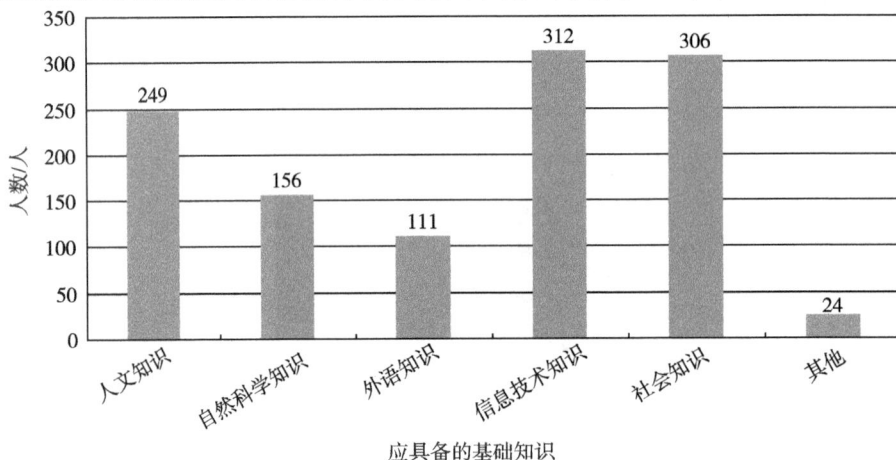

图 1.15　中等职业教育财务管理专业教师应具备的基础知识

（6）在中等职业教育财务管理专业教师应具备的专业基础知识方面，70%以上的人认为应具备经济学知识、管理学知识、企业信息系统知识、税法与经济法知识，50%以上的人认为应具备金融学知识，34%的人还认为应具备数量方法与统计知识（图 1.16）。

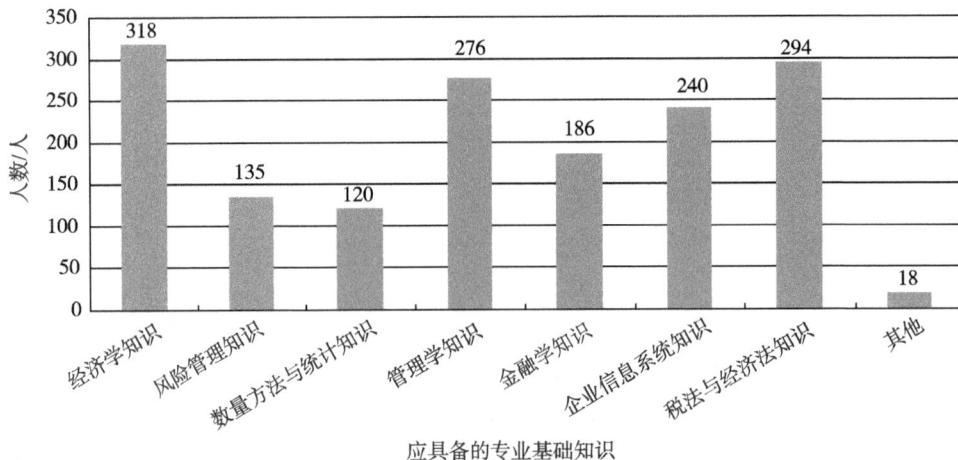

图 1.16　中等职业教育财务管理专业教师应具备的专业基础知识

（7）在中等职业教育财务管理专业教师应具备的专业知识方面，70%以上的人认为应具备财务管理知识、会计软件应用知识、会计知识和教学教育知识，40%~70%的人认为应具备审计知识、金融投资知识、资产评估知识，5%的人还认为应具备其他知识（图1.17）。

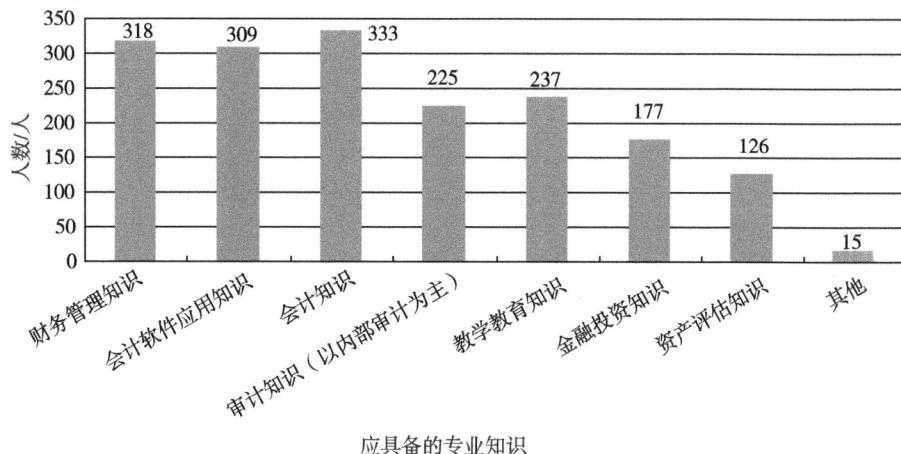

应具备的专业知识

图 1.17　中等职业教育财务管理专业教师应具备的专业知识

（8）在中等职业教育财务管理专业教师应具备的基础能力方面，人们普遍认为，知识转换能力和逻辑判断能力很重要，人际交往能力、团队合作能力的重要性介于很重要和重要之间，创新能力、压力应对能力、时间掌控能力重要（图1.18）。

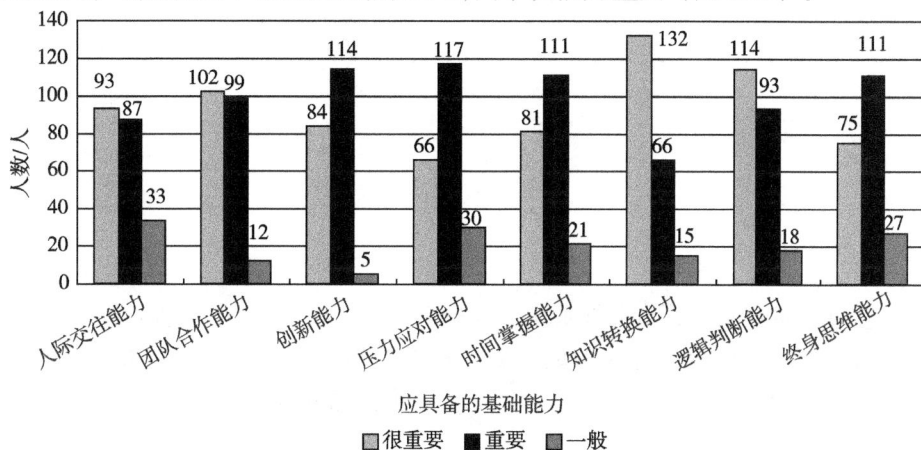

应具备的基础能力

■很重要　■重要　■一般

图 1.18　财务管理专业教师基础能力重要程度

5. 对企业管理人员和专业人员的调研结果

（1）在财务管理专业毕业生必须具备的专业知识调查中，50%以上的人认为应具备财务会计、成本管理、管理会计、内部审计知识，40%以上的还选择了公司理财、风险管理知识，其他还选择了资产评估（占32%）、银行业务与经营（占29%）、企业战略（占22%）、市场营销（占21%）等（图1.19）。

（2）在财务管理专业学生最重要的专业素质调查中，选择"系统的专业知识与理论"和选择"财务分析能力"的分别为63%和64%，选择"业务操作技能"的比例为56%，

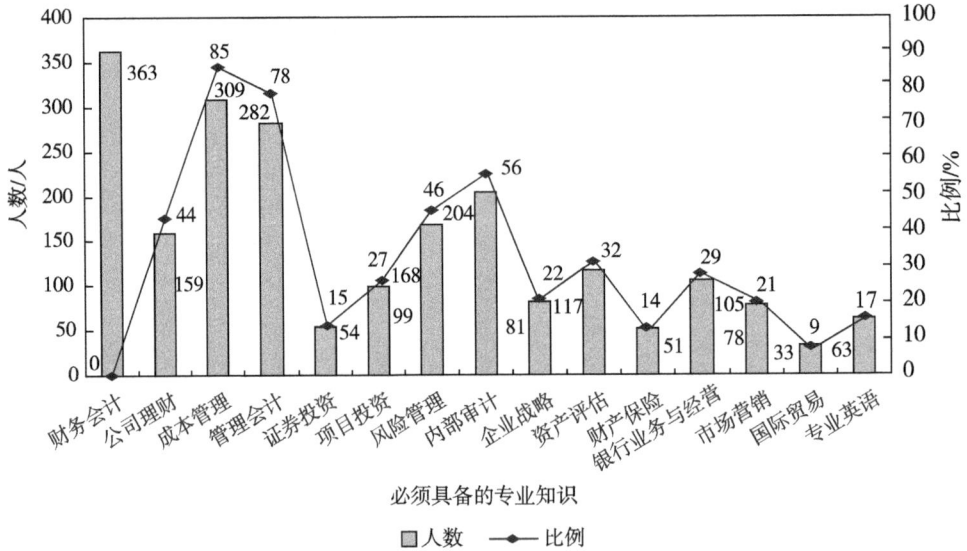

图 1.19 财务管理专业毕业生必须具备的专业知识

选择"财务软件操作能力"的比例为 42%（图 1.20）。

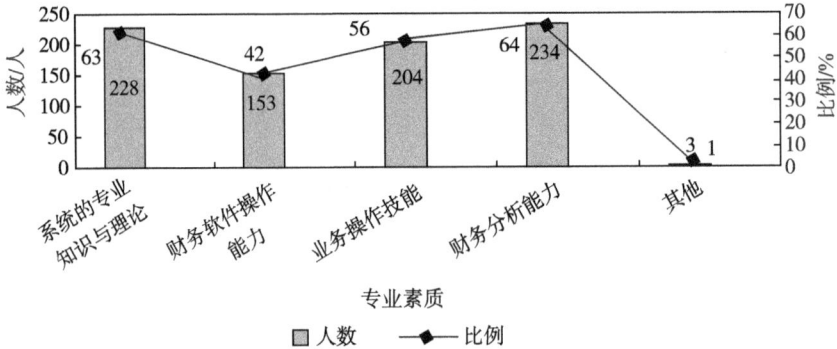

图 1.20 财务管理专业毕业生最重要的专业素质

（3）企业招聘财务管理专业毕业生时优先考虑的素质调查中，选择比例从高到低依次是专业知识和能力（82%）、良好的道德品质和工作态度（78%）、沟通能力和团队精神（58%）、自学和创新能力（33%）、经济信息把握和分析能力（21%）、计算机和英语能力（17%）（图 1.21）。

（4）在中等职业教育财务管理专业教师应具备的基础能力方面，64% 以上的人认为沟通协调能力、团队合作能力很重要；31% 以上的人认为沟通协调能力、团队合作能力重要，少于 3% 的人认为沟通协调能力、团队合作能力不重要。在人际交往、压力应对及合理安排时间、逻辑判断、终身学习、政策理解、环境适应等方面，选择很重要和重要的比例非常接近，均为 50% 左右（图 1.22）。

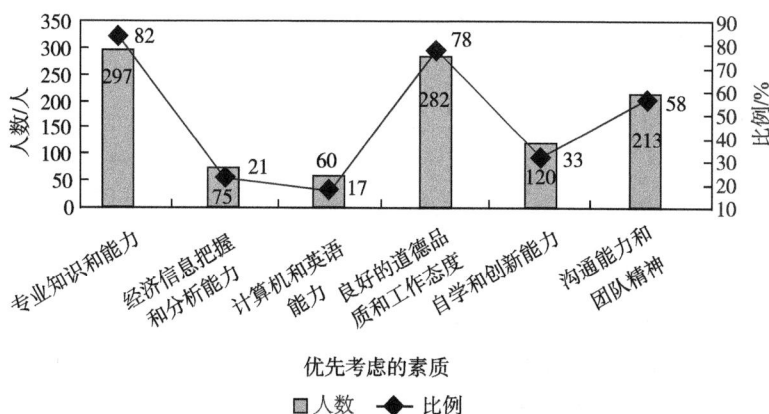

优先考虑的素质

■ 人数　◆ 比例

图 1.21　您所在单位招聘财务管理专业毕业生时优先考虑的素质

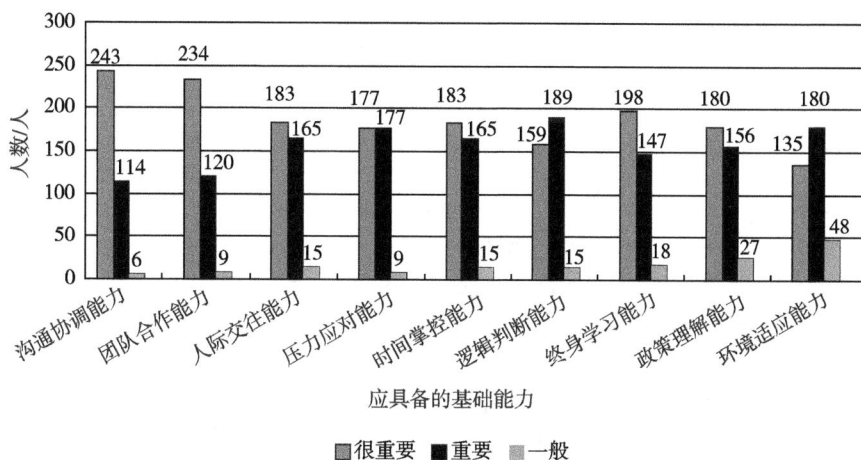

应具备的基础能力

■ 很重要　■ 重要　■ 一般

图 1.22　财务管理本科专业毕业生应具备的基础能力重要程度

6. 综合分析

通过综合以上调查问卷分析的结果，可以得出如下一些结论。

（1）专业教师标准的构成及重要性。对中等职业学校教师标准中三个维度的重要程度的排序看，专业理念与师德被排在了第一位，专业知识和专业能力两项排在其后，可见人们普遍注意到了专业理念与能力在合格职教师资中的重要性。

（2）专业教师知识学习方面。大学教师认为，学生学习专业知识应当遵循专业知识的够用、实用，兼顾学科的系统性；应具备的基础知识重要的有社会知识、信息技术知识和人文知识，对人文知识和外语知识的学习认可度较低；对专业基础知识，如经济学、税法与经济法认可度较高；在专业课方面，对财务管理、会计知识和财务与会计方面的软件知识认可度较高；对金融投资、资产评估和审计知识认可度较低；在从事技能教育方面，除职业教育学、心理学和教育技术外，教师更加关注专业教学法、教育心理学、职业教育理论和教师职业发展的学习。

（3）财务管理专业教师应具备的能力。大学教师对中等职业学校教师专业能力的认识，财务分析能力、资金管理能力、财务预算能力、财务投资能力和财务筹资能力排在前面，其次是教师能力、教学能力和专业实践能力。

中等职业学校教师的回答更加侧重实践教学能力和理论教学设计能力及与企业合作的能力，对创新能力的方面认可度较少；在基础能力方面，认可度较高的是沟通协调能力、团队合作能力与终身学习能力；在专业能力方面，认可度较高的是财务分析能力、资金管理能力与会计核算能力；在教师能力方面，关注度较高的是教学能力、实践教学能力和信息收集能力；在教学能力方面，认为比较重要的是专业实践能力、教学实施能力。

（4）教师素质方面。对中等职业学校专业教师应具备的素质的选择中，职业道德素质和业务素质选择最多；在专业素质方面，认为专业教师应具备系统的专业理论与知识、一定的操作技能、一定的财务分析能力和财务软件的熟练运用能力。

（5）大学专业教育改进方面。在这方面，大学教师和中等职业学校教师的意见基本一致，对大学教学中需要改进的建议是增加实践教学环节、增加社会锻炼的机会。

（六）中等职业学校财务管理专业教师培养标准

1. 对职教师资培养学校的问卷调查结果

（1）关于职教师资财务管理专业人才培养目标定位方面，51%的人认为职教师资财务管理专业人才培养目标定位是应用型高级专门人才，将培养目标定位在复合型人才的占24%，定位在财务管理专业人才的占18%，笼统定位在高级人才的仅占7%（图1.23）。

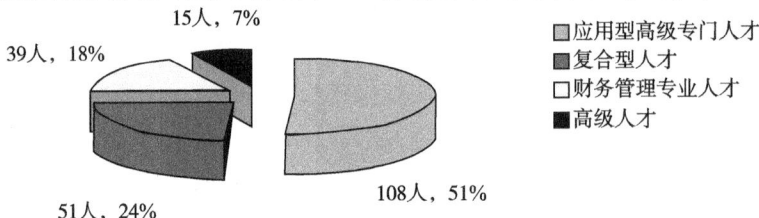

图 1.23　职教师资人才培养目标定位

（2）在专业课程设置特色方面，59%的人选择体现"重能力、重实践"的专业特色，28%的人选择"宽口径、厚基础"的专业特色（图1.24）。

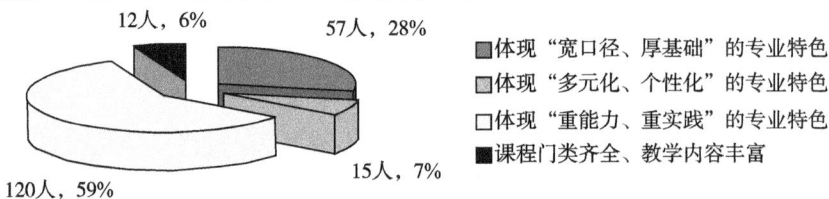

图 1.24　专业课程设置特色

（3）在课程重要性从高到低排序中，学科专业课程最重要，教师专业课程排在第二位，通识类课程排在第三位（图1.25）。

（4）财务管理类课程设置方面，人们普遍认为，应该按财务管理知识层次设置（图1.26）。

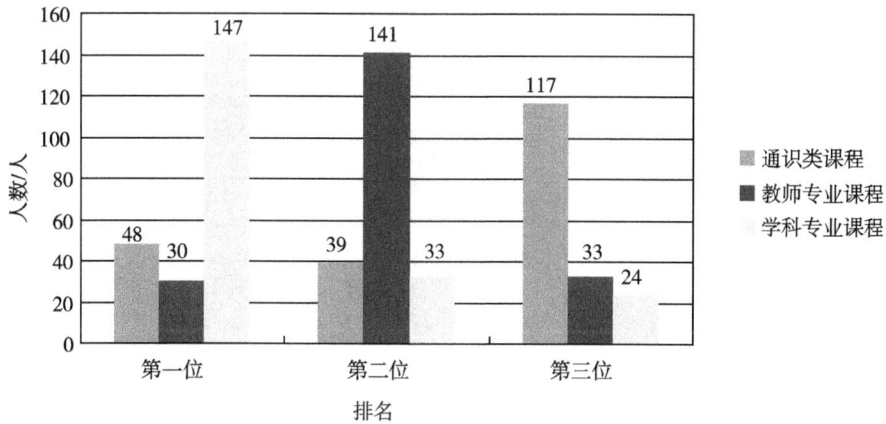

图 1.25　课程重要性排序

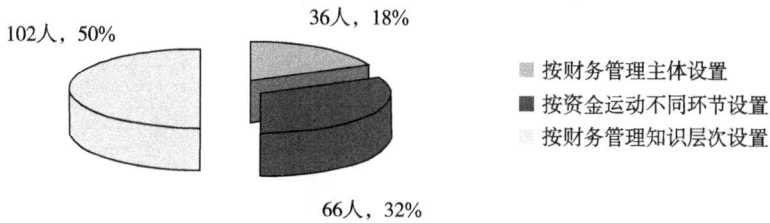

图 1.26　财务管理类课程应如何设置

（5）多数人认为最需要开设的五门核心课程是财务会计、财务管理、财务分析、成本管理会计、计算机财务管理（图 1.27）。

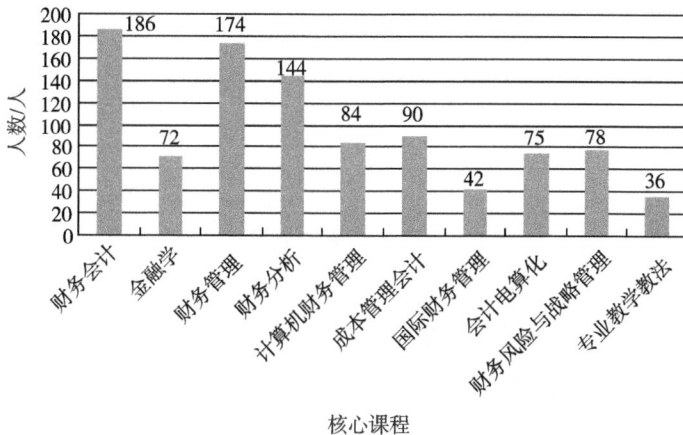

图 1.27　财务管理专业应开设的核心课程

（6）在需要加强实训、实践内容方面，50%以上的人选择应加强会计手工模拟实训、财务管理综合实训、财务分析模拟实训、纳税筹划模拟实训、会计电算化模拟实训，30%~40%的人选择应加强证券投资模拟实训和 ERP 沙盘模拟实训（图 1.28）。

2. 对职业学校财务及会计相关专业教师的问卷调查结果

（1）"双师型"教师应具备的条件，按重要性排序依次为职业技能资格证书、专业理论教学能力、教师资格证书、专业技术生产能力、相关管理与技术服务能力、其他（图 1.29）。

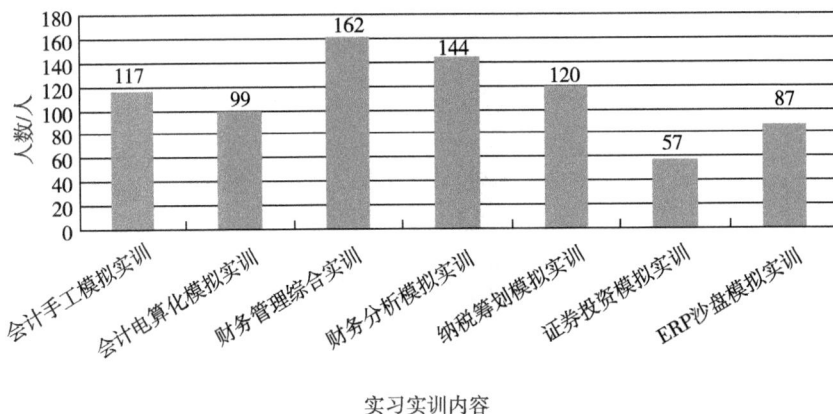

实习实训内容

图 1.28　财务管理专业应加强的实习实训内容

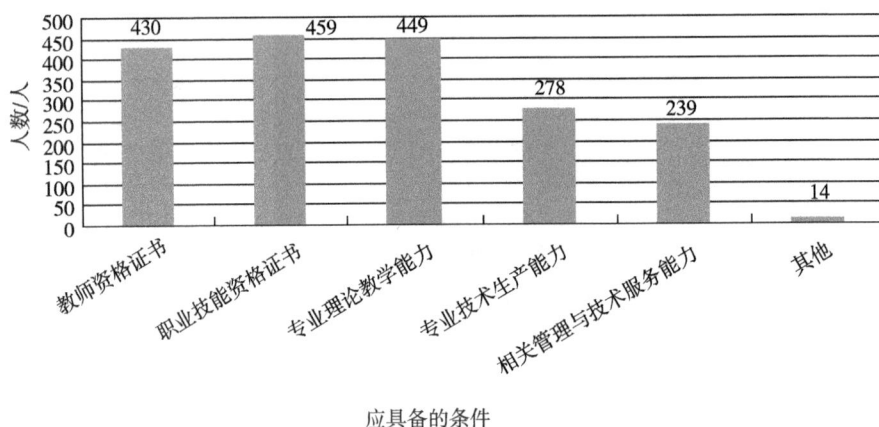

应具备的条件

图 1.29　"双师型"教师应具备的条件

（2）大学期间最有价值的课程调研结果如图 1.30 所示。

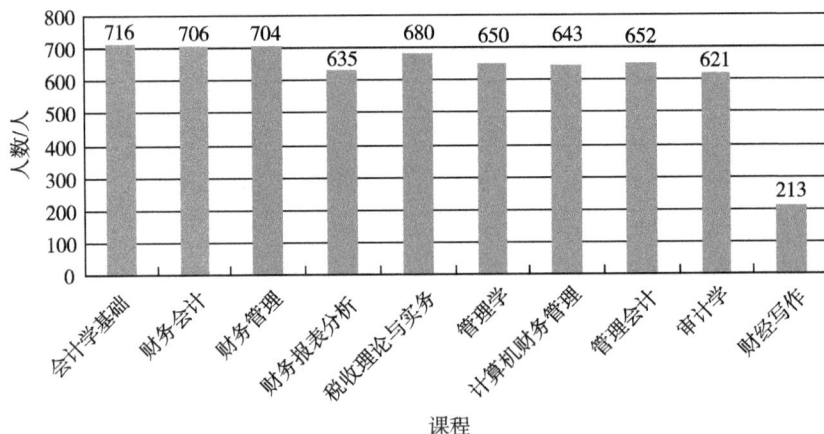

课程

图 1.30　大学期间最有价值的课程

（3）在职教师资财务管理本科专业应开设的五门核心课程调研中，选择财务会计的有 354 人，占参与调研总人数的 86%；选择财务管理的有 339 人，占 82%；选择计算机财务管理的有 243 人，占 59%；选择财务分析的有 243 人，占 59%；选择成本管理会计的有 240 人，占 58%；选择金融学的有 144 人，占 49%；选择财务风险与战略管理的有 132 人，占 32%；选择专业教学教法的有 90 人，占 22%；选择国际财务管理有 78 人，占 19%（图 1.31）。

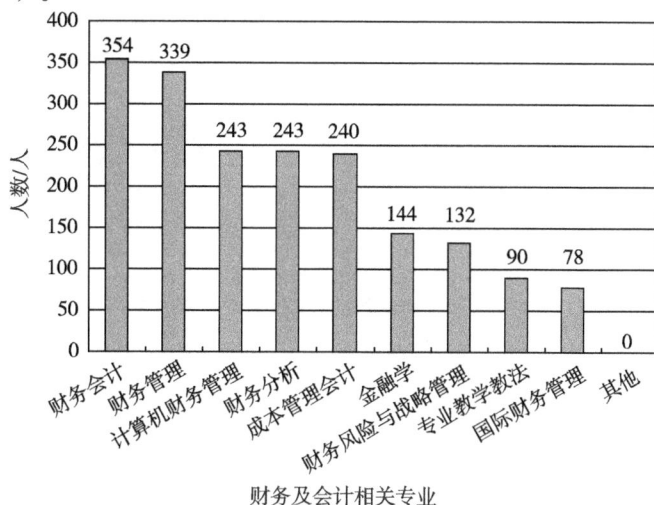

图 1.31　职业学校财务及会计相关专业教师对五门核心课程的看法

3. 对企业管理人员和财务专业人员的问卷调查结果

（1）在财务管理专业毕业生最缺乏的知识方面，普遍认为，财务管理专业毕业生在实际工作中最欠缺的是实践经验（图 1.32）。

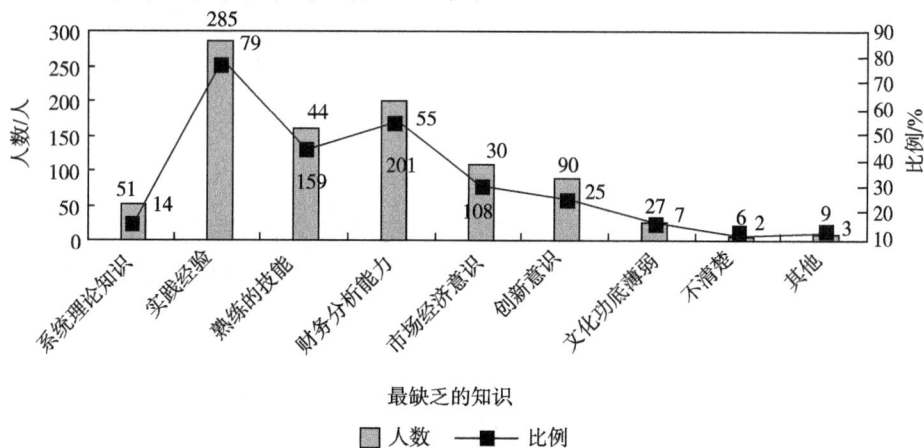

图 1.32　财务管理毕业生最缺乏的知识

（2）在企业招聘财务管理专业毕业生时优先考虑的素质方面，80% 的企业选择了专业知识和能力、78% 的企业选择了良好的道德品质和工作态度、59% 的企业选择了沟通能力和团队精神、33% 的企业选择了自学和创新能力、21% 的企业选择了经济信息把握和分析能力、17% 的企业选择了计算机和英语能力（图 1.33）。在财务管理专业毕业生应该具备的最重要的专业素质方面，64% 的人选择了财务分析能力、63% 的人选择了系统的专业知识和理论、

56%的人选择了业务操作技能、42%的人选择了财务软件操作能力。

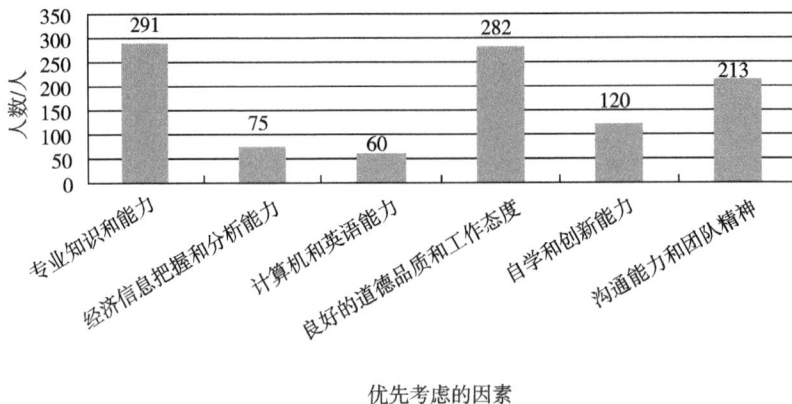

优先考虑的因素

图 1.33　企业招聘毕业生优先考虑的因素

（3）在财务管理专业毕业生需要掌握的主要信息技术工具方面，企业认为财务软件和 Excel 是最重要的两种信息技术工具（图 1.34）。

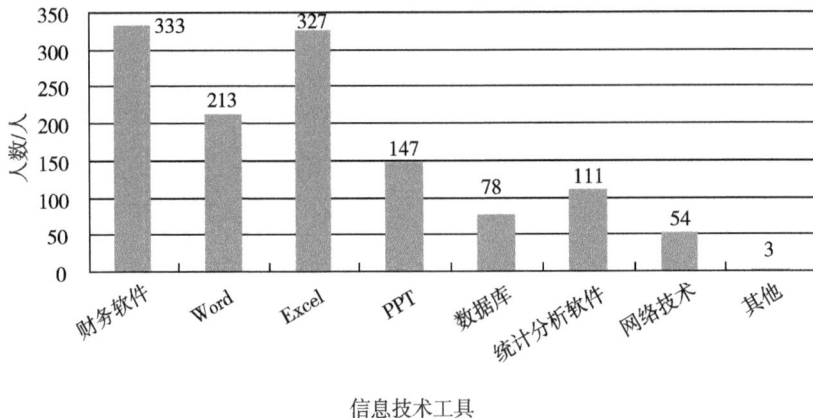

信息技术工具

图 1.34　财务管理专业毕业生应掌握的信息技术工具

（4）在是否要求财务管理专业毕业生必须具有实习经历或者工作经验方面，67.7%的企业会优先考虑有经验的毕业生，只有 17.5%的企业不要求毕业生必须具有实习经历或工作经验（图 1.35）。

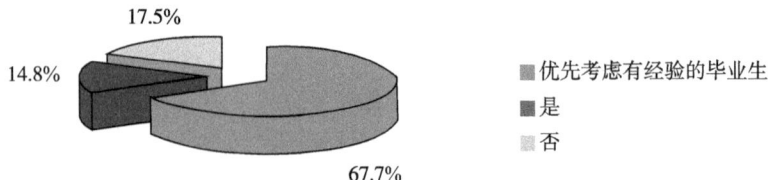

图 1.35　所在单位对财务管理专业毕业生实践经验的要求

（5）对刚毕业的毕业生，企业会提供哪些与财务管理方向相关的职位方面，65%的企业提供出纳岗位，50%的企业提供财务助理岗位，24%的企业提供助理统计员岗位，只有 6%的企业提供财务分析员岗位，5%的企业提供审计员岗位（图 1.36）。

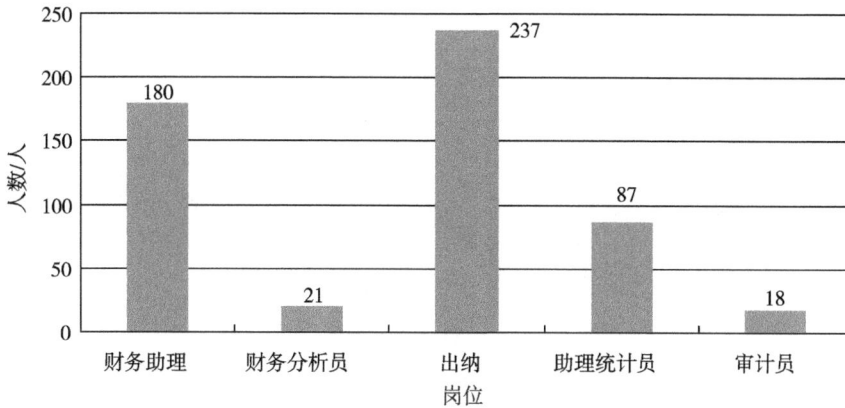

图 1.36　企业对新毕业生提供的岗位

4. 对企、事业单位财务与会计相关专业毕业生的问卷调查结果

（1）在职业资格证书的重要性方面，89.66%的相关专业毕业生认为职业资格证书是重要的，只有 10.34%的毕业生认为不重要（图 1.37）。

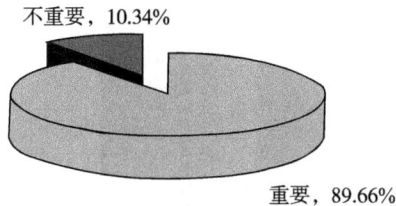

图 1.37　职业资格证书是否重要

（2）在希望取得资格证书的种类方面，毕业生认为最有价值的资格证书排序如图 1.38 所示。

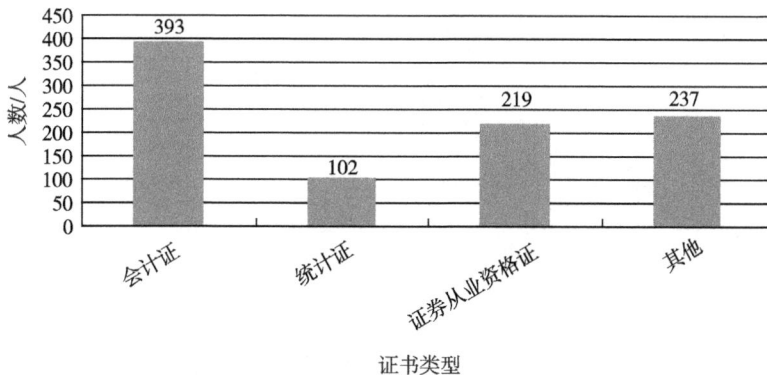

图 1.38　毕业生希望获得的资格证书

（3）对专业课程设置体系的满意度调研中，大多数毕业生认为专业课程设置体系存在问题，其中最主要问题集中在两个方面，即专业实务课程太少、科研技能训练太少（图1.39）。

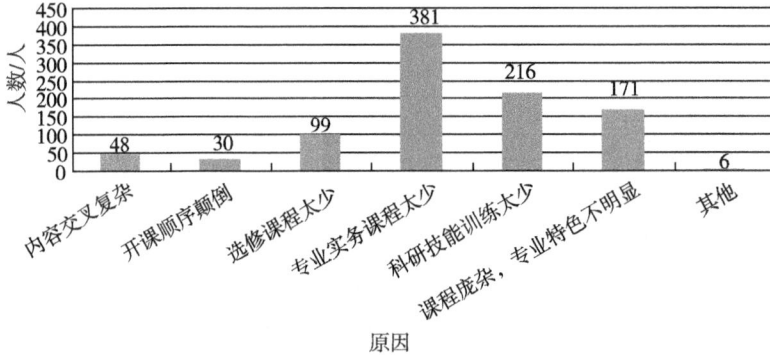

图 1.39　毕业生对专业课程设置体系不满意的原因

（4）对实习实训总课时（或周学时）安排的满意度调研中，只有 34.48%的毕业生对实习实训总课时设置满意，剩余的毕业生对实习实训课时设置不满意，58.05%的毕业生认为课时太少，7.47%的毕业生认为课时太多（图 1.40）。

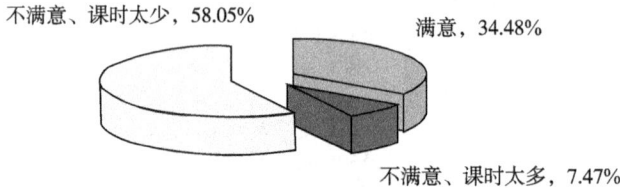

图 1.40　毕业生对实习实训总课时（或周学时）安排的满意情况

（5）对实践教学建议方面，多数人认为应该增加大学生在校期间社会实践的机会（图 1.41）。

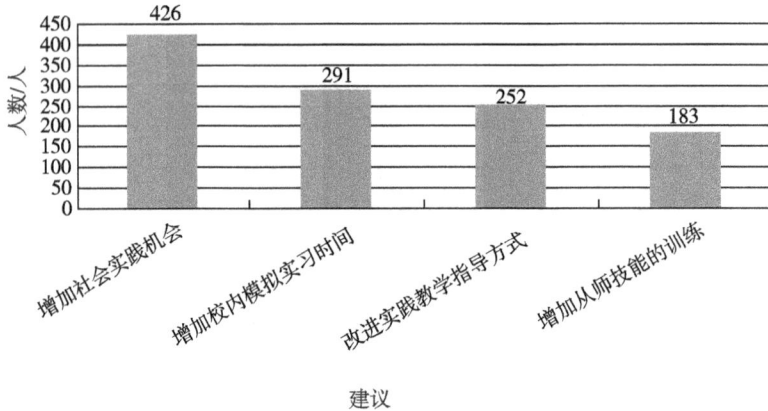

图 1.41　毕业生对大学财务管理专业实践教学的建议

（6）对核心课程设置，根据选择人数对核心课程排序依次为财务会计、财务管理、财务报表分析、成本管理会计、高级财务管理、税务筹划等（图 1.42）。

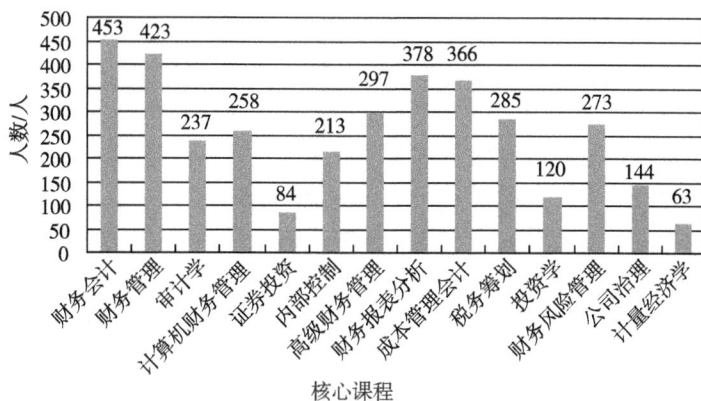

图 1.42　毕业生认为财务管理专业应该设置的核心课程

5. 综合分析

1）人才培养目标

访谈和调查结果显示，关于财务管理专业职教师资培养目标的定位，培养单位被调查人员多数选择应用型高级专门人才，而职业中学的教师多数选择复合型人才；可见大学更加注重专业人才培养方面，而中等职业学校教师更加看重专业+教师两个方面的能力培养。

2）影响人才培养质量的因素

高校教师更加看重的是专业培养目标、培养方案和师资队伍，中等职业学校教师选择的前三位是专业培养目标、师资队伍和学校的管理水平，可见学校管理方面的问题对学生培养质量有着重要的影响。

3）财务管理专业课程设置的建议

关于财务管理专业课程设置，普遍认可的是体现重能力、重实践的专业特色；对财务管理专业的核心课程选择最多的是财务会计、财务管理、财务分析，其次是成本管理会计、计算机财务管理；对学生最有价值的课程是专业核心课程和专业实训课程。

4）教育类课程设置

非职技高师院校和非师范院校，一般开设的教育类课程较为简单，如哈尔滨商业大学虽然也有财务会计教育、师范类市场营销等专业，但是在培养方案设计上，由于从师理论和从师技能方面师资匮乏，因而只安排了教育学、心理学、教育技术、专业教学论等课程学习，基本上没有教师技能实习实训；而职技高师院校和师范类院校具有相应的教育类专业，通常在课程设置方面比较注重从师理论和实践的学习，除了开设教育学、心理学、教育技术等教育通用课程外，不少学校还开设了职业教育学、职业心理学、专业教学论等，通常设有微格教学、教育实习、教师口语、三笔字等实践类课程。

5）实践能力的培养

大学教师一般更看中理论+实践的教学模式，提出需要加强财务管理综合实训、财务分析模拟实训、纳税筹划模拟实训及会计手工模拟实训等内容，最应该加强的实践性教学环节是校内模拟实践与社会调查实习相结合；提高财务管理专业教学效果的有效途径是加强实践教学，培养学生的实际操作能力及利用案例进行启发式教学。

　　来自中等职业学校的调查结果显示，教师最希望加强的专业课教学是增加企业实践经历和提高专业技能，他们认为自己最欠缺的是实践教学能力、社会实践能力和科研能力；而对在大学期间实践教学的评价则是提高了综合能力、流于形式和校外实习基地不充实；对课程体系最不满意的方面是实务课程太少；对实践教学的建议是增加社会实践的机会和增加校内模拟实践的时间、增加从师技能的训练；对实习实训课时安排，最大的问题就是课时太少；对实践教学方式，多数人建议采取校内+校外结合的方式。

　　绝大多数的中职学校领导和专业教师都强调"强实践、弱理论"，中等职业教育主要是手把手教会动手实践即可，理论教学可以弱化，这主要是由中职学生的文化素质较低和就业层次较低决定的。

（七）财务管理专业课程大纲和核心教材的设置

1. 专业课程大纲方面

（1）在课程大纲的制定方面，师资培养院校 50%的受访者使用的大纲由学校课程组制定，43%的受访者使用的大纲由任课教师制定，4%的受访者使用其他学校大纲，还有 3%的受访者表示学校无专业教学大纲（图 1.43）。

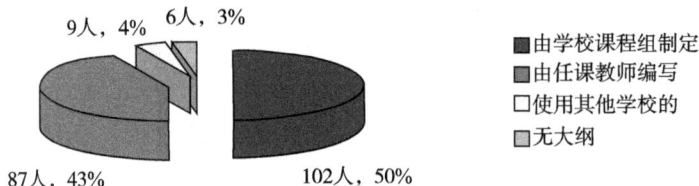

图 1.43　专业课程大纲制定情况

（2）在专业课程大纲修订方面，21%的受访者表示会每年更新大刚，38%的受访者选择每 2~3 年更新一次大纲，41%的受访者则表示会按需更新（图 1.44）。

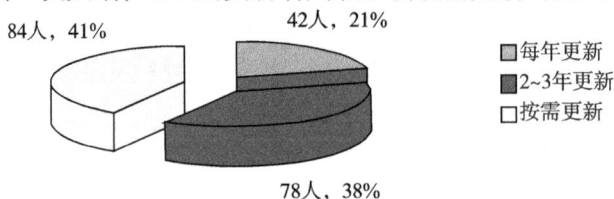

图 1.44　专业课程大纲更新情况

（3）在课程大纲的执行情况方面，48%的受访者表示能够严格按大纲授课，40%的受访者表示会部分参考大纲，而仍有 12%的受访者表示是按教材授课，不执行大纲（图1.45）。

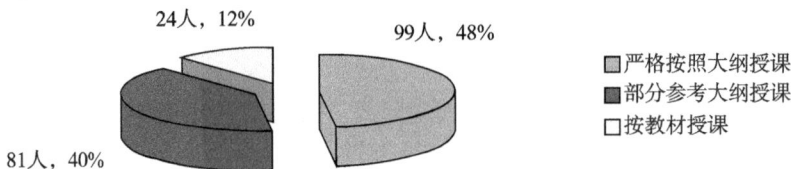

图 1.45　专业课程大纲执行情况

2. 对教材的重要性看法

职教师资培养院校教师参与调研的有 123 人，其中 88%的人认为重要，占绝大多数，没人认为不需要；企、事业单位工作的财务与会计相关专业毕业生参与调研的有 522 人，82.2%的人认为教材重要，1.2%的人认为不需要教材即可。

（1）职教师资培养院校教师对教材重要性的看法如图 1.46 所示。

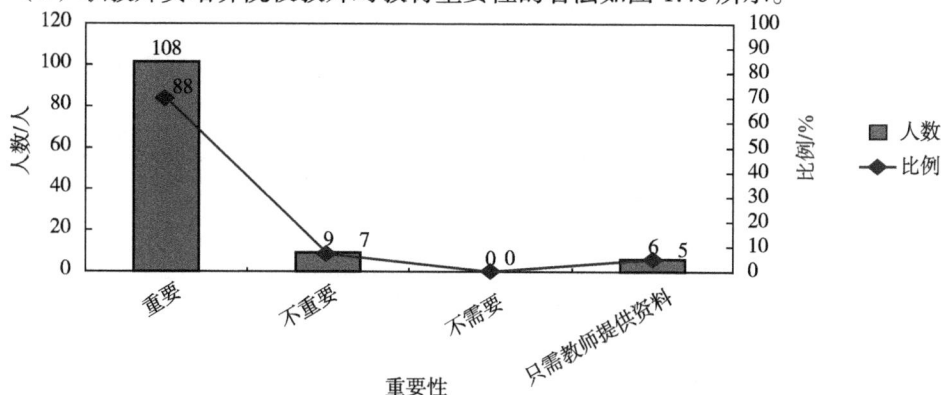

图 1.46 职教师资培养院校对教材重要性的看法

（2）企、事业单位工作的财务与会计相关专业毕业生对教材重要性的看法如图 1.47 所示。

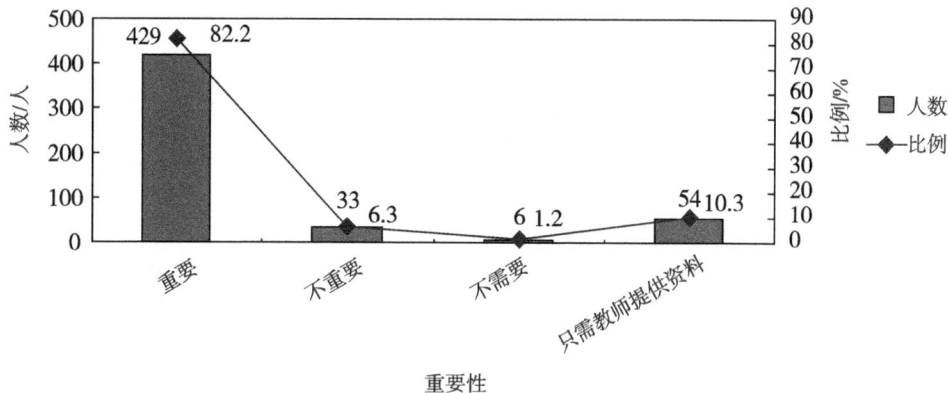

图 1.47 企、事业单位工作的财会专业毕业生对教材重要性的看法

3. 现有教材满足学习的程度

职教师资培养学校教师参与调研的有 204 人，其中 64%的人认为现有的教材新知识、新技术、实践技能偏少；中等职业学校相关学校教师参与调研的有 414 人，其中 62%的人认为现有的教材新知识、新技术、实践技能偏少；企、事业单位相关从业人员参与调研的有 522 人，其中 52%的人认为现有的教材新知识、新技术、实践技能偏少。

（1）职教师资培养学校教师对教材满足教学需求的看法如图 1.48 所示。

（2）中等职业学校相关学校教师对教材满足教学需求的看法如图 1.49 所示。

（3）企、事业单位相关从业人员对教材满足教学需求的看法如图 1.50 所示。

24人，12%　　　　48人，24%

□内容偏多
■内容合适
■新知识、新技术、实践
技能偏少

132人，64%

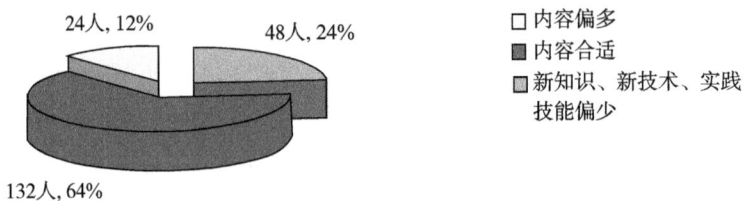

图 1.48　职教师资培养院校对教材满足需要的看法

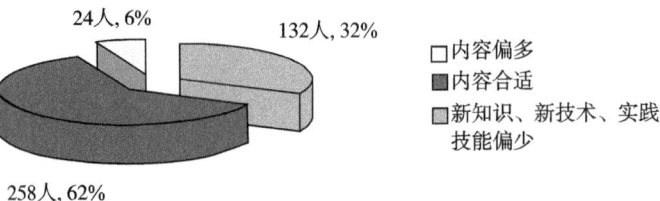

24人，6%　　　　132人，32%

□内容偏多
■内容合适
■新知识、新技术、实践
技能偏少

258人，62%

图 1.49　中职教师对教材满足教学需求的看法

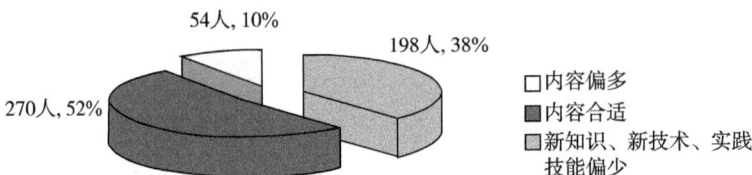

54人，10%　　　198人，38%

270人，52%

□内容偏多
■内容合适
■新知识、新技术、实践
技能偏少

图 1.50　企、事业单位相关从业人员对教材满足教学需求的看法

4. 教材是否需要改进

职教师资培养院校和企、事业单位毕业生中 80%以上的受访者认为需要改进，中等职业学校财务及会计相关专业教师的看法较为平和，只有 57%的受访者认为需要改进。

（1）职教师资培养院校的教师的看法如图 1.51 所示。

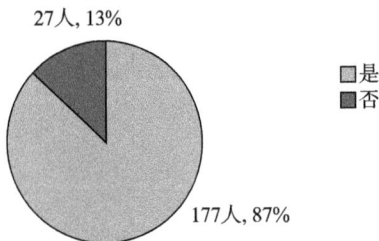

27人，13%

■是
■否

177人，87%

图 1.51　职教师资培养院校对教材是否需要改进的看法

（2）中等职业学校财务及会计相关专业教师的看法如图 1.52 所示。

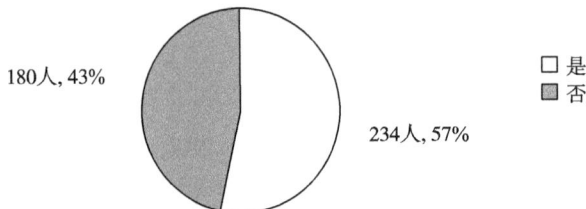

180人，43%

□是
■否

234人，57%

图 1.52　中等职业学校教师对教材是否需要改进的看法

（3）企、事业单位工作的财务与会计相关专业毕业生的看法如图 1.53 所示。

87人, 17%

■ 是
■ 否

435人, 83%

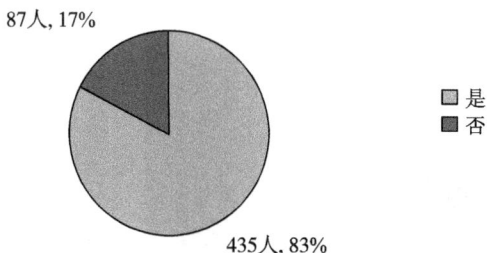

图 1.53 企、事业单位毕业生对教材是否需要改进的看法

5. 对教材的期望

中等职业学校财务及会计相关专业教师中,有51%的人认为教材要理论与实践结合,选择学科完整、简单明了、内容够用即可的分别占 19%、14%、16%;企、事业单位的从业人员中,58.3%的人认为教材要理论与实践结合,选择学科完整、简单明了、内容够用即可的分别占 22.0%、7.5%、12.2%。

(1)中等职业学校财务及会计相关专业教师对教材的期望如图 1.54 所示。

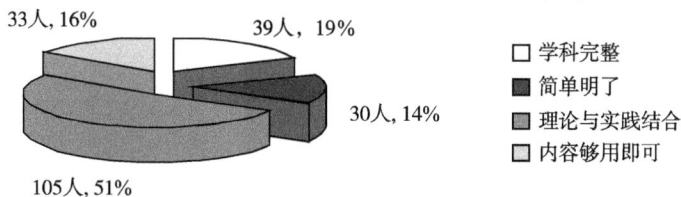

33人, 16%   39人, 19%

□ 学科完整
■ 简单明了
■ 理论与实践结合
□ 内容够用即可

30人, 14%

105人, 51%

图 1.54 中职职业学校教师对教材的期望

(2)企、事业单位的从业人员对教材的期望如图 1.55 所示。

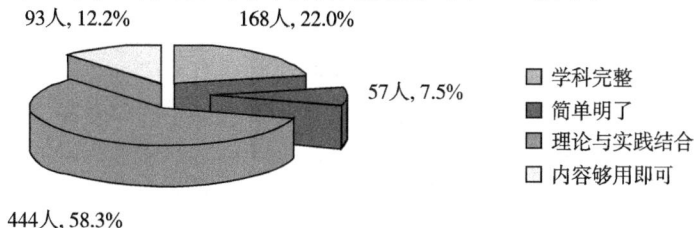

93人, 12.2%   168人, 22.0%

□ 学科完整
■ 简单明了
■ 理论与实践结合
□ 内容够用即可

57人, 7.5%

444人, 58.3%

图 1.55 企、事业单位从业人才对教材的期望

6. 教材编写如何体现知识、能力、素质的关系

中等职业学校相关专业教师有 291 人参与了调研,60%以上的人认为应体现知识、能力、素质全面提高及知识与能力的结合,50%的人认为应侧重能力培养,只有 21%的人选择侧重知识掌握(图 1.56)。

7. 专业教学法如何编入教材

职教师资培养院校教师意见不一,具体如图 1.57 所示。

8. 专业教材编写建议

48%的人认为应该按岗位模块编写专业教材,分别有 26%的人认为应按管理流程编写和按资金循环编写。编写教材时,选择应体现知识、能力、素质的全面提高,以及选

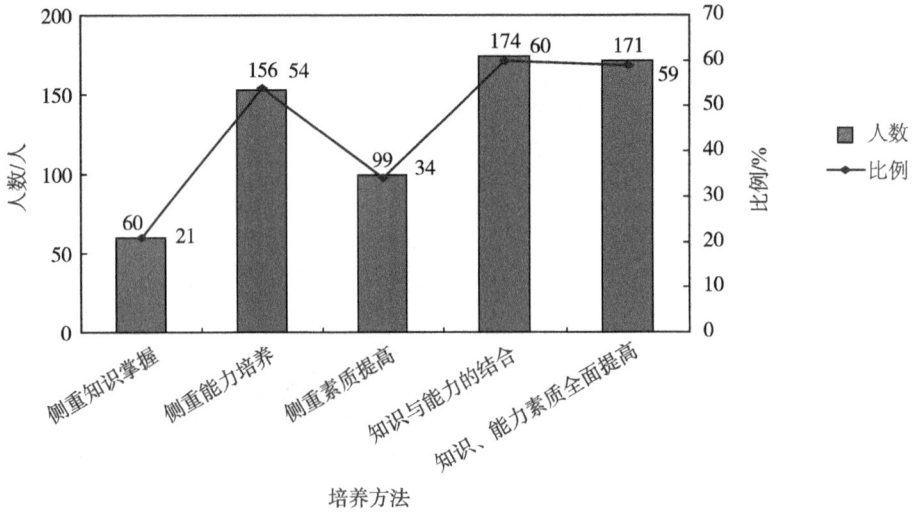

图 1.56　教材编写如何体现培养财务管理专业职教师资知识、能力、素质的关系

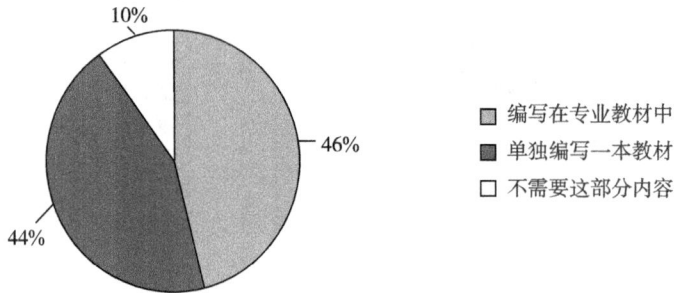

图 1.57　职教师资培养院校教师对专业教学法编入教材的意见

择应体现知识、能力的结合所占的比例均为 60%，50% 的人认为应侧重能力的培养，只有 21% 的人选择侧重知识掌握。改进的建议主要如下：①加强实践教学，理论与实践相结合，结合计算机技术，注重计算机在财务管理中的应用；②增加教学案例。

9. 综合分析

从财务管理本科专业建设来看，基本上每个财务管理专业都有自己的教学大纲，这些大纲多数是由课程组统一制定的，也有少部分由任课教师编写；大纲会随着时间推移进行及时更新，大纲是教学的基本依据，但不会成为教学的羁绊，被调查者中，有大约 50% 的教师会严格依据大纲教学，另有 40% 左右的教师表示部分参考大纲教学。关于财务管理专业的核心教材，选择最多的前三项分别是财务会计、财务管理、财务分析，其次为成本管理会计、计算机财务管理、财务风险与战略管理、会计电算化。

来自中等职业学校教师的调查结果显示，他们认为在大学学习的课程中，最有价值的课程是会计学基础、财务会计、财务管理、财务软件、财务报表分析和税收理论与实务；财务管理专业的核心课程包括财务会计、财务管理、计算机财务管理、财务分析和成本管理会计；他们希望大学教材能够体现新技术、新知识和实验技能；对教材的编写方法，多数人建议按岗位模块进行编写，部分人支持按管理流程编写或按资金循环编写；对教材的编写方式，他们希望理论与实际结合。

来自企、事业单位相关从业人员的调查结果显示，最有价值的课程依然是会计类、财务管理、财务分析及税务相关课程。大部分人认为教材的改革应该能够体现新技术、新知识、实践技能，并且做到理论与实践相结合。

（八）职教师资财务管理本科专业培养质量评价

1. 成绩评价方面

中等职业学校相关专业教师有 291 人参与调研，选择课堂考核和过程考核的分别占 43.3%和 44.3%，而选择作品评价和其他的只有 7.2%和 5.2%（图 1.58）。

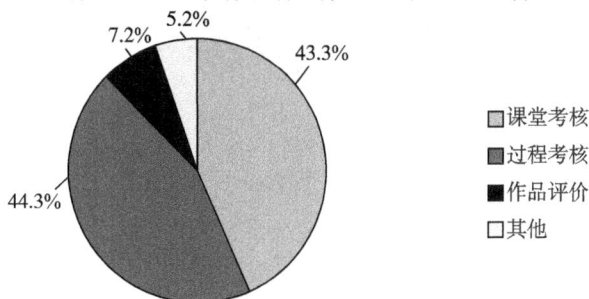

图 1.58　您对学生学习成绩评价的方式

2. 培养质量评价标准方面

中等职业学校相关专业教师有 114 人参与调研，73%的人选择高超的实践技能，各有 71%的人选择扎实的理论基础和较高的专业和道德素质，55%的人选择就业质量，42%的人选择职业证书，另有少部分人选择科研能力的重要性、学生就业薪酬比较，以及获奖情况（图 1.59）。

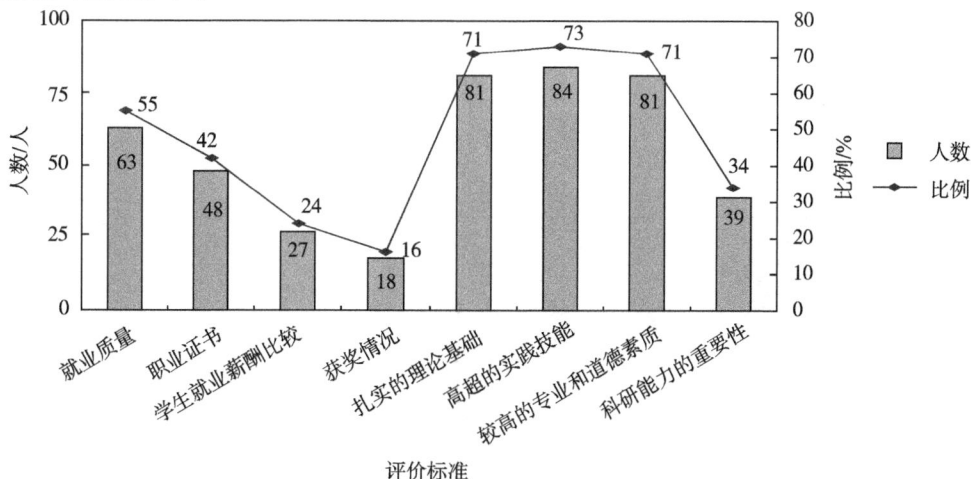

图 1.59　评价大学本科毕业生教学质量的标准

3. 影响培养质量因素方面

职教师资培养院校，绝大部分教师认为"专业培养目标定位"很重要，有一半以上的人认为"专业教师""校园文化氛围""学校管理水平""专业办学条件"很重要或重要；中等职业学校，绝大部分教师认为"专业培养目标""专业教师""人才培养模式""学校管理水平""专业办学条件"很重要，将近一半的人认为"专业培养目标""生源质量"重要。

（1）职教师资培养院校教师的看法如图 1.60 所示。

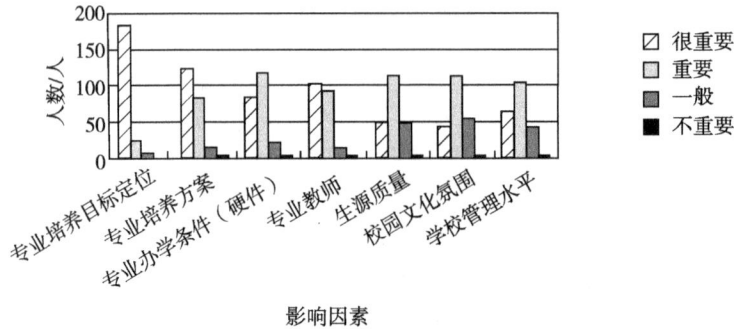

图 1.60　职教师资培养院校教师的看法（一）

（2）中等职业学校相关专业教师的看法如图 1.61 所示。

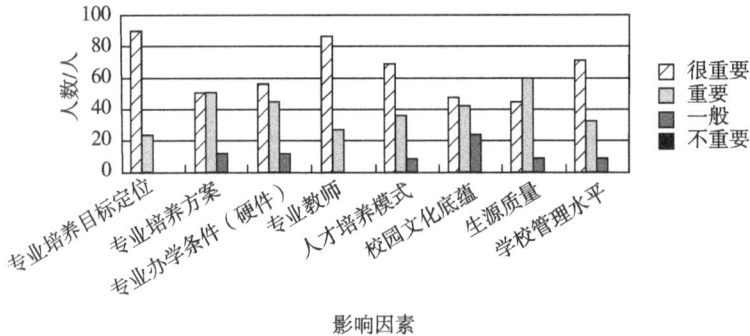

图 1.61　中等职业学校相关专业教师的看法（一）

4. 用人单位评价培养质量方面

选择就业质量的达 100%，选择就业薪酬的占 70%，选择职业证书和获奖情况分别占 35% 和 30%（图 1.62）。

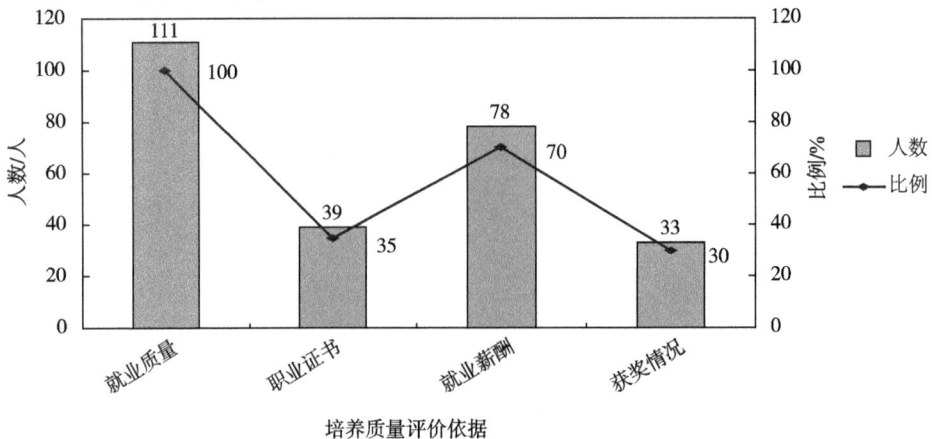

图 1.62　用人单位评价培养质量的依据

5. 中职学校引进职教师资优先考虑的因素方面

优先考虑专业能力的占 92%，其次为从教能力，再次为敬业精神、毕业院校，最后为人文素养（图 1.63）。

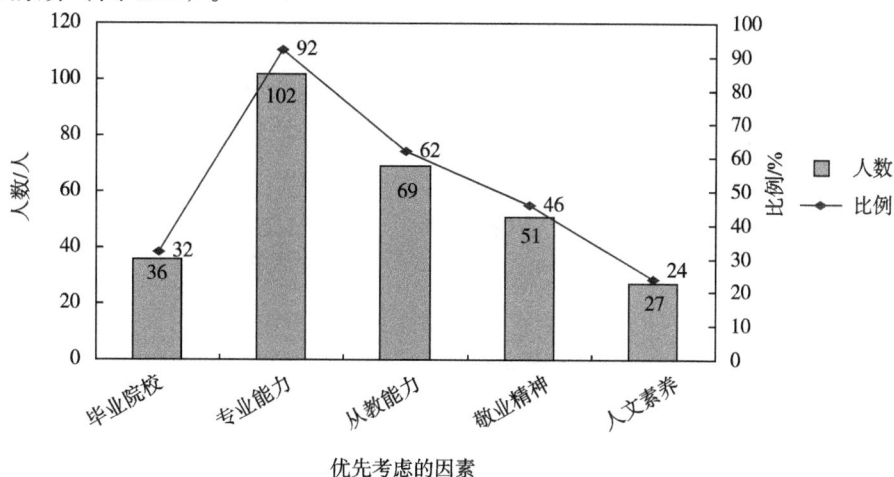

图 1.63　中职学校引进职教师资优先考虑的因素

6. 综合分析

（1）培养质量评价应以专业教师标准和教师培养标准为基本依据。评价所使用的方法应根据教育评价的基本理论和职教师资培养的实际进行。培养质量评价应该系统化、多元化，不能只考虑学生自身的成绩及社会对学生的认可度，还应把对教学环境、教学条件、教学管理、培养方案、培养标准、专业特色等的评价纳入其中。

（2）师资培养质量应采取短期评价与长期评价结合的方式。短期评价，即学校教师评价，仅针对学生个体，可以采用多种形式，如通过传统的考试确定考试分数，考查学生对所学理论和知识的掌握程度，通过学生实际操作考查学生的知识运用能力。长期评价，即社会评价，针对学生群体。社会评价通过社会对学生的认可度来评价学生群体的质量。例如，通过毕业生的签约率、对口就业率、学生的报考率及用人单位对毕业生的满意程度等，来评价一个学校的人才培养质量。

（3）培养质量评价方案应严格依据实际情况制定，切实反映中等职业学校对财务管理类本科师资培养的规格、质量需求，真实评测出财务管理类专业的人才培养质量和水平。

（4）培养质量评价要有助于引导职教师资培养院校改善办学条件，规范培养工作，提高培养质量，提升办学水平；有助于引导激励职教师资财务管理本科专业学生自我学习、自我评价、自我发展。

（5）培养质量评价应切实体现当代教育评价的最新理论成果，符合职业教育理论和职业教育评价技术要求，遵循本科专业教育教学质量评价的基本规律，充分反映财务管理专业本科职教师资培养的特点和规律。同时，评价方法要尽可能简便易行，评价项目及等级不能过于复杂，评价标准、评价程序要便于实施和操作。

（九）财务管理专业数字化资源库建设

1. 数字化资源库使用情况

调研结果显示，职教师资培养院校的教师使用数字化资源库的比例最高，达到83%以上，中等职业学校教师的使用比例达到63%，企、事业单位工作的毕业生使用比例达到64%。数字化资源库在教学、工作中日益成为获取知识的重要工具。

（1）职教师资培养院校使用数字化资源库的情况如图1.64所示。

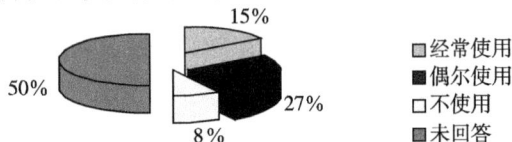

图1.64　职教师资教学过程中使用数字化资源库情况

（2）中等职业学校教师使用数字化资源库的情况如图1.65所示。

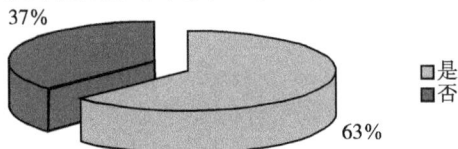

图1.65　中等职业学校教师使用数字的资源库情况

（3）企、事业单位工作的财务与会计相关专业毕业生使用数字化资源库的情况如图1.66所示。

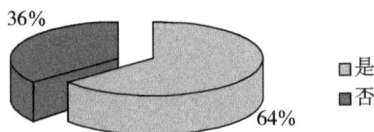

图1.66　企、事业单位毕业生使用数字化资源库情况

2. 使用数字化资源库学习专业知识的意愿

通过调研得出，97.37%的中等职业学校教师愿意或者非常愿意利用数字化资源库学习专业知识，这说明数字化资源库对学习专业知识的受欢迎程度非常之高；82.2%的企、事业单位毕业生愿意或者非常愿意使用数字化资源库学习专业知识。使用比例虽有所不同，但可以看出，绝大多数的受访者乐于使用数字化资源库学习专业知识。

（1）中等职业学校教师使用数字化资源库意愿情况如图1.67所示。

（2）企、事业单位工作的财务与会计相关专业毕业生使用数字化资源库情况如图1.68所示。

3. 对数字化资源库应该包括主要内容的看法

不论是职教师资培养院校的师资、财务管理专业的在校生，还是中等职业学校教师，超过50%以上的受访者认为教学课件、教学视频、网络互动、教学案例、试题库、模拟

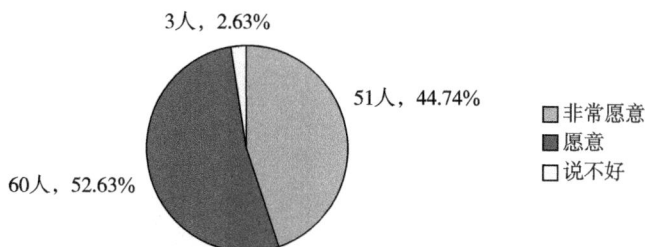

图 1.67 中等职业学校教师使用数字化资源库意愿情况

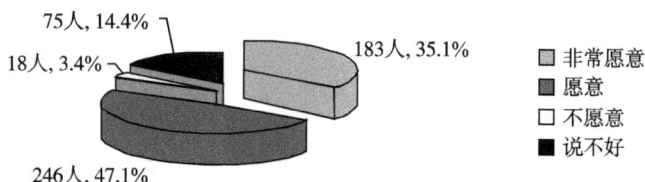

图 1.68 企、事业单位工作的财务与会计相关专业毕业生意愿情况

教学都非常重要，应该包括在数字化资源库里面。由于受访对象不同，职教师资培养院校的教师认为数字化资源库应包括教学大纲、教学考核的比例不高，低于50%；而中等职业学校教师和财务管理专业的在校生普遍认为教学大纲、培养方案、授课计划、试卷模板、教案等内容也应该展示在数字化资源库上。

（1）职教师资培养院校教师的看法如图 1.69 所示。

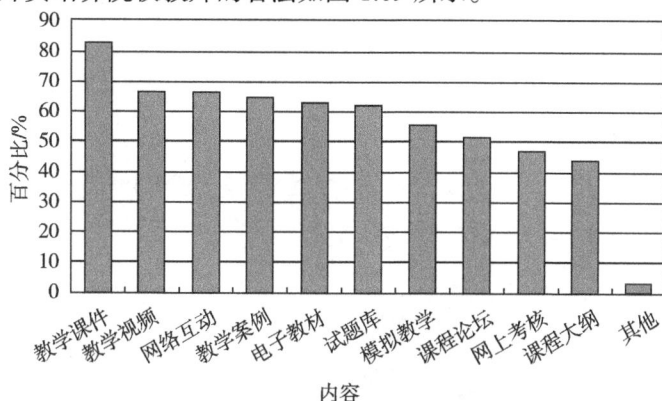

图 1.69 职教师资培养院校教师的看法（二）

（2）中等职业学校教师的看法如图 1.70 所示。

（3）职教师资培养院校财务管理本科专业学生的看法如图 1.71 所示。

4. 对数字化资源库是强调知识展示还是更注重其互动功能的看法

职教师资培养院校有 45%的被调查者认为更应该强调互动的功能，38%的被调查者认为知识展示与互动二者同等重要；在企、事业单位工作的财务与会计相关专业毕业生中 56%的被调查者认为展示与互动二者同等重要，认为互动的功能重要的占 29%。由此得出，制作数字化资源库不能仅仅强调知识展示，更应该注重互动性，强调实际使用效果。

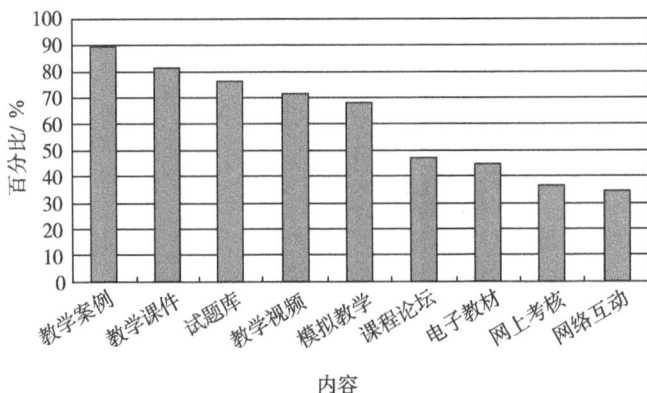

图 1.70　中等职业学校相关专业教师的看法（二）

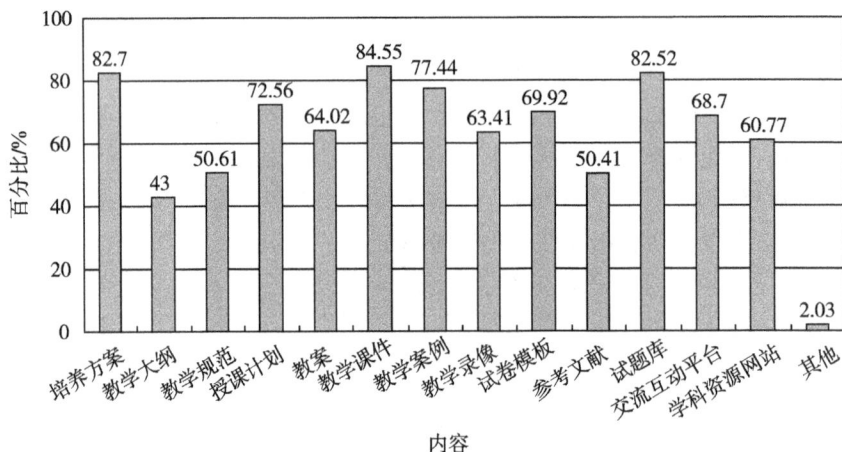

图 1.71　职教师资培养院校财务管理本科专业学生的看法

（1）职教师资培养院校教师的看法如图 1.72 所示。

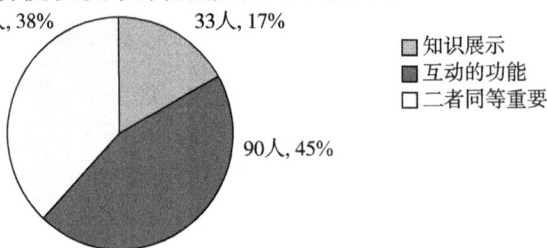

图 1.72　职教师资培养院校教师的看法（三）

（2）企、事业单位工作的财务与会计相关专业毕业生的看法如图 1.73 所示。

5. 关于平时教学与学习中最缺少的资源

职教师资培养院校财务管理本科专业学生普遍认为，最缺少的资源是试题资料，其次是备课素材（图 1.74），可以看出，受访者对试题和备课素材有相当大的需求。

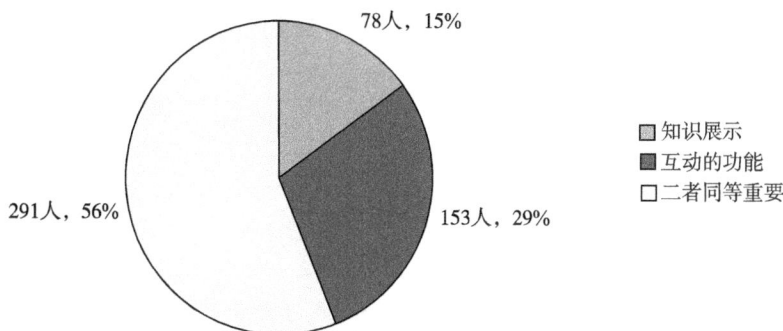

图 1.73　企、事业单位工作的财务与会计相关专业毕业生的看法（一）

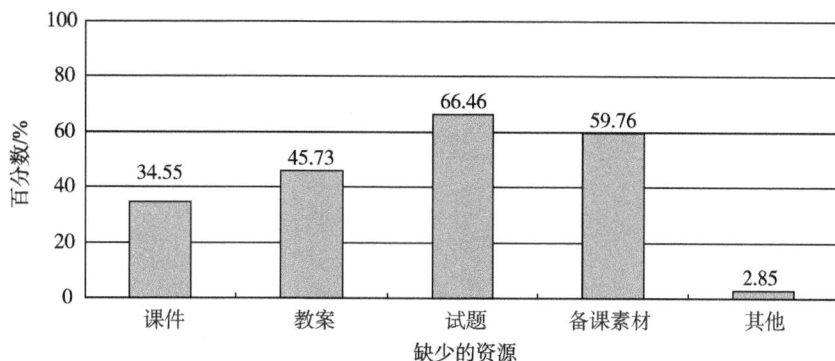

图 1.74　平时教学与学习中最缺少的资源

6. 关于使用数字化资源库的方式

职教师资培养院校的教师中 68%的人习惯使用台式机或笔记本访问数字化资源库网站，32%的人习惯使用移动终端（如手机、平板电脑）；中等职业学校教师中 95%的人习惯使用台式机或笔记本，5%的人习惯使用移动终端（如手机、平板电脑）；职教师资培养院校财务管理专业学生更喜欢把数字资料下载、打印出来，通过传统方式学习的最多，占到 45.12%，其次是通过笔记本、台式机登录网络平台进行在线学习，而借助手机、平板电脑等工具的比例相对低一些。

（1）职教师资培养院校教师使用数字化资源库的方式如图 1.75 所示。

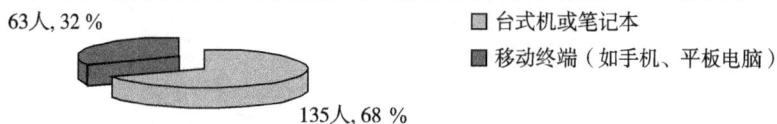

图 1.75　职教师资培养院校教师使用数字化资源库的方式

（2）中等职业学校教师使用数字化资源库的方式如图 1.76 所示。

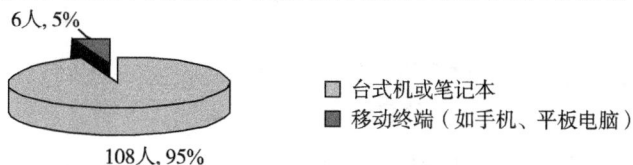

图 1.76　中等职业学校教师使用数字化资源库的方式

（3）职教师资培养院校财务管理本科专业学生使用数字化资源库的方式如图 1.77 所示。

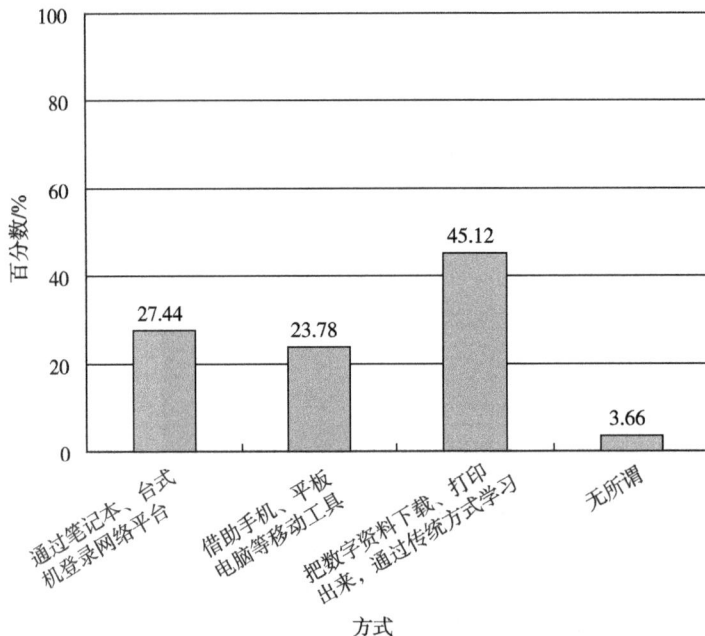

图 1.77　职教师资培养院校财务管理本科专业学生使用数字化资源库的方式

7. 对将微信、微博、即时信息等嵌入数字化资源库中促进师生间互动的看法

职教师资培养院校中有 25.76%的被调查人员认为非常有必要将微信、微博、即时信息（如 QQ）等方式嵌入数字化资源库中，认为有必要的占 56.06%，没必要和无所谓的占 18.18%；中等职业学校教师中有 55.3%的被调查人员认为非常有必要，认为有必要的占 23.7%；企、事业单位工作的财务与会计相关专业毕业生中认为非常必要的占 29%，有必要的占 55%。

（1）职教师资培养院校教师对将微信、微博、即时信息嵌入数字化资源库中促进师生间互动的看法如图 1.78 所示。

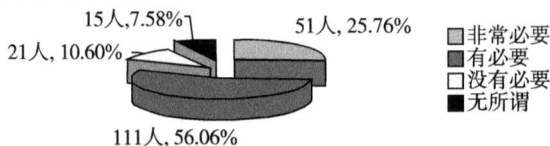

图 1.78　职教师资培养院校教师的看法（四）

（2）中等职业学校教师对将微信、微博、即时信息嵌入数字化资源库中促进师生间互动的看法如图 1.79 所示。

（3）企、事业单位工作的财务与会计相关专业毕业生对将微信、微博、即时信息嵌入数字化资源库中促进师生间互动的看法如图 1.80 所示。

8. 关于实习实训网站应该包括的主要内容

职教师资培养院校财务管理专业的学生，选择毕业实习达 81.5%，选择课程教学实习的

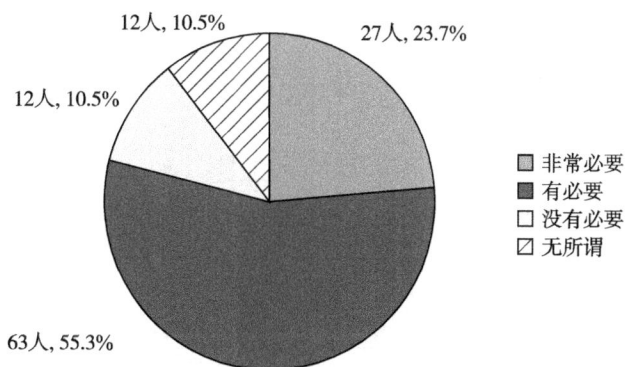

图 1.79　中等职业学校相关专业教师的看法（三）

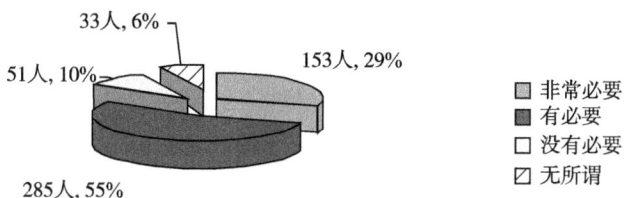

图 1.80　企、事业单位工作的财务与会计相关专业毕业生的看法（二）

达到 80.08%，教育实习、生产实习、认知实力受到的支持程度也都超过了 65%（图 1.81）。

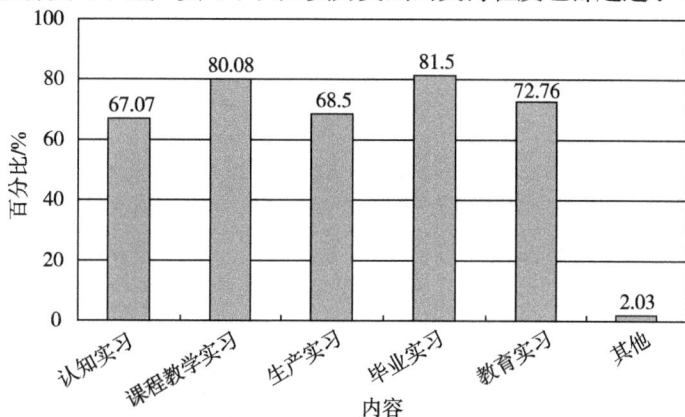

图 1.81　实习实训网站应该包括的主要内容

9. 关于实习实训网站资源的展现形式

视频、音频最受欢迎，占到被调查者的 88.41%，其次是成套的文档资料，占到 77.64%，然后是图像、动画，占到 70.33%（图 1.82）。

10. 综合分析

关于资源库建设的内容，大学老师认为起作用很大的，应该建设，包括教学课件、教学视频、网络互动、教学案例、试题库、电子教材、模拟教学、课程论坛、网上考核与课程大纲等内容；有必要将微信、微博、即时信息（如 QQ）等方式嵌入数字化资源库中促进实现师生间的互动，其功能应更加注重互动性。

而对已经从事实际工作的大学毕业生而言，他们表示愿意通过数字化资源学习专业

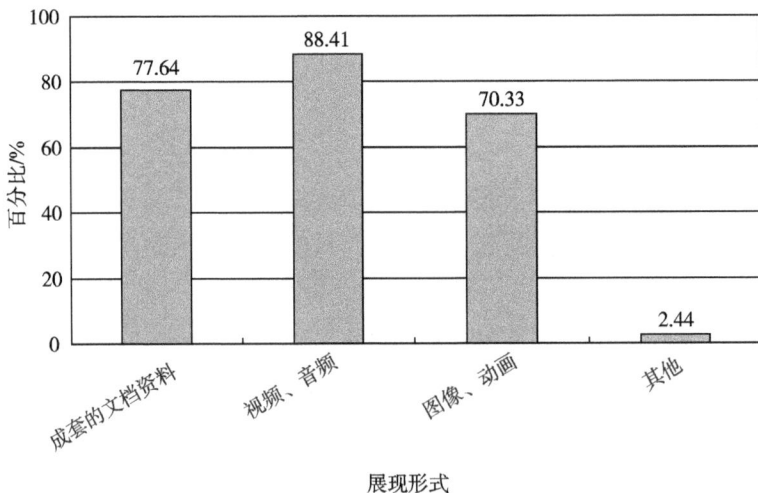

展现形式

图 1.82　实习实训网站资源的展现形式

知识，使用类似资源，认为对学习帮助很大，所感兴趣的资源库内容包括教学案例、教学课件、试题库、教学视频和模拟教学；认为教学互动和知识展示二者同等重要；使用的媒体主要是计算机，也希望通过微信、微博、即时信息等方式嵌入数字化资源库中促进实现师生间的互动。

三、结论和启示

通过对以上调研结果的分析，得出以下结论和启示。

（1）职教师资财务会计教育本科专业培养具有良好的职业道德，掌握系统的财务、会计、金融与职业教育等方面的专业理论与专业知识，具备财务与会计相关岗位的操作技能和教育教学能力，能在中等职业学校等单位从事教育教学工作的"双师型"高级专门人才。

（2）职教师资财务管理本科专业培养的学生应以承担财务管理相关专业的专业课程为主要目标，而不是简单对应中等职业学校的单一专业。

（3）专业理念和师德是中等职业学校财务管理类专业教师标准的首要方面，人才培养必须充分考虑专业理念和师德的培养，使学生树立正确的教师理念和师德观念。

（4）职教师资财务管理专业人才的培养，在教师知识方面应以专业知识够用、实用、兼顾知识的系统性为目标，不片面追求知识的系统性。对专业课程的设置，应以"重能力、重实践"的专业特色为原则，适当考虑"宽口径、厚基础"的要求。

（5）职教师资财务管理专业中，专业课程的设置采取专业课程+师范模块课程的方式较适宜；在专业课程教学中，应适当加入教学指导和建议方面的内容，实现专业课程教学与教学方法的有机融合。

（6）职教师资财务管理专业中，在基础知识方面，人文知识、信息技术知识、社会知识课程的设置是非常必要的；学生希望获得社会交往方面的教育，企业也希望招收的人才具备一定的人际交往与团队合作、沟通能力，因此在设置课程体系时，可适当加入对社会适应性的培训。

（7）职教师资财务管理专业中，在专业基础知识方面，经济学、管理学、金融学、信息技术和税法与经济法知识非常重要；在专业知识方面，财务管理、会计软件应用、会计知识、教学教育知识为必不可少的几个方面。

（8）职教师资财务管理专业中，在能力培养方面，会计核算能力、预算管理能力、资金管理能力、筹资管理能力、投资管理能力、成本核算与控制能力、财务分析能力、税收管理及税务筹划能力等是财务管理专业重要的专业能力；实践教学能力、理论教学设计能力及与企业合作的能力是职教师资财务管理专业学生从事中等职业教育必备的能力。

（9）加强实践教学，强化动手能力是职教师资财务管理专业人才培养中需要重点考虑的一个问题。增加社会实践的机会、增加校内模拟实践的时间、增加从师技能的训练，提高学生的实践教学能力、社会实践能力和科研能力是教学改革的重要内容，开展校企合作非常重要。

（10）职教师资财务管理专业的教学大纲和核心教材的编写应体现新知识、新技术和实验技能，坚持理论与实践相结合，充分体现职业教育教学改革的需要。

（11）在职教师资财务管理专业核心教材的遴选方面，财务会计、财务管理、计算机财务管理、财务分析和成本管理会计课程是主要选项。

（12）数字化资源库在教学、工作中日益成为获取知识的重要工具，在师资培养过程中具有重要作用。教学课件、视频、交流互动、教学案例、试题库、模拟教学是数字化资源库的主要内容。

（13）充分利用包括微信、微博、即时信息等现代信息技术手段，通过电子邮件、在线论坛、微信等开展即时互动，是提高职教师资财务管理专业数字化资源库使用效果的重要保证。

（14）职教师资财务管理专业人才培养质量评价，应以专业教师标准和教师培养标准为基本依据，要系统地评价专业办学定位、培养目标、培养条件、培养过程、培养结果、专业特色等各个方面。

（15）职教师资财务管理专业培养资源建设要与我国职业教育改革相结合。项目建设中要充分参考教育部的中等职业教育课程改革方案，借鉴我国职业教育改革的先进经验，以适应我国职业教育对师资培养的需要。

第二章　中等职业学校财务管理类专业教师标准确立

中等职业学校财务管理类专业教师标准，是国家对合格中等职业学校财务管理专业教师素质的基本要求，是财务管理类专业教师开展教育教学活动的基本规范，是引领中等职业学校财务管理类专业教师发展的基本方向，是财务管理类专业教师培养、准入、培训、考核等工作的基本依据。

一、中等职业学校财务管理类专业教师标准文献综述

（一）国外专业教师标准文献研究

国际上，特别是西方发达国家很早就开展了职业技术教师教育工作，并积累了很多成功经验和理论成果。

1. 美国生涯与技术教育教师专业能力标准

全美专业教学标准委员会 2008 年版的教师评价指标体系提出的 5 个核心标准如下：教师对学生及其学习尽心尽责；教师通晓所教学科的知识和教学方法；教师有责任管理和监护学生学习；教师能系统地反思，从经验中学习；教师是学习型团队的成员。

（1）教师对学生及其学习尽心尽责。让所有学生获得知识，相信所有学生都能学习；对学生一视同仁，承认个体差异，并在实践中充分考虑这些差异；了解学生是怎样成长和学习的；尊重学生因来自不同文化、不同家庭而在课堂上表现出的差异；关注学生的自我概念、动力、学习效果及同伴关系；关注学生个性发展和培养学生公民责任感。

（2）教师通晓所教学科的知识和教学方法。通晓所教学科的知识，透彻了解学科的发展历史、构架及其在现实社会中的运用；具备教授学科知识的技能和经验，熟知这种技能，了解学生学习这门学科前在技能、概念上的差距；能够使用不同的教学方法和策略进行理解性教学。

（3）教师有责任管理和监护学生学习。进行高效能教学，掌握多种教学技术和方法，并能运用得当、游刃有余，能始终激发学生的学习动力，使其专心、投入地学习；知晓怎样确保学生参与，怎样营造秩序井然的学习环境，怎样组织教学以达到教学目标；知道怎样去评估个体学生和整个班级的进步；能采用多种方法测量学生的成长进步和理解

力，能把学生的表现向家长做出清楚的阐释。

（4）教师能系统地反思，从经验中学习。成为受过良好教育的楷模——会读书、质疑、创新、勇于尝试和接受新事物；熟知有关学习的理论、教学策略，始终关注和了解美国当前的教育问题及焦点；经常批判性地审视自身的教学实践，深化知识，拓展所有的专业技能，将新的发现运用到自身的实践之中。

（5）教师是学习型团队的成员。能与他人合作改善学生的学习；具有领导力，知晓如何积极寻求并建立与社区团体和企业的合作伙伴关系；在制定教学策略、课程发展和教师发展方面，能与其他专业人士合作；能够评价学校的发展和对资源的分配，以实现国家和地方的教育目标；深知如何与家长合作，使他们富有成效地参与学校的工作。

2. 澳大利亚职业教育教师核心能力模块

获得职业教育教师资格证书是澳大利亚职业教育教师岗位的准入要求，教师需要获得"培训与评价"培训包的证书。2010年5月，"培训与教育"培训包发布，专门对职业教育培训部门的培训师和教师资格进行了针对性的规定。该培训包同样由创新与行业技能委员会开发。培训包划分的职业教育教师核心能力模块有以下七个。

（1）学习设计。针对学习者需求设计和开发学习项目，包括明确项目目标、开发项目内容、设计项目结构，并开发学习资源和策略；使用培训包和学习项目，实现行业、组织和个体的能力发展需求。

（2）培训实施。通过讲授和演示工作技能进行教学；计划和组织小组学习；计划和组织工作场所学习；参与组织实施远程学习；监督工作场所的学习；实施网络教学。

（3）运行高级学习项目。开发组织环境中的高级学习项目，包括评估和设计最佳学习方式，进行管理和监督，分析并完善学习方案；作为高级管理团队的成员，设计、检查和落实企业网络学习方案。

（4）评价。积极参与评价活动；设计评价方案和实施计划；实施评价；建立和维护评价环境、收集信息、做出评价决定、记录和汇报评价决定；参与评价监督；设计和开发评价工具。

（5）培训咨询服务。收集整理培训和评价信息，提供关于培训和评价服务的信息和咨询；进行组织培训需求分析，提供咨询建议。

（6）国际教育管理。为国际学生提供关照服务；遵守国际教育的相关法律规定解决国际教育中的事务和问题，推动项目实施，包括国际学生招生和选拔、安置，以及教学过程的管理等；开发和管理跨国教育合作项目，包括联合培养、交换生等；进行国际教育组织的财务和行政管理；研究当前国际教育的发展趋势，开发国际教育项目。

（7）分析并将持续发展能力应用到学习项目中。研究行业领域需要的持续发展能力；在持续发展能力与培训之间建立联系；开发针对性的学习项目。

此外，培训包还要求教师在培训和评估过程中能识别成人在语言、文字、数学方面的能力需求，并根据个体的能力水平，提供相应的培训和评估。

3. 欧盟职业教育教师专业能力标准框架

2009年9月，欧洲职业培训发展中心发布了欧盟《职业教育与培训专业人员的能力结构》，涵盖了欧盟职业教育教师、培训师与职业学校校长三类专业人员的能力标准。包括管理、培训、发展与质量保证、工作关系网构成四个核心领域。

（1）管理、组织和规划：①参与招收学生、参与学生选拔、记录学生成长、记录自己的活动、计划和组织课程、参与团队活动并与其他员工合作、指导新教师。②项目管理。书写项目申请书、建立合作伙伴、申请经费、管理项目、项目经费控制、汇报项目成果。

（2）教学：①教学设计。与同事和企业合作设计课程或学习项目；分析学生的学习需求及劳动力市场需求；将培训与政治和社会发展重点问题联系起来；规划学习活动和过程，包括结构、内容和材料；建立个人学习计划；与企业合作组织工作场所学习。②学习指导。管理和实施学习过程和活动；将培训与实践联系起来；指导学习；支持、激励和引导学生；处理紧急事件；创造并使用资源和素材；与家庭合作；支持和指导学生向工作本位培训和劳动力市场过渡。③评价。管理诊断性技能测试；与同事和企业培训师一起评价学生的学业成就；监督企业培训师；提供反馈以支持学生学习和培训师专业发展。

（3）专业发展和质量保障：①教师个体专业发展。了解专业领域的发展动态；规划自己的长期专业发展；参与在职专业发展活动。②促进组织发展。③质量保障。参与设计质量保障工具；收集反馈意见和数据；规划改进措施；进行自我评价。

（4）建立关系网络：①内部网络。参与组织内部的网络和团队；促进同伴学习。②外部网络。与其他教育机构建立联系；与社会建立联系；与劳动力市场和利益相关者合作；参与国际网络和合作；参与专业网络。

4. 结论

（1）发达国家普遍建立了高标准的专业教师资格制度。在澳大利亚，专职教师应当具备以下条件：专业文凭、职业教师四级资格证书，职教专业教师必须具有 3~5 年从事本行业工作的实践经验。美国各州对职业教育教师的资格一般要求是学士以上学位、教师资格证、1 年以上专业工作经验或技术领域 5 年以上实践经验。在德国，对一般职业教育者的资格要求是大学学历、企业实习 1 年，2 年的教师预备实习、2 次从业资格考试。在日本，技术和教育领域的优秀人员或具有副教授职称，以及在研究所、实验所、医院等场所工作 10 年以上，才能从事职业技术教育工作。

（2）强调职教教师教育教学素养的形成。澳大利亚对职教师资的要求，除必须具有丰富的专业知识外，还必须具有从事跨学科的教学能力、特殊教育能力、环境教育能力、运用现代教育信息能力、编写教学计划、讲授理论课和指导学生实践的能力。在教育教学能力培养过程中，教育实习环节受到特别的重视。德国在职教师资培养的第二阶段，即预备实习期间，实习教师不仅要在职业学校兼课，还要去教师进修学院学习教育学、心理学等方面的课程。通过各种各样的教学活动，把教育学、心理学、方法学及学科知识结合起来，以培养他们的基本素质。同样，实践课教师必须有足够的科技知识，并对他们负责的培训工作有足够的了解，也要具备教育学、心理学知识和教学技能。英国要求职业学校教师必须取得适当的教学资格，教师与讲师的教学培训通常由大学或学院提供。学校教师要在完成四年制学士课程或获得第一学位后，再参加由大学举办的一年制课程，获得教育硕士文凭后才有资格成为职教师资。

（3）重视职教师资实践经验。德国职教师资培养实行"双元制"。2005 年以来，德国政府通过《职业训练法》《联邦职业教育保障法》等一系列职业教育法案，确保了作为世界职业教育楷模的"双元制"体系正常运行，同时也对职教师资做了相应的规定。"双元制"职业教育的特性首先表现在有企业和职业学校两个培训场所上，学习与工作、学校培训和企业实践紧密结合。从事职教工作的师资分两大类，即职业学校教师和企业实训教师。其中实训教师占到教师总数的 70% 左右。在分工上，职业学校教师承担理论课（包括文化课）教学，实训教师负责企业培训的计划、组织实施和监督。日本的职教教师称为"职业训练指导员"。"职业训练指导员"是一种职业资格，"职业训练指导员"是集理论课讲授与实际操作训练于一身的师资，其培养有四年制的长期课程、6 个月的短期课程和在职指导员进修课程等。四年制长期课程的培训对象是通过考试招收高中毕业生，培养目标是具有较高理论知识水平、专业技能和教学能力的指导员，毕业生可获取有关专业的指导员资格证书；6 个月的短期课程培训主要是为具有专业技能和经验的学习者开设的，这样能够分别培养合格的专业理论课教师与实践指导教师。持有教师资格证书者先去企业工作，然后再转到教师岗位上来。在丹麦，职业技术学校对职教师资的基本要求是完成了第三级职业教育、具备了专业技能并拥有 5 年以上的实际工作经历。美国对职教教师资格有严格的规定，职业教育教师资格的一般要求为教师应当胜任他们的教学工作，一般应在他们所教范围取得学士学位，并对所教技术课程有 1 年以上实际工作经验。教师要有工业、商业、销售方面的最新经验，或者有所讲授技术的相关专业实践经验，这些经验要包括一些团体的最新成果，还要有当顾问和单独判断与研究的能力。

（二）中国学者对职教师资标准的理论研究

1. 职教教师的能力标准理论

关于职教教师的能力标准，已有不少的研究。有关专家在职业分析的基础上，提出职教教师应具备职业技术教育的课程开发与评估能力、职业技术教育的教学设计能力、职业技术教育的教学实施能力、职业技术教育的教学评估能力、职业技术教育的教学管理能力、职业技术教育的学生指导能力、社会及公共关系的开发维持能力、职业技术教育教师职业的促进与发展能力。贺文瑾（2014）提出，"双师型"教师应具有专业化的能力结构，包括操作能力、科技开发能力和教育教学能力。在进行教师素质培养的时候，既要提升其专业理论知识，也要提升其岗位实践经验；既要使其能够进行专业技能教学，也要使其能够进行实践操作；既要具备与本专业有关的知识和技能，也要具备丰富的教学经验（雷冬海，2010）。周芳（2013）认为"双师型"教师的胜任力，即其胜任高职教育教学工作相关岗位的卓越程度和能力。高职"双师型"教师的通用胜任力主要表现在以下几个方面：首先，"双师型"教师必须具备良好的教学素养。其次，"双师型"教师应具备任职岗位工作所需的职业技能、专业技术，熟悉技术要求和操作流程等。再次，科研能力也是"双师型"教师胜任其岗位工作的重要方面。最后，"双师型"教师要有团队协作意识、发展意识，开拓创新的能力，以及宽容、果断、性格开朗、自信、积极进取等良好的心态。一名真正具有"双师"素质的教师，其胜任岗位的能力除了要具备《中华人民共和国教师法》规定的一般要求外，还应满足诸如操作能力、综合职业能力、专业生产一线的工作经历、组织生产经营及创业和推广等能力。由于高职院校的培养目标是为社会和相关行业培养能够适应一线工作岗位的高素质的职业人才。这使高职院校不同于普通高等院校，它要求学生要具有"双证书"，即学生不仅要具有毕业证书，还要有与相关行业职业技能相适应的技能证书。因而，高职院校一直把对学生的职业技能素质培养作为重点。而要想使学生具有职业技能素质，教师必须达到"双师"，成为"双师型"素质的教师。为了培养学生的职业技能，高职院校非常重视实践教学建设，注重校内实验实训和校外实践基地建设，注重对学生实践技能的培训与考核，这些工作都要求教师不仅要具有较强的理论素养，而且要具有较高的职业技能和应用操作能力，也就是说，教师若不能称为"双师"，就不可能使学生真正获得"双证"（申钢，2010）。

吴友娟和沈晓蕙（2008）认为，首先"双师型"教师必须具备教师的基本能力和素质。其次，"双师型"教师属于专业教师，主要从事专业基础课和专业课教学，是高职高专教师中的特殊群体，必须具有良好职业素质，了解相关专业高新技术的发展趋势，具备一定的社会交往能力、组织协调能力和管理能力。"双师型"教师不是教师与技师或工程师的简单叠加，而是具有教师的修养和能力、工程师的基础和素质、技工的经验和技能的一种复合型人才，是教师与工程师或技师在知识、能力和态度等方面的有机融合，其核心在于"双素质"。"双师型"教师是指既具有扎实的专业理论知识，又具有较强的岗位技能和丰富的实践经验的教师。"双师型"教师的实质主要是教师的职业岗位经历和技术能力，即指导学生进行专业实践实训教学活动的能力（邵玉华，2013）。

2. 职教教师质量标准理论

在对教育质量标准理论的研究中，许多学者提出了不同的观点。韩映雄（2003）分析得出六大质量观，即阶段论质量观、需要论质量观、适应论质量观、目标论质量观、全面质量观及产品质量观。安心（1996）总结出八种质量观，即不可知观、产品质量观、测量观或达成度观、替代观、实用观或外适性质量观、绩效观、内适性或学术本位观、准备观。肖化移和周一苗（2009）的研究具有代表性和针对性，他们针对职业教育与普通教育的不同，区分出两类不同的质量标准，即职业标准与学术标准。"职业标准"的内容如下：职业教育的质量标准体系包括职业能力及其相关知识、普适性能力及其相关知识、学术能力及其相关知识。其中，职业能力及其相关知识是体现职业教育质量的核心标准，普适性能力及其相关知识和学术能力及其相关知识则是衡量其质量的一般标准，三者在实现职业教育目标中的作用依次递减。职教教师的教学能力结构应是以传授学术能力及其相关知识的通识教学能力、传授普适性能力及其相关知识所必需的普适性能力为基础，以传授职业能力及其相关知识的职业技术教学能力为核心的能力体系。王彦红和李翔明（2010）提出要尽快完善职业教育教师继续教育体系，满足职教师资对专业知识、技术知识、专业技能、技巧的更新要求和职业技术教育能力、素质的再提高教育。

3. 职教教师区域标准理论

有专家认为具有本土化特征的职教传统和更宏大的本国社会背景，从而使本土化研究成为主流，李贤温指出，区域性是高职培养目标定位的地方特色。"区域经济的结构性和发展的不平衡性决定高等职业教育具有区域性这一地方特色……高等职业教育必须研究一个地区经济发展所需要的'专才'岗位实际能力的问题，而不能搞全国'一刀切'。"应该说，职教院校在确定其培养目标时，应该充分考虑学校所在地的区域经济状况，作为高职培养目标定位的地方特色，因地制宜地确定培养目标。

（三）国内职教师资培养现状

1. 职教师资培养体系逐渐完善

新中国成立后近 30 年的时间里，我国没有专门培养职业教育师资的院校，职业院校师资主要是从职业学校的优秀毕业生选留，后由职业学校在实践中进行培养。从 20 世纪 80 年代开始，我国开始重视职业教育师资培养问题。到 20 世纪 90 年代初期，我国职业教育师资培养体系初见端倪，初步形成了以独立设置的职业技术师范学院和普通高校的职业学院（系）为主体的职业教育师资培养体系。近几年，职教师资培养得到了较快的发展，到 2015 年年底我国已建设 126 个职业教育师资培养培训基地、10 个教师专业技能培训示范单位、10 个教师企业实践单位，各省区市也已建立 300 多个省级基地。经过多年的实践，我国职教师资培养形成了封闭式、定向型的人才培养模式。这种培养模式由独立设置的师范院校对学生进行普通文化科目、专门科目和教育科目、教育实践的混合训练，以达到特定的培养目标，学生毕业后被分配或推荐到职业学校从事教师工作。该模式以职前教师的培养为主，既重视教育教学技能的培养，也注重专业理论与技能的训练。我国职业院校在自身的发展中形成了一些各具特色的师资培养模式。例如，天津职业技术师范大学"双证书、一体化""本科+技师"的培养模式；西北农林科技大学"三突出""四双制"的培养模式；河北科技师范学院农科专业双"三三四"的培养模式；重庆师范大学"需求导向、行业参与、能力本位、学员中心"的培训模式；山东-巴伐利亚职教师资培训中心"五个导向"的培训模式。"中等职业学校教师素质提高计划"创新性地提出"基地培训+企业实践"的培训模式。此外，一些地方政府也在为职教师资队伍建设工作积极行动，如辽宁实施"千名教师进企业，千名技师进学校"工程、河北省开展"1+1+1"专业带头人研修培训等。

2. 职教师资培养要求逐渐细化

对职教师资的标准问题，1995 年 12 月 12 日国务院发布的《教师资格条例》规定，取得中等职业学校实习指导教师资格，应当具备国务院教育行政部门规定的学历，并应当具有相当助理工程师以上专业技术职务或者中级以上工人技术等级。1996 年 7 月 11 日，国家教育委员会的《关于取得中等职业学校实习指导教师资格应当具备的学历的规定的通知》规定，取得中等职业学校实习指导教师资格，应当具备各类中等职业学校、普通高级中学毕业及其以上学历，但对确有特殊技艺者，经省级教育行政部门核准，其学历要求可以适当放宽。2012 年教育部发布了《中学教师专业标准（试行）》，提出"学生为本""师德为先""能力为重""终身学习"四个基本理念，从"专业理念与师德""专业知识""专业能力"三个维度提出了中学教师的基本要求。2013 年 9 月 20 日，教育部发布了《中等职业学校教师专业标准（试行）》，该标准由基本理念、基本内容、实施要求三大部分组成，基本内容从专业理念与师德、专业知识、专业能力三个维度，分为职业理解与认识、对学生的态度与行为、教育教学态度与行为、个人修养与行为、教育知识、职业背景知识、课程教学知识、通识性知识、教学设计、教学实施、实训实习组织、班级管理与教育活动、教育教学评价、沟通与合作、教学研究与专业发展 15 个领域，细化成 60 条具体要求。中等职业学校教师作为实施职业教育教学的主体，不再参照普通教育教师管理，第一次有了专门的专业化标准。

3. 职教师资财务管理本科专业培养尚待完善

在我国，从 1979 年高等学校恢复会计专业后，财务管理作为高校会计专业的专业课程得以普遍开设。但是直到 1988 年，教育部颁布《普通高等学校本科专业介绍》，才将"财务管理"列为工商管理学科下的一个本科专业。此后，已有一大批院校设立了"财务管理"专业，到 2015 年年底，我国招收财务管理本科专业学生的院校已达 665 所。然而，以培养财务管理职教师资为主要目标的本科院校却为数很少，由于专业目录中没有专门培养职教师资的财务管理本科专业。从我们收集到的资料看，目前有些学校设有财务管理职教师资方向或教师方向。例如，四川农业大学曾开设财务管理教育（财经商贸类）本科专业，哈尔滨商业大学曾开设职教师资财务管理专业，吉林工程技术师范学院的财务管理专业设有职教师资培养的相关课程，长江师范学院设有财务管理（职教师资）本科专业，贵州大学设有财务管理（职教师资方向），安徽财经大学招收职教师资财务管理本科专业班。职教师资财务管理本科专业培养方案与课程设置、教材开发等方面缺乏应有的特色，存在与普通教育雷同、相似的问题，多数学校的课程设置采取的是"专业+师范"的模式。培养方案、课程设置与教材的编写没有突出当地经济发展对人才的需要，课程设置围绕考学、考证的指挥棒转，没有突出知识掌握的灵活性，没有从人才发展和社会经济发展长远需求进行考虑，知识、技能都具有趋同性，很难体现自身的特色。目前大部分学校基本没开发符合本校特色需求的校本教材，部分学校虽有教材开发，但局限在个别课程，缺乏系统性开发。无论在专业人才培养目标的合理定位上，还是专业教学体系的建立健全上，都有许多问题。财务管理专业的职教师资教师目前尚没有成型的标准和相关研究。

4. 结论

从以上的分析可以看出，随着我国职业教育的进一步规范，职教师资财务管理专业教师标准有必要进一步明确。在职教师资财务管理专业教师标准制定的基础上，研究开发职教师资财务管理本科专业人才培养标准，对推进职教教师管理制度改革，培养一大批适应我国职业教育发展需要的中等职业学校的专业教师，具有重要的现实意义。

（四）中国政策文件对职教师资标准的规定

1985 年 5 月，中共中央发布了《关于教育体制改革的决定》，提出大力发展职业技术教育。至 1990 年，全国相继建立了 14 所职业技术师范学院，并在 150 多所普通高等工科、农科、师范院校建立了职业师范系或学院来培养职教师资。

1991 年国务院出台《国务院关于大力发展职业技术教育的决定》，要求制定职业技术教育教师的任职条件。1997 年国家教育委员会《关于加强中等职业学校教师队伍建设的意见》（教职〔1997〕8 号）提出要大范围建立职业教育师资培养培训基地。1999 年 11 月教育部批准天津大学等 20 所学校为首批全国重点建设职业教育师资培训基地。为保证此项工作顺利进行，2000 年教育部再次下发《关于进一步加强中等职业教育师资培养培训基地建设的意见》（教职成〔2000〕9 号），此后 2000 年、2001 年、2006 年、2007 年和 2012 年批准建设共 89 个全国重点建设职业教育师资培训基地。

为使"双师型"教师的培养区别于其他类别的教师，明晰职教师资自身的培养标准，2015 年 7 月，我国修订并颁布的对职业进行科学分类的权威性文献《中华人民共和国职业分类大典》将我国职业归并为八个大类，其中教师属于"专业技术人员"一类，定义为"从事各级各类教育教学工作的专业人员"，下分高等职业教育教师、中等职业教育教师等小类。职业教育教师的职业专门化意味着要逐步提升学历层次，提高学术水平和实施职业教育的能力、水平及职业道德水准和专业态度。

2005 年《国务院关于大力发展职业教育的决定》（国发〔2005〕35 号）提出实施职业院校教师素质提高计划，建立职业教育教师到企业实践制度，加强"双师型"教师队伍建设。

2006 年 9 月，教育部下发《关于建立中等职业学校教师到企实践制度的意见》（教职成〔2006〕11 号）。同年 12 月，教育部和财政部联合下发了《关于实施中等职业学校教师素质提高计划的意见》（教职成〔2006〕13 号），我国职教师资制度建设日趋成熟。2010 年 7 月，中共中央、国务院颁布的《国家中长期教育改革和发展规划纲要(2010—2020 年)》明确提出，"以'双师型'教师为重点，加强职业院校教师队伍建设。加大职业院校教师培养培训力度"。"双师型"作为我国职教师资人才培养模式的目标定位已经成为普遍共识。但是长期以来，传统人才观和有限的教育条件，使职教师资培养没有得到应有重视，始终没有一个专业标准，很多职业学校的教师，是半路上改行的，甚至把职业学校教师这种具有独立职业层次的专业人才与工匠、巧匠等同起来。而发达国家职教师资的培养具有极强的专业性，师资的资格标准、培养体系、质量认定都由国家统一管理，保证了职教师资的高水准，从而为职业教育和社会经济的快速发展奠定稳固的基础。2012 年发布的《中学教师专业标准（试行）》和 2013 年发布的《中等职业学校教师专业标准（试行）》为分专业确定专业教师标准进一步奠定了基础。

二、中等职业学校财务管理类专业教师标准确立的意义

（一）理论意义

中等职业学校财务管理类专业教师标准的确立能够填补我国关于财务管理相关专业教师标准的研究空白，丰富我国教师教育和培养理论，尤其是中等职业教师教育和培养理论。

（二）现实意义

（1）为教育行政部门提供政策依据。中等职业学校财务管理类专业教师标准的确立，对教育行政部门制定财务管理相关专业中等职业教师的准入制度、财务管理相关专业中等职业教师资格认证制度、财务管理相关专业执业资格制度都具有非常高的指导意义，也为促进教师管理更加规范化、科学化，为教师受聘认教、职称评定、工资晋升、实施奖惩提供可靠依据。

（2）为财务管理相关专业培养院校指明方向。截至2013年年末，我国有665所院校设有财务管理专业，还有极少院校设有财务管理师资培养相关专业，这些院校承担着培养财务管理相关专业中等职业学校教师的任务。中等职业学校财务管理类专业教师标准的确立，能够为财务管理（包括师范类）培养院校明确目标定位和毕业生标准，进而指导其学科建设、专业建设与课程建设；规范财务管理相关专业教师教育课程与教学，让财务管理相关专业教师清楚地知道要做什么、能够做到什么；为教师教育提供赖以确定职业教育教师需要和能力的基础，有利于建立更加科学的教师职前培养和就职选拔制度，引导培养院校财务管理相关专业教师个人成长。

（3）为中等职业学校教师教育与管理提供依据。中等职业学校财务管理类专业教师标准的确立，一方面有利于指导中等职业学校财务管理相关专业的专业培育与发展、指导课程开发与建设，另一方面有利于指导中等职业学校明确专业教师岗位职责，制定科学的教育管理、晋职晋级、评优评先、工作评价、绩效考核、个人发展、成长激励等相关制度措施，引导中等职业学校职教师资的发展方向。

三、中等职业学校财务管理类专业教师标准确立的基本理念

1. 以国家政策法规为纲

中等职业学校财务管理类专业教师标准的确立，应在国家相关政策法规的框架下进行。其中基础政策法规包括《中华人民共和国职业教育法》《中华人民共和国教师法》《中华人民共和国会计法》《教师资格条例》《企业会计准则》《会计从业资格管理办法》等；直接指导政策框架有《中等职业学校教师专业标准》《教育部　财政部职业院校教师素质提高计划〈职教师资本科专业的培养标准、培养方案、核心课程和特色教材开发项目指南〉》《中等职业学校专业目录（2010年修订）》《中华人民共和国国家职

业分类大典》等。

2. 以国内外研究成果为鉴

广泛收集查阅国内外关于教师标准、专业教师标准、财务管理相关专业技术标准、师资培养等相关内容的研究成果,充分学习吸收其先进的理念和思想,开拓研究视角,开阔研究视野,开放研究思路。

3. 以实践调研为证

中等职业学校财务管理类专业教师标准的确立,必须建立在现实基础之上,因此实践调研就是研究环节的重中之重。实践调研采取了三种形式,即问卷调研、现场访谈、专家座谈,调研的对象包括财务管理专业和财务管理师资专业的培养院校管理者、专业带头人、专业教师,中等职业学校财务管理相关专业管理者、专业带头人、专业教师,企事业单位财务管理方面的管理者、从业者,财务管理专业毕业生。

4. 以团队协作为基

需要成立涵盖师资培养院校、中等职业学校、企事业单位财务管理部门的理论专家、职教专家、职业专家、一线教师、教育管理者等各层次人员,成员之间分工明确,协作紧密,为专业教师标准确立提供根本保证。

5. 以"三性"为核

中等职业学校财务管理类专业教师标准的确立,既要体现职教师资财务管理专业的专业基本要求,也要体现企事业单位财务管理岗位的技术要求,还要满足中等职业教育教师资格的基本要求,因此专业性、职业性和师范性必须贯穿研究的始终。

四、中等职业学校财务管理类专业教师标准确立的技术路线

中等职业学校财务管理类专业教师标准确立的技术路线如图 2.1 所示。

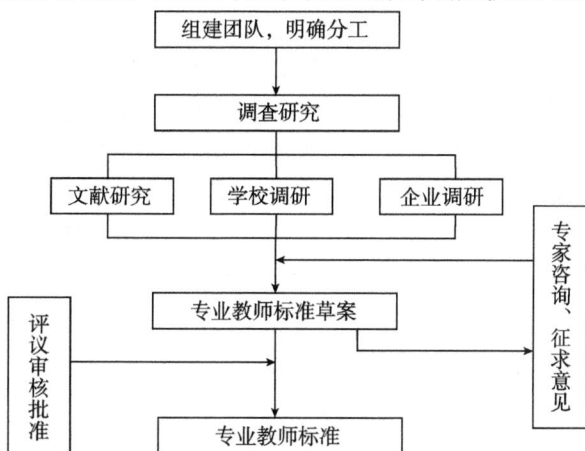

图 2.1 技术路线

五、中等职业学校财务管理类专业教师标准确立的依据

（一）国家相关政策法规

1.《国家中长期教育改革和发展规划纲要（2010—2020年）》

《国家中长期教育改革和发展规划纲要（2010—2020年）》明确指出：要积极推进中等和高等职业教育在人才培养目标、专业结构布局、课程体系和教材、教育教学过程、信息技术应用、人才成长途径、教师培养培训、行业指导作用、校企深度合作和教育评价改革等方面的衔接。该规划纲要进一步提出了强化职教师资培养的若干措施，包括以下方面：优化师资结构，鼓励从企业和科研院所聘请专兼职教师；依托大型企业和高等学校建设一批职业教育教师培训基地，培训一批"双师型"骨干教师；落实职业院校教师企业实践制度，资助职业院校教师到企业参加实践，并纳入教师培训计划；依托高水平大学建立一批高等学校教师培训基地；推动高等学校与企业合作，加强工科专业教师的实践研修等。

2.《全国教育人才发展中长期规划（2010—2020年）》

《全国教育人才发展中长期规划（2010—2020年）》提出：以"双师型"教师为重点，加强中等和高等职业学校教师队伍建设，统筹推进管理人才、实习实训指导教师、班主任队伍建设，着力建设一支适应培养高素质劳动者和技能型人才需要的职业教育人才队伍。具体措施包括以下方面：重点建设职业学校"双师型"教师队伍；重视职业学校实习实训指导教师队伍建设；推进职业教育管理人才队伍建设；加强职业学校班主任队伍建设等。

3.《教育部财政部关于实施职业院校教师素质提高计划的意见》

《教育部财政部关于实施职业院校教师素质提高计划的意见》明确提出：适应职业教育加强内涵建设、提高办学质量的迫切需要，进一步突出教师队伍建设的基础性先导性战略性地位，系统设计、多措并举、创新机制、加大投入，以建设高素质专业化"双师型"教师队伍为目标，以提升教师专业素质、优化教师队伍结构、完善教师培养培训体系为主要内容，以深化校企合作、提高培训质量为着力点，大幅度提高职业院校教师队伍建设的水平，为职业教育科学发展提供强有力的人才保障。要提高教师的教育教学水平特别是实践教学和课程设计开发能力；支持中等职业学校青年教师到企业实践，提高教师的产业文化素养和专业技能水平；支持职业院校设立兼职教师岗位，优化职业院校教师队伍的人员结构；支持国家职业教育师资基地重点建设300个职教师资专业点，开发100个职教师资本科专业的培养标准、培养方案、核心课程和特色教材，加强基地的实训条件和内涵建设，完善适应教师专业化要求的培养培训体系。

4.《中等职业学校教师专业标准（试行）》

2012年9月20日，教育部办公厅下发《教育部关于印发〈中等职业学校教师专业标准（试行）〉的通知》，正式发布了《中等职业学校教师专业标准（试行）》。该标

准是国家对合格中等职业学校教师专业素质的基本要求，是中等职业学校教师开展教育教学活动的基本规范，是引领中等职业学校教师专业发展的基本准则，是中等职业学校教师培养、准入、培训、考核等工作的基本依据，也是中等职业学校财务管理类专业教师标准确立的基本准则。

（二）针对中等职业学校及中等职业学校教师的调研结果

通过对中等职业学校进行实地调研和相关教师问卷调研，获取了关于职教师资财务管理本科专业培养模式及培养方案设置的信息，分析总结如下。

1. 中等职业学校财务管理专业教师岗位分析

（1）中等职业学校财务管理专业教师工作职责。担任课程的讲授及其他教学工作，组织与指导实验、实习、社会调查、课程设计、毕业设计；主持、参加编写教材、教学参考书及其他教学文件，了解本学科的国内外学术、技术发展动态，参加科学研究、技术开发、社会咨询及教学研究；主持实验室建设工作，更新实验项目；指导新教师提高业务水平；承担教学管理、班主任或辅导员工作。

（2）财务管理专业教师专业技术岗位与内容。财务管理专业本科职教师资毕业生可以在中职学校财务管理、会计学、会计电算化等专业担任教师，承担专业课、专业基础课的理论讲授及实验、实训、实习指导方面的教学内容。从事财务管理实务、财务会计、财务报表分析、全面预算管理、成本核算与管理等课程的理论教学、实验教学、生产实习等工作。

（3）中等职业学校人才培养目标和学生主要就业岗位。中职学校培养目标：培养与我国社会发展、经济建设相适应，德、智、体、美、劳全面发展，具有综合职业能力，在生产服务一线工作的高素质劳动者和技能型人才。中等职业教育应具有双重性教育宗旨：一是"初等职业技术水平"，以帮助学生取得职业入行或上岗资格；二是"高中阶段的文化基础教育"，它的基本内涵是培养学生具有综合的知识结构和智能结构，培养学生包括理想、情操、人格、文明在内的精神品质。

财务管理及相近专业的培养目标是培养具有较强综合职业素质的为社会经济建设服务的应用、技能型人才。财务管理及相近专业的中职毕业生就业去向是中小型企业或公司、服务行业等领域的会计核算、会计咨询、收银、出纳、代理记账、税务代理等岗位。

（4）中等职业学校专业课程。中等职业学校财务管理专业类主要课程财务管理、会计电算化等专业需要"财务管理"作为它们的重要组成部分。开设的主要课程有基础会计、会计电算化、财经法规、中级财务会计、成本会计、税收基础、会计模拟实习、校外顶岗实习等。

（5）中等职业学校财务管理类专业教师教学团队和课程承担情况。中等职业学校专业课教师，一般每名教师承担 1 门或 2 门课程理论讲授，同时指导学生的实验实习。部分教师兼职企业会计人员。专业课教学团队由课程组长、骨干教师、实训教师组成，负责专业课教学、实验，实习任务。校外生产能手、土专家兼职指导学生实训、实习。

（6）专业教师岗位职责考核、职务（职称）评审。中等职业学校教师专业技术职务评审条件，直接影响专业教师的职业发展和能力导向。各省（区）评职条件都涵盖了专业教师的专业理论知识、工作经历、能力、工作业绩（教学、科研等）。

2. 财务管理职教师资知识能力要求

对中等职业学校教师而言，专业知识及能力、教育学知识及能力都非常重要。

（1）专业教师知识学习方面。职教师资在学习专业知识时，应当遵循专业知识的够用、实用，兼顾学科的系统性原则；应具备的基础知识主要有社会知识、信息技术知识和人文知识，对人文知识和外语知识的学习认可度较低；对于专业基础知识，如经济学、税法与经济法认可度较高；在专业课方面，对财务管理、会计知识和财务与会计方面的软件知识认可度较高；对金融投资、资产评估和审计知识认可度较低；在从事技能教育方面，除职业教育学、心理学和教育技术外，教师更加关注专业教学法、教育心理学、职业教育理论和教师职业发展的学习。

（2）财务管理专业教师应具备的能力。大学教师对中等职业学校教师专业能力的认识，财务分析能力、资金管理能力、财务预算能力、财务投资能力和财务筹资能力排在前面，其次是教师能力、教学能力和专业实践能力。

中等职业学校教师则更加侧重实践教学能力和理论教学设计能力及与企业合作的能力，对创新能力方面认可度较低；在基础能力方面，认可度较高的是沟通协调能力、团队合作能力与终身学习能力；在专业能力方面，认可度较高的是财务分析能力、资金管理能力与会计核算能力；在教师能力方面，关注度较高的是教学能力、实践教学能力和信息收集能力；在教学能力方面，比较重要的是专业实践能力、教学实施能力。

（3）教师素质方面。对中等职业学校专业教师应具备的素质的选择中，职业道德素质和业务素质选择最多；在专业素质方面，认为专业教师应具备系统的专业理论与知识、一定的操作技能、一定的财务分析能力和财务软件的熟练运用能力。

（4）大学专业教育改进方面。在这方面大学教师和中等职业学校教师的意见基本一致，针对大学教学中需要改进的方面，建议增加实践教学环节、增加社会锻炼的机会。

3. 财务管理本科专业职教师资培养标准

（1）人才培养目标。访谈和调查结果显示，关于财务管理本科专业职教师资培养目标的定位，培养单位被调查人员多数选择应用型高级专门人才，而职业中学的教师多数选择复合型人才；可见在人才培养方面，大学更加注重专业人才培养，而中等职业学校教师更加看重专业和教师两个方面的能力培养。

（2）影响人才培养质量的因素。大学教师更加看重的是专业培养目标、培养方案和师资队伍，中等职业学校教师选择的前三位是专业培养目标、师资队伍和学校的管理水平，可见学校管理方面的问题对学生培养质量有着重要的影响。

（3）财务管理专业课程设置的建议。对财务管理专业课程设置，普遍认可的是体现重能力、重实践的专业特色；对财务管理专业的核心课程选择最多的是财务会计、财务管理、财务分析，其次是成本管理会计、计算机财务管理；对学生最有价值的课程是专业核心课程和专业实训课程。

（4）教育类课程设置。非职技高师院校和非师范院校，一般开设教育类课程较为简单，如哈尔滨商业大学虽然也有财务会计教育、师范类市场营销等专业，但是在培养方案设计上，由于从师理论和从师技能方面师资匮乏，只安排了教育学、心理学、教育技术、专业教学论等课程学习，基本上没有教师技能实习实训；而职技高师院校和师范类院校，由于具有相应的教育类专业，通常在课程设置方面比较注重从师理论和实践的学习，除了开设教育学、心理学、教育技术等教育通用课程外，不少学校还开设了职业教育学、职业心理学、专业教学论等课程，通常设有微格教学、教育实习、教师口语、三笔字等实践类课程。

（5）实践能力的培养。大学教师一般更看中"理论+实践"的教学模式，提出需要加强财务管理综合实训、财务分析模拟实训、纳税筹划模拟实训及会计手工模拟实训等内容，最应该加强的实践性教学环节是校内模拟实践与社会调查实习相结合；提高财务管理专业教学效果的有效途径是加强实践教学、培养学生的实际操作能力及利用案例进行启发式教学。

来自中等职业学校的调查结果显示，教师最希望加强的专业课教学是增加企业实践经历和提高专业技能，他们认为自己最欠缺的是实践教学能力、社会实践能力和科研能力；而其对在大学期间实践教学的评价则是提高了综合能力、流于形式和校外实习基地不充实；对课程体系最不满意的方面是实务课程太少；对实践教学的建议是增加社会实践的机会、增加校内模拟实践的时间、增加从师技能的训练；对实习实训课时安排，最大的问题就是课时太少；对实践教学方式，多数人建议采取校内+校外结合的方式。

绝大多数的中职学校领导和专业教师都强调"强实践、弱理论"，中等职业教育主要是手把手教会动手实践即可，理论教学可以弱化，这主要是由中职学生的文化素质较低和就业层次较低决定的。

综合中等职业学校教师和职教师资培养单位的调查结果显示，对教师需要的专业知识，中职学校更侧重基础知识，高校更侧重学科知识的系统性；对基础知识和能力、素质培养，双方都希望能系统性地提供具备多种能力的综合应用性师资。

（三）企业调研结果

为了了解企业对财务管理专业人才的需求情况，如应具备哪些素质和能力、对现有人才的表现的评价、获取企业对财务管理专业人才应具备的知识结构和业务技能的实操能力的要求等，项目组选取了不同性质、不同规模、不同管理模式的企业进行实地调查、采用座谈和电话访谈的方式进行调查，并通过问卷调查获取了问卷信息。主要实地调查单位包括中物功能材料研究院、中城建华南集团公司、百丽国际集团公司、中国银行深圳分行、曙光信息产业股份有限公司、天津力生制药股份有限公司、紫光海泰科技发展有限公司、天津天地伟业数码科技有限公司、天津力神电池股份有限公司、天津赛象酒店有限公司等。通过调查，了解了企业对财务管理人才的重点需求岗位和重要知识及技能。

调查中不同企业的要求虽然有差异，但有如下几点趋同：①财会人才必须紧跟环境的变化，适时掌握最新的业务处理，如准则、制度及投融资环境等；②财会人才应能够判断业务处理对企业决策层作用及企业发展的影响；③财会人才必须学会运用信息技术进行业务处理，提高信息加工和决策分析的能力和效率；④财会人才应具有良好的专业素质、职业道德和较强的团队合作精神等。具体调研结果分析如下。

1. 财务管理专业人才就业岗位分析

财务管理专业与会计专业相近，会计以核算为主，对经济业务进行计量和报告，侧重账务处理；财务管理是在会计的基础上，强调对资金在经营活动、筹资活动、投资活动、分配活动中的运用，侧重成本、资金等方面的管理，包括财务分析等工作。会计基本职能是核算和监督，侧重对资金的反映和监督。而财务的基本职能是预测、决策、计划和控制，侧重对资金的组织、运用和管理。因为会计与财务具有不可分割的关系，一般中小型企业将财务、会计放在一起，称之为财务部或会计部、财会部等。大型企业因业务量大也有将两个职能分别管理的，分设财务部、会计部及资金部等。就一个企业而言，财务管理的岗位包括资金岗、预算岗、成本管理岗、税务岗、存货岗、投资岗、项目管理岗等。

就职教师资财务管理本科专业人才而言，其就业的目标定位就是中等职业学校教师，由于我国目前设置财务管理专业的中等职业学校很少，如果这些毕业生被中等职业学校录用为专业教师，其主要的教学岗位应该是相关专业的财务管理课程教师或是与财务管理专业相关的会计、金融课程的教师。从实际就业状况看，到中等职业学校从事教学工作的财务管理专业毕业生比例较低，只有极少数到中职学校任教，比例高的学校也不超过15%。

对中等职业学校财会类专业毕业生，由于其所学的财务管理知识较少，涉及的内容也较少，适合的财务管理岗位较少，除了财产物资的日常管理外，很难适应企业资金管理与决策的高级财务活动，因此中等职业学校财务管理专业的毕业生基本上以现金、出纳、收银等岗位为主，少数学生能够到会计岗位上工作，真正能够到企业财务管理部门工作的实在是少之又少。对以对口升学为主的学校，不能升入专科以上学校的学生选择就业；其余学校以就业为主或升学与就业结合，个别专业的少部分学生能到银行、税务部门等就业，其他大部分到企业就业，从事低级别的岗位工作，如出纳、办事员、文秘等，从事会计和财务工作的比较少。学生就业层次相对较低，从事财务工作的基本都是出纳岗位，很少一部分从事记账员工作，还有一部分不能够从事与其专业相关的工作。

2. 企业对财务管理人员必须掌握的重要技能的需求

企业普遍认为财务管理人员所具备的知识和技能与会计人员不同，综合多家企业的调研访谈结果，企业认为财务管理人员必须掌握的重要技能包括以下方面：①财务信息处理与分析；②企业分析与评价；③企业预算与预测；④税务管理；⑤投融资管理；⑥审计；⑦资产管理；⑧内部评估与咨询；⑨企业增长与发展管理；⑩管理能力等。这就为培养方案中的课程设置提供了实证基础，应尽量考虑到这些重要技能的要求。而从基本素质技能来看，企业需要具备良好的沟通技能、分析技能、领导才能、时间管理技能及团队合作技能的财务管理人员。因此急需加强财务人员的这些技能，专业培养方案也应考虑着重提高人才的这些技能。

3. 财务管理岗位需要专业性强的人才

从企业对财务管理人员的需求来看，财务管理专业培养的人才还停留在通用型财务管理内容上，没有深入不同类型企业的财务管理层面，从而使毕业生就业时要重新学习接受培训，增加了企业的人才使用成本；用人单位强调了学生适时地理解会计准则、财会方面的制度规定、内部控制制度和投融环境的理解和利用；强调了财务管理人员应具备较强的业务实操能力，应有职业精神、责任心和上进心；同时认为财务人员应能灵活运用软件工具进行数据处理，进行财务分析参与财务决策，应学会如何运用会计这个工具，判断会计处理产生的后果，不能只是简单被动进行核算；作为财务管理人才在知识结构上应包含企业管理、战略管理、金融基础、投融资基本理论和业务，当然扎实的会计基础、会计信息的利用是不可缺的。

（四）调研结论与启示

对文献资料的整理分析，为专业教师标准确立提供了理论基础；对中等职业学校及中等职业学校教师培养单位和企业的实地调研，为该标准的核心内容构建提供了现实依据；国内外专业教师标准的比较为研发职教师资财务管理专业培养方案提供了结构基础。对调研结论和启示总结如下。

（1）财务管理本科专业职教师资培养的目标是能够适应中等职业学校财务管理相关课程教学需要的、具有财务管理专业的专业能力和教学能力的应用型、复合型高级专门人才。该专业培养的学生应以承担相关专业课程为主要目标，而不是简单对应中等职业学校的对应专业。

（2）专业理念和师德是职教师资标准的首要方面，教师标准必须充分考虑专业理念和师德的培养，使学生树立正确的教师理念和师德观念。

（3）财务管理本科专业职教师资的培养，在教师知识方面应以专业知识够用、实用兼顾系统性为目标，不片面追求知识的系统性。对专业课程的设置，应按照重能力、重实践同时兼顾厚基础的专业特色设置课程体系。

（4）在财务管理课程设置方面，采取基本素质课程模块+基础能力课程模块+专业基础能力课程模块+专业岗位能力课程模块的方式，为了适应学生就业多元化的需要，也可以在此基础上，将各个模块的侧重点进行倾斜，以适应市场的人才需求。

（5）在基本素质课程设置中，应体现对政治素质、军事素质、创新素质、人文素质、身心素质和职业道德素质的考虑，人文知识、社会知识、职业道德素质课程的设置是非常必要的；学生希望获得社会交往方面的教育，企业也希望招收的人才具备一定的人际交往与团队合作、沟通能力，因此在设置课程体系时，应适当参考、加入对社会适应性的培训。

（6）在基础能力培养的相关课程设置中，着重培养具备交际与沟通能力、信息技术应用能力、数学应用能力和团队协作能力，可以开设相关的理论课程，并辅以充分的实践教学，提高学生的基础能力。

（7）在专业基础知识方面，会计岗位核算知识是财务管理知识的基础，应加强或维持会计核算课程的重要地位；同时经济学、管理学、金融学、信息技术、税法与经济法知识也有其实践意义，应在能力分析的基础上，确定所需的知识和技能，开设相关的理论和实践课程。

（8）在专业知识方面应具备财务管理、会计知识、教学教育知识。在专业能力培养方面，财务分析能力、资金管理能力、财务预算能力、成本控制能力、税务管理能力、风险管理能力、投资管理能力和筹资管理能力是财务管理专业重要的专业能力；实践教学能力、理论教学设计能力及与企业合作的能力是财务管理专业学生重视中等职业教育必备的教学能力。教师标准确立中体现岗位分析的成果，依据财务管理相关岗位的工作任务，确定所需具备的各种能力，提出对应的知识和技能，设置相关的理论和实践课程体系。

（9）加强实践教学、强化动手能力是职教师资财务管理本科专业培养中需要重点考虑的问题。增加社会实践的机会、增加校内案例分析、模拟实践的时间、加强利用软件工作进行事件分析、诊断和决策的实训、增加从师技能的训练、提高学生的实践教学能力、社会实践能力和科研能力是教学改革的重要内容。开展校企合作对帮助学生尽快适应工作岗位、融入社会非常重要。

（10）专业教师标准的确立要具有前瞻性，在学习国外先进的开发模式和方法的基础上，结合我国的职教改革实际，确立能够持续应用、持续发展的专业教师标准，为国家培养优秀的中等职业学校的财务管理专业教师奠定基础。

六、中等职业学校财务管理类专业教师标准的主要内容

以 2013 年 9 月教育部发布的《中等职业学校教师专业标准》为依据和基础，借鉴国外教师专业标准的理论和实践经验，立足我国中等职业学校对职教师资财务管理本科专业的要求和需求，从我国职教师资财务管理本科专业培养的目标出发，在充分调研的基础上，经过深入研究和专家论证，研究确立中等职业学校财务管理类专业教师标准。本专业教师标准包括基本理念、主要内容、实施要求三部分内容。

《中等职业学校教师专业标准》适用于财务管理、会计和会计电算化等中等职业学校财务管理类相关专业。

（一）基本理念

（1）师德为先。热爱职业教育事业，具有职业理想、敬业精神和奉献精神，践行社会主义核心价值观，履行教师职业道德规范，依法执教。在教育教学工作中立德树人，教书育人，为人师表，自尊自律，关爱学生，团结协作。以人格魅力、学识魅力、职业魅力教育和感染学生，做学生职业生涯的指导者和健康成长的引路人。

（2）学生为本。遵循学生身心发展规律，以学生发展为本，树立人人皆可成才的职业教育观；培养学生的职业兴趣与学习兴趣，增强学生的自信心，激发学生的主动性和创造性；发挥学生特长，挖掘学生潜质，为每一个学生提供适合的教育环境，提高学生的就业能力、创业能力和终身学习能力；促进学生健康快乐成长，学有所长，全面发展。

（3）能力为重。遵循职业教育规律和技术技能人才成长规律，提升教育教学专业化水平；在教育过程中，把职业教育理论与职业实践相结合，把专业理论与专业实践相结合；坚持实践、反思、再实践、再反思，不断提高财务管理能力。

（4）诚信为基。在教育教学工作中培养学生诚实守信的工作理念，教育和引导学生树立遵守财经法纪，严格履行工作程序，廉洁自律，客观公正，坚持准则，强化服务，具备良好的会计职业道德和实事求是、求真务实的职业品质。

（5）终身学习。学习财务管理专业知识与专业技能、职业教育理论与职业技能，学习和吸收国内外先进职业教育理念与经验；深入了解产业发展、行业需求和职业岗位变化，投身岗位实践活动；优化知识结构和能力结构，提高文化素养和职业素养；具有终身学习与持续发展的意识和能力，做终身学习的典范。

（二）基本内容

基本内容如表 2.1 所示。

表 2.1　基本内容

维度	领域	基本要求
职业理念与师德	教师职业理解与认识	1. 贯彻党和国家教育方针政策，遵守教育法律法规 2. 理解职业教育工作的意义，把立德树人作为职业教育的根本任务 3. 认同中等职业学校教师的专业性和独特性，注重自身"双师"素质培养
	对学生的态度行为	1. 了解学生，与学生进行平等的沟通与交流 2. 关爱学生，重视学生身心健康发展 3. 尊重学生，采用正确的方法引导和教育学生 4. 信任学生，积极创造条件促进学生的自主发展 5. 引导学生，引导学生形成正确的人生观和价值观
	教育教学态度与行为	1. 爱岗敬业，全面履行教师职责 2. 遵循职业教育规律，知识、技能与品德教育相结合 3. 营造勇于探索、积极实践、敢于创新的氛围，促进学生全面发展 4. 树立终身学习理念，引导学生养成良好的学习习惯 5. 开展诚信教育，培养学生良好的职业道德与职业品质
	个人素养与行为	1. 具备必要的科学、文化、艺术修养及较好的语言表达能力 2. 具有较好的交流、沟通能力与合作能力 3. 诚实守信、乐观向上、乐于助人，富有爱心和责任心 4. 善于自我调节，保持平和心态 5. 坚持实践导向，身体力行，做中教，做中学
职业教育知识与能力	教育知识	1. 熟悉职业教育的基础理论、基本知识与基本方法 2. 了解学生思想品德和职业道德形成的过程及其教育方法 3. 熟悉中等职业学校学生身心发展规律及专业人才成长特点，掌握相关教育方法
	班级管理	1. 掌握学生集体活动特点和组织管理方式，能够有效地实施学生行为管理 2. 发挥共青团和学生组织作用，组织开展有益的教育活动 3. 掌握多元化的评价方法，多视角、全过程评价学生
	学生指导	1. 注重学生思想品德和职业道德养成，积极开展育人活动

续表

维度	领域	基本要求
职业教育知识与能力	学生指导	2. 掌握心理咨询与心理辅导的基本知识，为学生提供学习和生活方面的心理疏导 3. 了解行业及专业特点与需求，为学生提供必要的职业生涯规划与就业创业指导
专业知识与能力	学科专业基础知识与能力	1. 了解所教专业与相关职业的关系及相应的职业资格与标准 2. 掌握学生专业学习认知特点和技术技能形成的过程及特点 3. 熟悉经济学、管理学、财经法规、统计学等方面的基本理论与知识
	从事专业的知识与能力	1. 掌握会计核算的原理与方法，能够熟练开展会计核算 2. 掌握财务管理的原理与方法，熟悉企业财务管理流程 3. 掌握财务数据分析的原理与方法，具有财务预测与财务决策的能力 4. 掌握金融市场的基本知识和基本规律，具有对金融产品的分析运作能力 5. 掌握公司治理和内部控制的基本知识与方法，具有风险管理的基本能力 6. 掌握企业资产评估、项目评估和审计的理论知识和基本能力
	行业企业实践能力	1. 了解企业财务管理相关工作岗位的职责，具有企业经营环境的认知能力 2. 具有会计要素的确认、计量、记录和报告等日常会计业务的处理能力 3. 具有开展成本核算、成本控制与全面预算管理的能力 4. 具有开展营运资本管理及投融资的能力 5. 具有编制利润分配方案并实施的能力 6. 具有开展纳税筹划的能力
	职业岗位操作能力	1. 具有指导学生开展会计核算的模拟实训和顶岗实习的能力 2. 具有指导学生进行企业预算编制的能力 3. 具有指导学生进行企业成本核算和编制相关成本报表的能力 4. 具有指导学生开展筹资、投资及营运资本决策的能力 5. 具有指导学生根据企业的经营目标拟订利润分配方案的能力 6. 具有指导学生完成企业税务处理的能力
专业教学能力	课程教学知识	1. 熟悉课堂教育教学规律，熟练开展课程教学活动 2. 熟悉教学大纲、教学计划、教案等教学文档之间的关系，熟练制作教学文档 3. 掌握理论教学和实践教学各环节的基本理论和基本方法
	专业教学设计	1. 了解所教专业培养目标、课程体系及课程标准，合理设计所教课程的教学内容 2. 根据课程特点选择恰当的教学方法与合适的教材，设计课程教学计划 3. 基于财务管理岗位工作过程和能力标准，合理设计教学方案
	专业教学实施	1. 解读课程、分析学情、因材施教，提高学生兴趣，培育学习热情 2. 灵活运用以岗带学、以练促学、工学结合等形式，有效实施教学 3. 利用各种教学方法有效地调控教学过程 4. 指导学生参加企业实践，满足岗位技术要求
	专业教学评价	1. 结合专业和课程特点，选择课程的考核方式和评价方法 2. 搜集课堂和单元教学信息，设计教学评价方法体系 3. 依据学生情感、态度和反映的变化，评价教学活动 4. 根据教学任务，设计教学过程和教学效果评价标准
	教学研究与专业发展	1. 主动收集分析毕业生就业信息和用人单位需求信息，反思和改进教育教学工作 2. 针对教育教学工作中的现实需要与问题，开展教学研究与教学改革 3. 结合专业发展需要，制定个人专业发展规划 4. 通过参加专业培训和企业实践等多种途径，不断提高自身专业素质

（三）实施要求

（1）各级教育行政部门要将《中等职业学校教师专业标准》作为中等职业学校财务管理类专业教师队伍建设的基本依据。根据中等职业学校教育改革发展的需要，充分发挥《中等职业学校教师专业标准》的引领和导向作用，深化教师教育改革，建立教师教育质量保障体系，不断提高教师培养培训质量。制定中等职业学校教师准入标准，严把教师入口关；制定中等职业学校教师聘任（聘用）、考核、退出等管理制度，保障教师合法权益，形成科学有效的教师队伍管理和督导机制。

（2）开展中等职业学校教师教育的院校要将《中等职业学校教师专业标准》作为财务管理类专业教师培养培训的主要依据。完善财务管理类专业教师培养培训方案，科学设置教师教育课程，改革教育教学方式；重视教师职业道德教育，重视职业实践、社会实践和教育实习；根据财务管理类专业教师的职业特点，加强专业建设，深化校企合作，提高师资的实践技能；加强中等职业学校教师教育院校的师资队伍建设，建立科学的培养质量评价制度。

（3）中等职业学校要将《中等职业学校教师专业标准》作为财务管理类专业教师管理的重要依据。制定中等职业学校教师专业发展规划，注重教师职业理想与职业道德教育，增强教师育人的责任感与使命感；开展校本研修，促进教师专业发展；完善教师岗位职责和考核评价制度，健全教师绩效管理机制。

（4）中等职业学校财务管理类专业教师要将《中等职业学校教师专业标准》作为自身专业发展的基本依据。制定个人专业发展规划，爱岗敬业，增强专业发展自觉性；勇于开展教育教学改革，不断创新；积极进行自我评价，主动参加教师培训和自主研修，逐步提升专业发展水平。

第三章　中等职业学校财务管理专业教师培养标准设计

为提高中等职业学校财务管理专业教师的专业能力和教学水平，构建高素质的专业教师队伍，按照《教育部　财政部职业院校教师素质提高计划〈职教师资本科专业的培养标准、培养方案、核心课程和特色教材开发项目指南〉》的要求，以《中等职业学校财务管理类专业教师标准》为基础，开发设计中等职业学校财务管理专业教师培养标准。

中等职业学校财务管理专业教师培养标准应以人才成长规律与教育教学规律为设计主线，培养综合素质高、专业能力强、教学技能优的职教专门人才，主要内容包括培养目标定位、培养规格、学制和学分要求、课程结构和主干学科专业主要课程、教学安排、实践环节及培养基本条件。

一、中等职业学校财务管理专业教师培养标准设计的意义

随着经济环境的变化和技术的发展，对财务管理人才的需求日益迫切，通过对财务管理人才市场情况进行分析，发现市场的迫切需求与教育人才的缺乏形成了鲜明的对比，凸显了对财务管理人才培养的重要意义。

（一）人才需求分析

1. 市场对财会类人才需求较高

根据财会岗位需求调查的数据分析得出，社会对财会人员的需求呈不断上升态势。财会是每个经济实体必不可少的岗位，国内外经济发展史证明经济越发展，财会越重要。随着我国经济的健康稳定发展、产业结构不断优化、外向型经济规模不断扩大，不仅制造企业，而且金融产业，如保险推销员、银行客户经理、个人理财规划师等岗位对受过财务管理专业教育或具有良好财务管理知识的人员的需求不断增加。

2. 国家规划对财会人员的需求

2010 年财政部发布的《会计行业中长期人才发展规划（2010—2020）》中指出，要加强会计人才队伍建设，着力培养高层次会计人才，并以此引导和带动我国会计人才队伍发展，提高会计行业核心竞争力、确保会计工作促进经济社会发展的职能作用有效发挥。培养和造就一支规模宏大、结构优化、素质较高、富于创新、乐于奉献的会计人才

队伍，确立我国会计人才竞争优势，建设国际一流的会计人才队伍，为在21世纪中叶基本实现社会主义现代化奠定会计人才基础。会计人才资源总量稳步增长，队伍规模不断壮大。会计人才资源总量增长40%，较好地满足经济社会发展需要。会计人员中受过高等教育的比例达到80%；到2015年，实现高级、中级、初级会计人才比例为5∶35∶60；到2020年，这一比例为10∶40∶50。

2012年财政部会计司会计人员管理处负责人指出："我国会计人才的金字塔底座太大，上面太小，高层次的会计人才稀缺，现在社会上那么多报账人员、报表编制人员，但缺的是能够找到问题，并解决问题的顶尖会计人才，据我所知，这些人才很多央企花高薪都聘不来，可以说现在的会计教育提供的人才已经远远不能满足我国经济社会发展和企业做大做强的需要。"

3. 企业对"财务+会计"复合型人员更加青睐

随着市场经济不断完善与发展，以及国内国外两个市场竞争加剧，企业要求会计人员不能只会会计核算、报表编制，更要具有从事财务报表分析、全面预算编制、成本控制、投融资管理的能力，通过参与企业决策，从财务角度为领导决策提供有价值的财务信息。根据调研，企业特别是中小企业更需要"财务+会计"复合型人员。

（二）职业岗位分析

1. 中等职业教育岗位需求分析

教育部《中等职业学校专业目录（2010年修订）》中没有设置财务管理专业，与之相近的专业主要有财经商贸类的会计和会计电算化两个专业。考生参加高考对应的本科专业有会计学、财务管理、审计学，对应的高职专业有会计、会计电算化、财务管理、会计与审计。由于《中等职业学校专业目录（2010年修订）》中没有设置财务管理专业，且财务管理专业对数学基础要求较高，目前中职学校生源素质难以达到，因此在中等职业学校开设财务管理专业的非常少，而设置会计和会计电算化等相关专业的中等职业学校较多。根据调查，目前能够查到的开设财务管理专业的中职学校只有河北经贸大学和黑龙江商务学校。

所以，职教师资财务管理本科专业的毕业生，到中等职业学校任教的职业岗位定位为中等职业学校财务管理专业所需要的职教师资，会计和会计电算化等相关专业从事财务管理课程及相关专业课程的职教师资。

2. 企业岗位需求分析

根据调研资料，目前开设财务管理职教师资方向或教师方向的有四川农业大学开设有财务管理教育（财经商贸类）本科专业，哈尔滨商业大学曾开设职教师资财务管理专业，吉林工程技术师范学院的财务管理专业设有职教师资培养的相关课程，长江师范学院设有财务管理（职教师资）本科专业，贵州大学设有财务管理专业（职教师资方向），安徽财经大学设有职教师资财务管理本科专业班。

上述学校的职教师资财务管理专业人才培养都是立足应用型人才培养，强调实践技能和动手能力。在就业去向上，本专业到中等职业学校任教的毕业生占毕业生总数的

10%~15%，85%~90%的毕业生到企事业单位从事财务管理、会计及其他方面的工作。

二、中等职业学校财务管理专业教师培养标准设计的基本理念

教师培养标准的设计坚持以培养合格的"双师型"中等职教师资为基本目标，以职业能力为本位，以岗位需要和专业教师标准为依据，满足学生职业生涯发展的需求，从而适应经济社会发展的需要。

（一）以职业生涯发展为目标明确专业定位

职教师资财务管理本科专业培养的学生，其基本的就业岗位是中等职业学校财务管理专业相关课程的职教师资，因此在培养方案设计时必须保证这一培养目标的实现。同时也应注意到，目前我国中等职业学校开设财务管理专业的很少，因此财务管理专业毕业的学生应以从事与财务管理专业相关专业的课程教学为主，而不是只强调财务管理专业的教学；另外，基于社会需要与学生就业需求多元化的现实，培养方案的设计也应考虑学生毕业后从事非教师职业的需求。只有这样，才能为学生的职业生涯发展奠定坚实的基础。

（二）以职业岗位需要为导向设置课程体系

职教师资财务管理本科专业课程体系的设计，要以财务管理工作岗位群→任务→能力→知识→课程的顺序为开发主线，以职教师资所需职业理论与技能及职业道德与基本素养为两翼，构建"专业性"、"职业性"和"师范性"高度融合的课程体系，实现"双师型"中等职业教育合格师资的人才培养目标。

（三）以职业能力培养为依据构建课程内容

根据项目调研取得的相关成果为依据，围绕职业能力的形成组织课程内容，以工作任务为中心来整合相应的知识与技能，实现理论与实践的统一。课程内容的设置要实现四个转变：一是由培养理论思维为主向理实一体化转变；二是由课程内容以教师讲授和课本为平台向胜任工作岗位转变；三是由单纯的教育教学理论向以专业为基础、教育教学理论与实践有机整合转变；四是由学生被动听讲向主动参与专业技能操作和教学设计转变。

（四）以社会需求为引领确定人才培养方式

人才培养的最终目标是满足社会需求，而最了解社会需求的是用人单位。因此，在人才培养方式方面，在强化学校培养的前提下，应逐步实现"校企校"三位一体的人才培养模式，即由培养高校、企业和中职学校共同承担教学任务（特别是实践教学任务）的人才培养模式。以财务管理岗位群及典型的工作任务为学习领域设置课程，通过校内模拟实习、企业实习基地实习、中职学校教学基地实习等方式，采取校企结合、校校结

合的途径，充分发挥和利用三方的优秀教学资源，全面提高学生的综合能力。

三、中等职业学校财务管理专业教师培养标准设计的方法

（一）立体调研

设计基于岗位群的财务管理专业职教师资课程体系，一方面必须深入不同规模、行业、地区的企业的生产现场、财务工作现场调研，了解生产流程、财务工作程序，另一方面利用访谈、调查表、网络调查等方式咨询企业一线财务实践专家企业财务管理岗位设置、工作任务、职责要求等情况。

为达到向中等职业学校输送合格专业教师才的目的，深入各地区的中等职业学校，利用抽样方法，随机选取学生、专业教师、专业带头人，通过座谈、调查问卷等方式，掌握中等职业学校专业设置、对教师的要求、培养方案设置、教学过程、学生就业去向、工作岗位等。

选取不同性质、不同层次的高校，调研财务管理专业课程体系建设情况。

通过立体调研能够做到：①梳理出财务管理岗位群及典型的工作任务；②了解中职学校对教师职业胜任能力的要求、学生的就业去向和岗位；③明确不同层次、不同性质高校财务管理专业培养方案的培养目标、课程结构、学时结构、培养方式，以及一般财务管理专业与职教师资财务管理课程体系的区别与联系等。

（二）构建岗位-任务-能力-知识-课程矩阵

在立体调研的基础上，梳理出财务管理岗位群及典型的工作任务要求，完成职教师资财务管理专业的岗位-任务-能力-知识-课程矩阵。

（三）设计学习领域

按照教育教学规律，由企业实践专家、教育专家、职业教育专家、高校专业教师和中等职业学校教学骨干组成的专家组设计完成岗位工作任务操作技能转化为课程的学习领域。学习领域中的内容应是完成岗位工作的要求内容，包括工作对象、方法、程序、制度和组织等。

（四）专家论证

基于岗位群的职教师资财务管理本科专业培养方案，要经过专家的充分论证，严格把关，以确保课程开发的科学性、针对性、适应性和操作性。

四、中等职业学校财务管理专业教师培养标准设计的技术路径

中等职业学校财务管理专业教师培养标准设计的技术路径如图 3.1 所示。

```
┌──────────────┐
│   组建团队    │
└──────────────┘
        │
        ▼
┌──────────────┐
│   文件学习    │
└──────────────┘
        │
        ▼
┌──────────────┐
│   调查研究    │
└──────────────┘
        │
   ┌────┼────────────────┐
   ▼    ▼                ▼
┌──────┐ ┌──────┐  ┌──────────┐
│文献研究│ │学校调研│  │ 企业调研 │
└──────┘ └──────┘  └──────────┘
        │
        ▼
┌──────────────────────────────┐
│ 构建岗位-任务-能力-知识-课程矩阵 │
└──────────────────────────────┘
        │
        ▼
┌──────────────────┐        ┌──────────┐
│  起草专业教师培养标准 │        │ 专家咨询、│
└──────────────────┘        │ 征求意见  │
        │                   └──────────┘
        ▼
┌──────────────────┐
│  形成专业教师培养标准 │
└──────────────────┘

评议审核批准
```

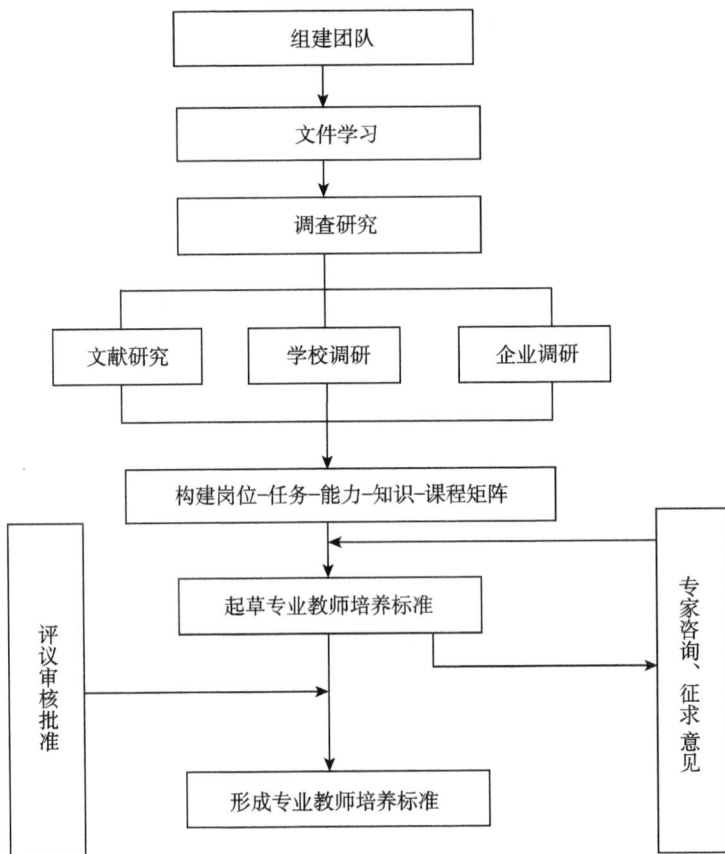

图 3.1　技术路径

五、中等职业学校财务管理专业教师培养标准设计的依据

职教师资财务管理本科专业培养标准的设计是以我国现行的有关教育、职业教育和财务管理专业相关的法律、法规、政策文件为依据的，借鉴了领导讲话、专家讲座的思想与观点，并参考了大量的专家学者的学术著作、论文文献等资料，同时结合项目调研的成果和项目指南的具体要求，构建了坚固的实证基础。

（一）文献资料调研结果

1. 国外职教师资培养资格要求

首先关注国外职教师资培养开展情况较为先进的国家，分析其职教师资培养资格要求。

（1）美国实行"职业技术教师证书"制。美国对职教师资的资格要求是实行"职业技术教师证书"制。职教师资必须具备大学本科学历，取得学士学位。完成职业教育的必修课程，取得规定的学分，并在有关职业领域具有 1~2 年实际工作经验，才可以获得职业教育教师证书。教师资格证书包括永久证书和暂时证书。学士学位教师准备水平是理所当然的永久证书，具有 5 年以上职业经历的人，通过国家鉴定机构的考试后，也可获得永久教师资格证书。州教育部门可以制定自己的标准，颁发暂时的教师资格证书。在职业教育师资短缺的情况下，经州政府教育部门批准，对职业教师的聘用标准采取灵活变通的做法，授予临时的试用证书。为鼓励职业教育教师进修，美国一些政府单位和私人基金会均设有教师进修奖助金，供教师进修和参加各种培训之用。美国职教教师进修的方式是"弹性多元选择进修计划"，可以参加为期半年左右的夜校或暑期学校的进修，参加教师研讨会或讲习班，参加参观访问或参与课程编制或专业杂志和出版物的工作，还可以参加与教学有关的休假进修、出国访问等。

（2）德国"双元制"职教模式。德国实行"双元制"职教模式，职教师资的主要构成部分是具有国家公务员身份的各级各类职业技术学校的专职教师和企业及社会职业培训机构中的实训（实习、技能培训）指导教师（师傅）。职教师资必须具备相当雄厚的职业功底和很高的业务素质。对实训和职业学校实践课教师而言，他们不仅要接受严格的专业技能训练，掌握实训设备的操作规程，还要通晓职业教育学和劳动教育学知识，从而与职业教育目标结合起来，总结已有的专业实践经验，解决实践中可能出现的新问题。政府要求职业技术教师报考者必须有 1 年至 1 年半的工龄，或是在地方学院毕业后又取得教育部高级技术员证书。他们在大学里学习 4 年，学完后通过国家第一次考试，到职业学校进行 1 年半至 2 年的教育实习，然后进行第二次国家考试，考试通过后获得正式教师证书。持正式教师证书者，才有资格被聘为职业学校的教师。培训方面，根据德国各联邦州的法律规定，职业教育教师必须参加接受新技术知识、新规范的继续教育，也称之为第三阶段的师资培训。教师参加培训进修是一种必须履行的义务，这形成了全国性的师资培训网络。教师每年有 5 个工作日可带薪脱产进修，这些时间可集中或分散使用。教师培训可由学校派出，也可由教师个人申请。

（3）澳大利亚职业教育框架。澳大利亚职业教育体系具有全国统一、行业和政府正式引领、公立和私立职业教育院校并存及高质量的国家培训框架的特点。国家培训框架由三个部分组成，即培训包（包括能力标准）、澳大利亚资格框架及澳大利亚质量培训框架。澳大利亚技术与继续教育学院对教师资历有基本统一的要求，根据具体的职责制定标准。为保障师资质量，高职学院对教师资历的统一要求包括计划和实施教学、评估考察教学效果、与行业紧密联系三个方面。澳大利亚维克多利亚州教师教学专业标准委员会于 1995 年提出，教师职业标准包括五个方面的内容，即教学内容、教学实践、学生学习的评估和报告、与学校所在社区的相互作用和职业要求。这些内容基本涵盖了教师开展职业活动现在和未来所必须掌握的知识、技能和要求。澳大利亚的专任职业教育师资主要由大学培养，曾经主要采用"端连法"，即先开设三年的专业学位课程，再开设一年的教育专业课程（又叫"教育证书"课）的方式来担负培养专任职业教育师资的职责。20 世纪 90 年代中期普遍采取"平行法"，即教育专业课程和专业学位课程同时开设。澳大利亚对专任职业教育师资，除要求必须具有丰富的专业知识外，还必须具有从事跨学科的教学能力、特殊教育能力、环境教育能力、运用现代教育信息能力、编写教学计划、讲授理论课和指导学生实践的能力。此外，在澳大利亚，职业教育专业教师必须具有 3~5 年从事本行业工作的实践经验。一般新教师在进行教学工作时，必须到大学教育学院进行专门的教师资格培训，学习教育学、教育心理学等课程，由学院资助取得教师资格证书（教育文凭）。

（4）法国的职教师资证书要求。法国职业学校教师应具备学士学位，通过专家评审后才能成为正式教师。法国的中等职业学校教师分为职业和技术高中教师两类，必须持有相应的能力和合格证书，为此必须参加严格的考试和获取职业资格证书。法国职业教育的实训教师和技术理论教师采取由高等技术教育师范学校统一培养，统一颁发毕业证书的形式，但是毕业生只有通过国家教师招聘考试才能成为一名正式的职业技术教育教师。

（5）日本的学位证书体系。日本有相对完善的学位证书体系，其职教师资是以学校教育为主，以"产业界向大学学校投资"、"校企双方在人员上进行交流"及"企业委托大学搞科研项目"等"产学合作"模式进行的。日本职业学校、技术学校的教师起码要具备国立工业大学或综合大学工业学院的本科毕业生水平，有些专业还需具备硕士学位才能有任职资格。职业教育师资所修学分也比普通专业要多。另外，日本还有专门设立的技术师范院校或技术教育学院，被称为职业能力开发大学，其培养有四年制的长期课程、六个月的短期课程和在职指导员的进修课程等，在培养职业训练指导员（实习指导教师）工作中起主要作用。

2. 国外职教师资培养经验成果

国际上，很多发达国家很早就开展了职业技术教师教育培养工作，并积累了很多成功的实践经验和理论成果。前文已经提到国外在职教师资培养方面的成功经验，包括以下内容：①职业学校教师必须接受过教育教学机构的专门训练。职业学校的教师不仅要接受过专业教育，还必须接受过专门的教育教学训练。②职业学校教师必须有企业工作的实践经历。德国职教师资培养实行"双元制"，其特征首先表现在有企业和职业学校两个培训场所上，学习与工作、学校培训和企业实践紧密结合。日本的职教教师称为"职业训练指导员"，是集理论课讲授与实际操作训练于一体的师资，其培养有四年制的长期课程、六个月的短期课程和在职指导员进修课程等。澳大利亚职业教师的基本条件如下：应有五年专业实践工作经历；受过大学教育专业和相关专业的培训，持有教师资格证书；通过四级职业证书和工作场所的训练。

3. 国外职教师资培养的模式

前期调研结果显示，"能力本位教育与培训"是当今世界流行的一种职教课程模式。目前，德国的双元制职教模式，加拿大的 CBE 职教模式，国际劳工组织的 MES 教学模式，以及英国的 CBET 模式和澳大利亚的 CBT 模式等，基本上代表了以能力为本位开设职业教育课程的发展趋势。任何一种职业教育教学和职业培训，其根本宗旨都是使受教育者具备一种职业能力。在职教师资培养的课程设计方面，德国职业以职业活动的行为过程为导向，将基础知识、专业知识、教师能力合理地结合成一个专业技术知识体系。加拿大的 CBE 课程设计分步展开：先是制定 DACUM 表，由校方邀请企业代表组成委员会，通过分析、归纳确定这一职业应具备的综合能力；其后是编制课程大纲，由学校组织相关教学人员对 DACUM 表进行分析, 将相同或相近的知识归类在一起, 构成可以在一定时期内完成的教学模块。校企合作是通常做法, 德国政府规定, 产学合作制度化, 共同受益。企业要给予学校财力支援以分享教育成果, 学校要通过培养企业所需的人才, 来接受企业的资金支援。政府设立"产业合作委员会", 对企业和学校双方进行控制和监督。美国的"合作教育", 则是一种半天在校学习、半天在企业工作的工读交替的培训制度。

4. 国内职教师资发展状况

新中国成立后, 中国没有专门培养职业教育师资的院校, 职业院校师资主要从职业学校的优秀毕业生选留后由职业学校在实践中进行培养。20 世纪 80 年代, 中国开始重视职业教育师资培养问题。到 20 世纪 80 年代末、90 年代初, 中国职业教师师资培养体系初见端倪, 初步形成了以独立设置的职业技术师范学院和普通高校的职业学院（系）为主体的职业教育师资培养体系。近几年, 职教师资得到了较快的发展。到 2012 年年底中国已建设 93 个职业教育师资培养培训基地、8 个教师专业技能培训示范单位、10 个教师企业实践单位, 各省区市也已建立 300 多个省级基地。但是仍然存在诸如职业教育师资缺乏规范而高质量的准入标准、教师培训缺乏系统的长期规划和规范的管理、专业课和实习指导课教师数量不足、学历较低、教师队伍的结构不合理等问题, 最主要的问题是中国教师绝大多数没有接受过专业化教育。

对职教师资的标准问题, 1994 年 1 月 1 日起施行的《中华人民共和国教师法》对教师资格以法律的形式加以明确, 《中华人民共和国教师法》规定, "取得中等专业学校、技工学校、职业高中文化课、专业课教师资格, 应当具备本科及其以上学历; 取得中等专业学校、技工学校和职业高中学生实习指导教师资格应当具备的学历, 由国务院教育行政部门规定"。1995 年 12 月 12 日, 国务院发布的《教师资格条例》规定, "取得中等职业学校实习指导教师资格, 应当具备国务院教育行政部门规定的学历, 并应当具有相当助理工程师以上专业技术职务或者中级以上工人技术等级"。对实习指导教师的专业技术资格做出了规定。关于实习指导教师的学历要求, 1996 年 7 月 11 日, 国家教育委员会专门下发的《关于取得中等职业学校实习指导教师资格应当具备的学历的规定的通知》规定, "取得中等职业学校实习指导教师资格, 应当具备各类中等职业学校、普通高级中学毕业及其以上学历, 但对于确有特殊技艺者, 经省级教育行政部门核准, 其学历要求可以适当放宽"。该通知明确了对中等职业学校实习指导教师的学历要求。2012 年教育部发布了《中学教师专业标准（试行）》, 提出"学生为本""师德为先""能力为重""终身学习"四个基本理念, 从"专业理念与师德"、"专业知识"和"专业能力"三个维度提出了中学教师的基本要求。但是目前我国还没有专门针对职教师资的教师专业标准。

中国的职业教育教师的资格跟普通教育类的资格没有实质性区分, 这导致在实际的工作中存在很多困难, 虽然有提出采用"双师型"教师即"学历+技术证书"的人员, 但在实际的操作过程中还有很长一段路要走。现行的教师资格证没有体现出职业教育教师的职业性、专业性和技术性。例如, 我国取得教师资格证只需通过三门课程考试, 即教育学、心理学和专业课能力，对教师的实际教学能力考核不科学。

我国学者石美珊（2012）等开发出全国首个"中等职业学校专业教师能力标准"，并在重庆市部分中等职业学校试行。该标准将教师能力分成职业道德教育、行业联系、课程设计、教学组织和实施、鉴定、交流与合作、健康安全的保障与教育、学生服务与管理及专业发展九大领域，其中课程设计、教学组织和实施及鉴定三大领域与教师教学能力关系密切。2010年9月，天津职业技术师范大学启动"卓越职教师资培养计划"。林林等（2012）认为，卓越的职教师资人才培养的标准可概括为"热爱职教、品德高尚、基础扎实、专业面宽、技能突出、教学过硬"，在学习知识、应用知识过程中注重综合素质的培养，突出学术性、师范性、职业性的相互融通，注重"一体化"教学能力的培养，使学生能够更好地适应未来职业教育的发展要求。

"十一五"期间，国家启动了中等职业学校教师素质提高计划，实施了80个中等职业学校重点专业师资培养培训方案、课程和教材开发项目（简称职教师资培训包开发项目，包括10个公共项目、70个专业项目），作为一项开创性、基础性工作，职教师资培训包开发项目所开发的80个专业300多种培训标准、方案和教材填补了我国职教师资培训工作的空白。这批培训包开发项目，主要以在职培训为主，涉及与财务管理专业相关的重点专业有会计、物流管理、金融事务管理等专业。

5. 国内职业教育师资培养机制的形成及发展

我国职教师资培养属于封闭式、定向型的人才培养模式，即由独立设置的师范院校对学生进行普通文化科目、专门科目和教育科目、教育实践的混合训练，以达到特定的培养目标，学生毕业后被分配或推荐到职业学校从事教师工作。该模式以职前教师的培养为主，既重视教育教学技能的培养，也注重专业理论与技能的训练。我国职业院校在自身发展中形成了一些各具特色的师资培养模式。例如，天津职业技术师范大学"双证书、一体化""本科+技师"培养模式；西北农林科技大学"三突出""四双制"培养模式；河北科技师范学院农科专业双"三三四"培养模式；重庆师范大学"需求导向、行业参与、能力本位、学员中心"的培训模式；山东-巴伐利亚职教师资培训中心"五个导向"培训模式。"中等职业学校教师素质提高计划"创新性地提出"基地培训+企业实践"的培训模式。此外，一些地方政府也在为职教师资队伍建设工作积极行动，如辽宁实施"千名教师进企业，千名技师进学校"工程、河北开展"1+1+1"专业带头人研修培训等。

6. 国内职教师资财务管理本科专业的培养状况

我国高等学校恢复会计专业后，财务管理作为高校会计专业的专业课程得以普遍开设，但是将"财务管理"列为工商管理学科下的一个本科专业，是在1988年教育部颁布的《普通高等学校本科专业介绍》中才有的。由于专业设置较晚，职教师资财务管理本科专业人才培养还存在不少问题。

（1）财务管理课程的职教师资整体水平有待提高。从调研结果看，财务管理课程教师队伍的现状明显落后于教育、教学的需要，主要表现如下：一是拥有"双师型"资格证的教师较少；二是某些教师虽然考取了相关的资格证书，但实际操作经验不足，研究能力、理论水平有待提高；三是教师的学历得到改善，研究能力、理论水平得到了提高，但财务管理工作实际操作经验并未得到改善；四是随着经济的发展，财务、会计制度改革，部分教师未做到适时更新知识结构。

（2）职教师资培养方案、课程、教材开发缺乏自身的特色。我国职教师资培养方案与课程设置、教材开发等方面缺乏应有的特色，存在与普通教育雷同、相似的问题，多数学校的课程设置采取的是"专业+师范"的模式。培养方案、课程设置与教材的编写没有突出当地经济发展对人才的需要，课程设置围绕考学、考证的指挥棒转，没有突出知识掌握的灵活性，没有从人才发展和社会经济发展长远需求进行，知识、技能都具有趋同性，很难体现自身的特色。目前大部分学校基本没开发有符合本校特色需求的校本教材，部分学校有教材开发，但局限在个别课程，缺乏系统性开发。

（二）中等职业学校的实地调研结果

通过对中等职业学校进行实地走访和调研，主要掌握目前中等职业学校财务管理专业教师岗位现状、中等职业学校人才培养目标和学生主要就业岗位、中等职业学校相关专业课程。

1. 中等职业学校财务管理专业教师岗位现状

（1）中等职业学校财务管理专业教师工作职责。中等职业学校教师所承担的工作职责范围广泛，主要担任课程的讲授及其他教学工作，组织与指导实验、实习、社会调查、课程设计、毕业设计；主持、参加编写教材、教学参考书及其他教学文件，了解本学科的国内外学术、技术发展动态，参加科学研究、技术开发、社会咨询及教学研究；主持实验室建设工作，更新实验项目；指导新教师提高业务水平；承担教学管理、班主任或辅导员工作。

（2）财务管理专业教师专业技术岗位与内容。财务管理专业本科职教师资毕业生可以在中职学校财务管理、会计学、会计电算化等专业担任教师，承担专业课、专业基础课的理论讲授及实验、实训、实习指导方面的教学内容。从事财务管理实务、财务会计、财务报表分析、全面预算管理、成本核算与管理等课程的理论教学、实验教学、生产实习等工作。

（3）财务管理类专业教师教学团队和课程承担情况。中等职业学校每名专业课教师一般承担1门或2门课程理论讲授，同时指导学生的实验实习。部分教师兼职企业会计人员。专业课教学团队由课程组长、骨干教师、实训教师组成，负责专业课教学、实验、实习任务。校外生产能手、实践专家兼职指导学生实训、实习。

（4）专业教师岗位职责考核、职务（职称）评审要求。中等职业学校教师专业技术职务评审条件，直接影响专业教师的职业发展和能力导向。各省（区）评职条件都涵盖专业教师的专业理论知识、工作经历、能力、工作业绩（教学、科研等）。

2. 中等职业学校人才培养目标和学生主要就业岗位

中职学校培养目标：培养与我国社会发展、经济建设相适应，德、智、体、美全面发展，具有综合职业能力，在生产服务一线工作的高素质劳动者和技能型人才。中等职业教育应具有双重性教育宗旨：一是"初等职业技术水平"，以帮助学生取得职业入行或上岗资格；二是"高中阶段的文化基础教育"，它的基本内涵是培养学生具有综合的知识结构和智能结构，培养学生包括理想、情操、人格、文明在内的精神品质。财务管理及相近专业的培养目标是培养具有较强综合职业素质的为社会经济建设服务的应用、技能型人才。财务管理及相近专业的中职毕业生就业去向是中小型企业或公司、服务行业等领域的会计核算、会计咨询、收银、出纳、代理记账、税务代理等岗位工作。

3. 中等职业学校相关专业课程

财务管理、会计、电算化等专业需要"财务管理"作为其专业课程的重要组成部分。开设的主要课程有基础会计、会计电算化、财经法规、中级财务会计、成本会计、税收基础、会计模拟实习、校外顶岗实习等。

《基础会计》主要讲授会计的基本理论、基本方法和基本技能，包括对会计的定义、会计核算的职能、会计核算的对象、会计核算方法、会计核算的基本前提和一般性原则、会计要素和会计等式等基本理论的讲解；详细阐述会计科目和账户的设置、复式记账原理、成本计算和财产清查、会计核算程序、会计工作组织等基本核算方法；全面介绍会计凭证的填制、账簿的登记和会计报表的编制等基本技能。

《会计电算化》主要讲授企业会计信息系统分析与设计的基本原理、电算化软件的初始化设置、总账系统、报表系统及工资核算、固定资产核算等业务核算子系统的操作方法；会计信息系统的数据流程、模块构建，会计电算化对传统手工会计方式的影响；企业实行会计电算化的管理要求与制度规范、购销存业务核算子系统、基于商品化会计软件的数据整理与加工。

《财经法规》主要讲授会计法律制度、支付结算法律制度、税收征收管理法律制度和会计职业道德四部分内容。

《中级财务会计》主要讲授会计确认、计量、记录与报告的基本理论与方法；系统讲解企业持续经营条件下引起会计要素变动的主要交易和事项的会计处理程序；阐述资产负债表、利润表、所有者权益变动表和现金流量表的作用、格式及编制方法。重点介绍货币资金、应收款项、存货、投资、固定资产、无形资产及其他非流动资产、流动负债、非流动负债、所有者权益、收入、费用和利润等具体准则和核算方法。

《成本会计》主要讲授成本的基础概念和基本思想及成本理念和方法的起源；成本归集和成本分配，通过对具体生产要素的归集和分配，以及生产费用在完工产品和在产品之间进行分配，形成产品成本计算的基本程序和方法；产品成本计算的主要方法和辅助方法。

《税收基础》主要讲授税收概述、税收职能和作用、税收制度、中国现行税制概况、流转税制、所得税制、资源税制、财产税制、行为税制、税收管理概述、税收征收管理等。

《会计模拟实习》的主要内容是以企业单位实际发生的经济业务为对象，从建账开始，到填制审核凭证、登记账簿和编制会计报表的全程实务操作演练，使学生进行接近于企业真实业务的会计操作，全面了解企业的会计工作，具体包括模拟企业相关业务根据原始凭证编制记账凭证；根据记账凭证登记现金、银行存款日记账和有关明细分类账；

根据记账凭证编制科目汇总表；根据科目汇总表登记总分类账；有关明细账、日记账与实物核对，达到账实相符；总账与有关明细账相互核对，达到账账相符；根据总账和明细账编制会计报表并进行报表分析。

《校外顶岗实习》的主要内容要根据学生和实习基地的情况灵活安排。在巩固理论基础上提升实务技能，协助出纳和财务做账及票据整理，以及财务报表的编制与分析；提升电算化技能，在实习单位相关岗位的人员指导下熟悉和学习企业电算化过程及数据维护与分析；提升会计主体和外部的沟通协调能力，在有条件的情况下让学生参与会计主体的外部财务沟通。

（三）职教师资培养单位实地调研结果

通过对中等职业学校教师培养单位进行实地调研，获取关于职教师资财务管理本科专业培养模式人才培养知识能力要求及培养方案课程设置的相关信息，分析总结如下。

1. 财务管理专业教师知识能力要求

对中等职业学校教师而言，专业知识及能力、教育学知识及能力都非常重要。

（1）专业教师知识学习方面。职教师资在学习专业知识时，应当遵循专业知识够用、实用，兼顾学科的系统性原则；应具备的基础知识主要有社会知识、信息技术知识和人文知识，对人文知识和外语知识的学习认可度较低；对专业基础知识，如经济学、税法与经济法认可度较高；在专业课方面，对财务管理、会计知识和财务与会计方面的软件知识认可度较高；对金融投资、资产评估和审计知识认可度较低；在从事技能教育方面，除职业教育学、心理学和教育技术外，教师更加关注专业教学法、教育心理学、职业教育理论和教师职业发展的学习。

（2）财务管理专业教师应具备的能力。师资培养单位的教师认为，中等职业学校教师所需具备的专业能力中，财务分析能力、资金管理能力、财务预算能力、财务投资能力和财务筹资能力尤为重要，对教师能力、教学能力和专业实践能力也应着重培养。同时，认为培养学生的创新能力必不可少，应具备较强的沟通协调能力、团队合作能力与终身学习能力。

2. 财务管理师资人才培养课程设置

在实地调研中获取到了一些高校财务管理专业的培养方案，并通过网络搜集到大量的相关高校的培养方案，关于课程设置的具体科目后文将进行分析，这里主要分析师资培养单位对课程体系和教育类课程设置的观点，并强调实践能力培养的主要问题。

1）财务管理专业课程设置的建议

对财务管理专业课程设置，普遍认可的是体现重能力、重实践的专业特色；对财务管理专业的核心课程选择最多的是财务会计、财务管理、财务分析，其次是成本管理会计、计算机财务管理；对学生最有价值的课程是专业核心课程和专业实训课程。

2）教育类课程设置

非职技高师范院校和非师范院校，一般开设教育类课程较为简单，如哈尔滨商业大学虽然也有财务会计教育、师范类市场营销等专业，但是在培养方案设计上，从师理论和从师技能方面师资匮乏，因而只安排了教育学、心理学、教育技术、专业教学论等课程学习，基本上没有教师技能实习实训；而职技高师院校和师范类院校，由于具有相应的教育类专业，通常在课程设置方面比较注重从师理论和实践的学习，除了开设教育学、心理学、教育技术等教育通用课程外，不少学校还开设了职业教育学、职业心理学、专业教学论等，通常设有微格教学、教育实习、教师口语、三笔字等实践类课程。

3）实践能力的培养

大学教师一般更看中理论+实践的教学模式，提出要加强财务管理综合实训、财务分析模拟实训、纳税筹划模拟实训及会计手工模拟实训等内容，最应该加强的实践性教学环节是校内模拟实践与社会调查实习相结合；提高财务管理专业教学效果的有效途径是加强实践教学，培养学生的实际操作能力及利用案例进行启发式教学。教师最希望加强的专业课教学是增加企业实践经历和提高专业技能，职教师资最欠缺的是实践教学能力、社会实践能力和科研能力；希望能够增加学生社会实践的机会和增加校内模拟实践的时间、增加从师技能的训练；对实践教学方式，多数人建议采取校内+校外结合的方式。

综合中等职业学校教师和职教师资培养单位的调查结果显示，对教师需要的专业知识，中职学校更侧重基础知识，高校更侧重学科知识的系统性；对基础知识和能力、素质培养，双方都希望能系统性地提供具备多种能力的综合应用性师资。

（四）企业实地调研结果

为了了解企业对财务管理专业人才的需求情况、财务管理专业应具备的素质和能力、对现有人才的表现的评价、获取企业对财务管理专业人才应具备的知识结构和业务技能的实践操作能力的要求等，项目组选取了不同性质、不同规模、不同管理模式的企业进行了实地调查、采用座谈和电话访谈方式进行调查，并通过问卷调查获取了问卷信息。实地调查单位主要包括中物功能材料研究院、中城建华南集团公司、百丽国际集团公司、中国银行深圳分行、曙光信息产业股份有限公司、天津力生制药股份有限公司、紫光海泰科技发展有限公司、天津天地伟业数码科技有限公司、天津力神电池股份有限公司、天津赛象酒店有限公司等。通过调查，了解了企业对财务管理人才的重点需求岗位和需要的重要知识和技能。

调查中不同企业的要求虽然有差异，但有如下几点趋同：①财会人才必须紧跟环境的变化，适时掌握最新的业务处理，如准则、制度及投融资环境等；②财会人才应能够判断业务处理对企业决策层作用以及企业发展的影响；③财会人才必须学会运用信息技术进行业务处理，提高信息加工和决策分析的能力和效率；④财会人才应具有良好的专业素质、职业道德和较强的团队合作精神等。具体调研结果分析如下。

1. 财务管理专业人才就业岗位分析

财务管理专业与会计专业相近，会计以核算为主，对经济业务进行计量和报告，侧重账务处理；财务管理是在会计的基础上，强调对资金在经营活动、筹资活动、投资活动、分配活动中的运用，侧重成本、资金等方面的管理，包括财务分析等工作。会计基本职能是核算和监督，侧重对资金的反映和监督。而财务的基本职能是预测、决策、计划和控制，侧重对资金的组织、运用和管理。因为会计与财务有不可分割的关系，一般中小型企业将财务、会计放在一起，称为财务部或会计部、财会部等。大型企业因业务量大，有的将两个职能分别管理，分设财务部、会计部及资金部等。就一个企业而言，财务管理的岗位包括资金岗、预算岗、成本管理岗、税务岗、存货岗、投资岗、项目管理岗等。

就职教师资财务管理本科专业人才而言，其就业的目标定位是中等职业学校教师，由于我国目前设置财务管理专业的中等职业学校很少，如果这些毕业生被中等职业学校录用为专业教师，其重要的教学岗位应该是相关专业的财务管理课程教师或是与财务管理专业相关的会计、金融课程的教师。从实际就业状况看，到中等职业学校从事教学工作的财务管理专业毕业生比例较低，只有极少数到中职学校任教，比例高的学校也不超过15%。

对中等职业学校财会类专业毕业生，由于其所学的财务管理知识较少，涉及的内容也较少，适合的财务管理岗位较少，除了财产物资的日常管理外，很难适应企业资金管理与决策的高级财务活动，因此中等职业学校财务管理专业的毕业生基本上以现金、出纳、收银等岗位为主，少数学生能够到会计岗位工作，真正能够到企业财务管理部门工作的实在是少之又少。对以对口升学为主的学校，不能升入专科以上学校的学生选择就业；其余学校以就业为主或是升学与就业结合，个别专业的少部分学生能到银行、税务部门等就业，其他大部分学生到企业就业，从事低级别的岗位工作，如出纳、办事员、文秘等，从事会计和财务工作的比较少。学生就业层次相对较低，从事财务工作的基本都是出纳岗位，很少一部分从事记账员工作，还有一部分不能够从事与专业相关的工作。

2. 企业对财务管理人员必须掌握的重要技能的需求

企业普遍认为财务管理人员所具备的知识和技能与会计人员不同，综合多家企业的调研访谈结果，企业认为财务管理人员必须掌握的重要技能包括以下方面：①财务信息处理与分析；②企业分析与评价；③企业预算与预测；④税务管理；⑤投融资管理；⑥审计；⑦资产管理；⑧内部评估与咨询；⑨企业增长与发展管理；⑩管理能力等。这就为培养方案中的课程设置提供了实证基础，应尽量考虑到这些重要技能的要求。而从基本素质技能来看，企业需要具备良好的沟通技能、分析技能、领导才能、时间管理技能及团队合作技能的财务管理人员。因此财务人员的这些技能急需加强，专业培养方案也应考虑着重提高人才的这些技能。

3. 财务管理岗位需要专业性强的人才

从企业对财务管理人员的需求来看，财务管理专业培养的人才还停留在通用型财务管理内容上，没有深入不同类型企业的财务管理层面，从而使毕业生就业时又要重新学习接受培训，增加了企业的人才使用成本；用人单位强调了学生适时地理解会计准则、财会方面的制度规定、内部控制制度和投融资环境的理解和利用；强调了财务管理人员应具备较强的业务实操能力，应有职业精神、责任心和上进心；同时认为财务人员应能灵活运用软件工具进行数据处理，进行财务分析参与财务决策，应学会如何运用会计这个工具，判断会计处理产生的后果，不能只是简单被动地进行核算；作为财务管理人才在知识结构上应包含企业管理、战略管理、金融基础、投融资基本理论和业务，当然扎实的会计基础、会计信息的利用是不可缺的。

4. 企业对预算岗位和能力的需求显著

所有的调查企业都提到了预算岗位的重要性，由于预算工作既与企业的战略相关，又关乎到企业经营管理的方方面面，企业把对经营预算和财务预算作为管理的日常工作来对待。一般来说，预算管理工作从做出预测、搜集资料、编制预算到执行预算、控制预算并对预算结果进行分析几乎包含了全年的工作安排。所以各家企业都要求各个岗位参与预算管理工作，以保证预算的准确性，从而对企业的短期规划和长期战略起到一定的辅助作用。

5. 成本核算与控制岗位对企业管理的重要性

企业除了关注传统的营运资本管理、筹资投资管理岗位之外，对成本核算与控制岗位的关注度仍然很高，作为会计核算的一部分，成本核算的方法已经比较成熟，但随着经济业务的深入发展，对成本控制的要求越来越高。企业希望学生在校期间能够对企业的一般生产经营原理及生产经营方式方法的前沿内容有所掌握，同时增加企业经营业务的实践操作训练，强调学生应尽早地认识到现代化的管理方式对会计、财务管理的影响，增加对成本控制方法把握能力。

6. 企业对毕业生的实践操作能力要求高

企业普遍反映毕业生的会计理论知识和实践能力尚可，财务管理相关理论知识掌握也比较牢固，但财务管理相关实践能力较差，企业往往需要单独再次进行专门的培训，或者要求毕业生在基层岗位学习一段时间再适应岗位。所以企业希望学生在校期间应加强实践操作训练，增加校企合作的机会，使学生能更多地接触企业业务和财务管理实务，以便进入企业后能较快地适应企业的工作环境，较容易地参加到企业财务管理工作中来。同时对相关软件工具的应用能力的要求较高，企业需要能够快速将书本知识转变为实践技能的人才。在实际业务中，需要学生具备综合的知识与能力，如何将专业知识融会贯通并加以运用，是培养中的关键问题。

（五）问卷调查统计分析结果

项目组根据研究需要，分别针对财务管理职教师资人才培养单位、中等职业学校管理者和教师、在中等职业学校任教的财务管理等相关专业毕业生、企事业单位财务管理相关人员、在企业财务管理岗位工作的财务管理相关专业毕业生，精心设计了调研问卷，采用纸质问卷与网上问卷的方式开展了调研工作。通过问卷调研从不同侧面了解相关人员对财务管理专业职教师资培养的建议和看法。经过对回收问卷的整理，从中选取了与职教师资财务管理本科专业培养标准相关的问卷题目，从培养目标与培养模式、基础知识与专业知识、专业素质与专业能力、课程内容与课程设置、教学模式与教学方法等方面对调查结果进行统计分析。

1. 培养目标与培养模式

对职教师资财务管理本科专业培养目标和培养模式的调研，主要面向职教师资培养学校的教师和职业学校财务及会计相关专业教师。调研结果显示如下。

1）面向职教师资培养学校教师的问卷调查结果统计

（1）职教师资财务管理专业人才培养目标的定位：调研结果显示，51%的人认为职教师资财务管理专业人才培养目标定位是"应用型高级专门人才"，认为将培养目标定位在复合型人才的占24%，定位在财务管理专业人才的占18%，笼统定位在高级人才的仅占7%。

（2）对职教师资财务管理专业课程设置的意见：45%的人认为是财务管理专业+师范模块（课程），41%的人认为有别于财务管理专业和普通师范专业，14%的人认为应该是师范专业+财务管理模块（课程）。

（3）在专业培养的课程设置特色方面：59%的人选择体现"重能力、重实践的专业特色"开设课程，28%的人选择了"宽口径、厚基础"的专业特色。

2）面向职业学校财务及会计相关专业教师的问卷调查结果统计

（1）对职教师资财务管理专业培养目标：39%的人选择应用型高级专门人才，38%的人选择复合型人才，21%的人选择财务管理专业人才。

（2）"双师型"教师必须具备的条件：按重要性排序依次为职业技能资格证书、专业理论教学能力、教师资格证书、专业技术生产能力、相关管理与技术服务能力。

2. 基础知识与专业知识

对财务管理专业教师应具备的基础知识和专业知识的调研结果显示如下。

1）面向职教师资培养学校教师的问卷调查结果统计

（1）关于财务管理专业教师应掌握的知识：61%的人认为财务管理专业教师专业知识应当以专业知识够用、实用兼顾系统性即可，25%的人认为保证专业知识的系统性，14%的人认为满足专业知识够用即可。职业学校教师在注重专业知识的理论性的同时，更强调知识的实用性。

（2）关于中等职业教育财务管理专业教师应具备的基础知识结构：50%以上的人认为应具备人文知识、信息技术知识、社会知识，这也和财务管理专业的性质和信息技术的工作环境相关，40%以上的人认为还应具备高等数学知识、外语知识。

（3）关于中等职业教育财务管理专业教师应具备的专业基础知识的构成：70%以上的人认为应具备经济学、管理学、风险管理和税法与经济法知识，50%~70%的人认为应具备金融学和数量方法与统计知识，46%的人认为还应具备企业信息系统知识，2%的人还认为应具备其他知识。

（4）关于中等职业教育财务管理专业教师应具备的专业知识结构：70%以上的人认为应具备财务管理、会计软件应用、会计知识、教学教育知识，40%~60%的人认为应具备审计知识、金融投资知识、资产评估知识，2%的人还认为应具备其他知识。

2）面向职业学校财务及会计相关专业教师的问卷调查结果统计

（1）关于中等职业教育财务管理专业教师应具备的基础知识构成：70%以上的人认

为应具备人文知识、信息技术知识、社会知识，这也和职教师资培养学校的回答结果一致，30%以上的人认为还应具备自然知识、外语知识。

（2）关于中等职业教育财务管理专业教师应具备的专业基础知识构成：70%以上的人认为应具备经济学、管理学知识、企业信息系统知识、税法与经济法知识，50%以上的人认为应具备金融学知识，34%的人还认为应具备数量方法与统计知识。

（3）关于中等职业教育财务管理专业教师应具备的专业知识构成：70%以上的人认为应具备财务管理、会计软件应用、会计知识、教学教育知识，40%~70%的人认为应具备审计知识、金融投资知识、资产评估知识，5%的人还认为应具备其他知识。

3）面向企业管理人员和财务专业人员的问卷调查结果统计

关于财务管理专业毕业生必须具备的专业知识：50%以上的人认为应具备财务会计、成本管理、管理会计、内部审计知识，40%以上的人还选择了公司理财、风险管理知识，其他还选择了资产评估（占32%）、银行业务与经营（占29%）、企业战略（占22%）、市场营销（占21%）等。

3. 专业素质与专业能力

对财务管理专业教师应具备的专业素质与专业能力的调研调查结果如下。

1）面向职教师资培养学校教师的问卷调查结果统计

（1）通过对中等职业教育财务管理专业教师应具备的基础能力重要性打分，人们普遍认为沟通协调能力、人际交往能力、团队合作能力、压力应对能力、时间掌控能力、逻辑批判思维能力、终身学习能力都很重要或重要，选择一般和不重要的比例很少。此结果反映出基础能力对一个人的后续发展起着至关重要的作用，在职教师资更注重综合素质的提高。

（2）通过对中等职业教育财务管理专业教师应具备的专业能力重要性打分，人们认为财务分析、财务预算、财务投资、财务筹资、营运资金管理很重要，认为利润分配、财务控制、财务协调、财务组织、纳税筹划、业绩评价、会计核算与控制处于重要或很重要的位置。

（3）通过对中等职业教育财务管理专业教师应具备的教师能力重要性打分，人们普遍认为教学能力、专业实践能力很重要，认为科研能力、管理能力、收集信息能力的重要性介于很重要和重要之间，很少有人认为上述能力不重要。

2）面向职业学校财务及会计相关专业教师的问卷调查结果统计

（1）对中等职业教育财务管理专业教师应具备的基础能力重要性的调查显示，人们普遍认为知识转换能力和逻辑判断能力很重要，人际交往能力、团队合作能力的重要性介于很重要和重要之间，创新能力、压力应对能力、时间掌控能力的重要性要明显高于认为很重要的。

（2）对中等职业教育财务管理专业教师应具备的专业能力重要性的看法，人们普遍认为上述能力都是很重要的，其中财务分析、资金管理、会计核算能力明显是很重要的；认为财务投资、财务筹资、财务控制、纳税筹划能力、利润分配、财务协调、财务组织、业绩评价能力很重要和重要的比较接近。

（3）对中等职业教育财务管理专业教师应具备的教师能力重要性的认识，人们普遍认为教学能力、专业实践能力很重要，认为科研能力、管理能力、信息处理能力的重要性介于很重要和重要之间，没人认为上述能力不重要。

3）面向企业管理人员和财务专业人员的问卷调查结果统计

（1）对财务管理专业的学生最重要的专业素质的调查：选择"系统的专业知识和理论"的比例为63%，选择"具备一定的财务分析能力"的比例为64%，选择"一定的操作技能"的比例为55%，选择"熟练运用财务软件"的比例为42%。

（2）对所在单位招聘财务管理专业毕业生时优先考虑以下哪些素质的调查中：选择比例从高到低依次是专业知识和能力（82%）、良好的道德品质和工作态度（78%）、沟通能力和团队精神（58%）、自学和创新能力（33%）、经济信息把握和分析能力（21%）、计算机和英语能力（17%）。

（3）对中等职业教育财务管理专业教师应具备的基础能力重要性的看法：64%以上的人选择沟通能力、团队合作能力很重要；31%以上的人选择沟通能力、团队合作能力重要，少于3%的人选择沟通能力、团队合作能力不重要。在人际交往、应对压力及合理安排时间、逻辑性和批判性思维、终身学习、理解政策、适应环境等方面，选择很重要和重要的比例非常接近，均为50%左右。

（4）在企业对财务管理人才的工作能力要求方面：认为财务分析能力、会计核算能力很重要的比例明显高于重要，而财务预算、财务决策、财务控制、财务协调、财务组织、纳税筹划、业绩评价、会计核算与控制、内部控制各选项中，选择很重要和重要的比例相差无几，很少有人选择不重要。

（5）对财务管理专业毕业生最缺乏的知识、素质或能力的调研显示：企业管理人员认为财务管理专业毕业生最缺乏的是实践经验和财务分析能力，其次是熟练的技能、市场经济意识和创新意识，较少的受调查者认为系统理论知识和文化功底薄弱。

（6）对企业招聘毕业生优先考虑的因素：80%的人选择专业知识和能力、78%的人的选择良好道德品质和工作态度、59%的人选择沟通能力和团队精神、33%的人选择自学和创新能力、21%的人选择经济信息把握和分析、17%的人选择计算机和英语。在财务管理专业毕业生应该具备的最重要的专业素质方面，64%的人选择财务分析能力、63%的人选择系统的专业知识和理论、56%的人选择业务操作技能、42%的人选择财务软件操作能力。

（7）对财务管理专业毕业生应掌握的信息技术工具：从结果分析来看，在财务管理专业毕业生需要掌握的主要信息技术工具方面的调研结果显示，企业认为财务软件和Excel是最重要的两种信息技术工具。

4. 课程内容与课程设置

对职教师资财务管理本科专业培养的课程内容与课程设置方面的调研结果如下。

1）面向职教师资培养学校教师的问卷调查结果统计

（1）关于中等职业学校教师的培养中课程内容的选择：81%的人认为应当以专业知识够用、实用，兼顾系统性即可，17%的人认为保证专业知识的系统性即可，2%的人认为满足专业知识够用即可。这与面向职教师资培养学校的教师的调查结果一致，选择专业知识够用实用兼顾系统性的比例甚至更高，原因是专业教师更强调专业的重要性、系统性和实用性。

（2）关于不同类型的课程重要性排序：学科专业课程最重要，教师专业课程排在第二位，通识类课程排在第三位。

（3）关于职教师资财务管理专业应开设的核心课程：人们认为最需要开设的五门核心课程是财务会计、财务管理、财务分析、成本管理会计、计算机财务管理。

（4）关于财务管理专业需要加强的实训、实践内容：50%以上的选择要加强会计手工模拟实训、财务管理综合实训、财务分析模拟实训、纳税筹划模拟实训、会计电算化模拟实训，30%~40%的选择要加强证券投资模拟实训和 ERP 沙盘模拟操作。

2）面向职业学校财务及会计相关专业教师的问卷调查结果统计

（1）关于大学期间最有价值的课程：由高到低的排列顺序为会计学基础、财务会计、财务管理、税收理论与实务、管理会计、管理学、计算机财务管理、财务报表分析、审计学、财经写作。

（2）关于职教师资财务管理专业应开设的五门核心课程：选择财务会计的人数占86%，选择财务管理的人数占82%，选择计算机财务管理的人数占59%，选择财务分析的人数站59%，选择成本管理会计的人数占58%，选择金融学的人数占49%，选择财务风险与战略管理的人数占32%，选择专业教学教法的人数占22%。

3）面向企、事业单位财务与会计相关专业毕业生的问卷调查结果统计

（1）关于财务管理专业应该设置的核心课程：根据选择人数多少，核心课程排序依次为财务会计、财务管理、财务报表分析、成本管理会计、高级财务管理、税务筹划等。

（2）对专业课程设置体系不满意的原因：大多数毕业生认为专业课程设置体系存在问题，其中最主要的问题集中在两个方面，即专业实务课程太少、科研技能训练太少。

5. 教学模式与教学方法

对财务管理专业教学模式与教学方法的问卷调研结果如下。

1）面向职教师资培养学校教师的问卷调查结果统计

（1）关于职教师资学生培养中使用的教学方法：53%的教师采用传统为主结合现代教学法，18%的人选择依教学内容选用教学方法，传统教学法、现代教学法分别占14%和15%。

（2）关于财务管理专业人才培养应改进的方面：人们认为提高师资质量、加强实践性课程和实践性教学环节、开拓实习基地、理论联系实际，邀请实务界人士讲学都是行之有效的措施，尤其是有 75%的人选择了加强实践性课程和实践性教学环节方面的改进，可见，实践教学在师资培养方面应该投入更大的精力。

2）面向职业学校财务及会计相关专业教师的问卷调查结果统计

（1）新课程理念下，在课堂教学设计和实施中对学生个性差异培养方面：65%的教师比较重视差异化培养，20%的教师很重视差异化培养，15%的教师不重视差异化培养。中等职业学校教师更注重差异化培养，强调因材施教。

（2）关于目前的专业课教学中需要加强的内容：绝大多数人都认为在目前的专业课教学中最需要加强的是企业实践经历，其次是专业技能和教学方法及技能，对专业理论和课程开发也有考虑，对职教理论的关注最少。

3）面向企、事业单位财务与会计相关专业毕业生的问卷调查结果统计

对实践教学方面主要设计了两个相关问题，了解毕业生对实践教学是否满意以及改进实践教学的建议。

（1）关于对实习实训的总课时（或周学时）安排是否满意的问题：有58%的毕业生对实习实训的课时安排不满意，认为课时安排太少，也有35%的毕业生认为实习实训课时安排合理，时间足够，比较满意。

（2）关于对大学财务管理专业实践教学的建议：只有34.48%的毕业生对实习实训课时设置满意，剩余的毕业生对实习实训课时设置不满意，其中58.05%的毕业生认为课时太少。在对专业实践教学建议方面多数人认为应该增加大学生在校期间社会实践的机会。

（六）国内外高校财务管理专业培养方案比较分析

关于国内外高校财务管理专业培养方案的调研，主要采用的是实地调研结合网络调研的方式。此次调研样本共收集 84 个不同类型的学校，主要资料来源是新浪教育提供的开设财务管理专业的高校名单，然后通过实地走访、观摩及从各个学校的网站上收集培养方案的方式，同时借助百度等辅助搜索软件，完成样本的基本收集工作。

在收集完样本之后，根据样本的学校对样本进行分类，初步分为财经类、理工类、师范类、文史类、综合类、其他类，共计六类，并且根据培养方案的详细程度、专业设置的类型，淘汰部分辅修专业的培养方案和只有主干课程的培养方案，最终筛选出 71 个样本，其中包括财经类院校 12 所、理工类院校 12 所、师范类院校 13 所、文史类院校 3 所、综合类院校 25 所、其他类院校 6 所。通过研读这些培养方案，对比其教学规划和课程体系，对各个学校的开设课程进行分类和统计，统计过程中，共计 539 个不同名称的课程，进行综合和集中分类之后，共计分为会计类、财经类、经济贸易类、金融投资类、管理类、专题讲座类、案例分析类、实践类和其他类，共计 235 个完全不同的课程名称。

最后对各个学校开设的全部课程，包括专业基础课、专业必修课、专业限选课、专业任选课等课程进行分类统计。统计内容包括课程学分、课程学时、课程开设学期及课程性四个方面。对比分析结果如下。

1. 培养人才类型分析结果

培养人才类型分析结果如表 3.1 所示。

表 3.1　培养人才类型分析结果（单位：%）

培养人才类型	所占比例
复合型人才	2.81
应用型人才	40.21
应用型、复合型人才	33.26

培养人才类型	所占比例
创新型、应用型、复合型人才	9.46
研究型、应用型人才	1.4
其他	12.86

从分析结果来看，财务管理专业培养人才类型主要定位于"应用型人才"和"应用型、复合型人才"，这为培养方案的制订提供了一定的基础。

2. 会计类课程开课比例分析结果

会计类课程中，主要的课程开设程度如表 3.2 所示（超过 20%的开设率）。

表 3.2　会计类课程开课比例分析结果（单位：%）

课程名称	开课比例
基础会计	98.59
财务会计	98.59
审计学	94.37
会计电算化	85.92
成本会计	70.42
高级财务会计	70.42

参考分析结果可知，开设率比较高的科目包括基础会计、财务会计、审计学、会计电算化、成本会计、高级财务会计，基本体现了财务管理专业学生对会计类知识和技能的需求。

3. 财务管理类课程开课比例分析结果

财务管理类课程中，主要的课程开设程度如表 3.3 所示（超过 20%的开设率）。

表 3.3　财务管理类课程开课比例分析结果（单位：%）

课程名称	开课比例
财务管理	94.37
财务报表分析	92.96
管理会计	91.55
预算管理	81.55
高级财务管理	57.75
集团公司财务管理	43.66
国际财务管理	42.25

从分析结果可以简单看出，财务管理专业所开设的普遍性财务管理类知识较多，专

业性和针对性不足，同时由于各学校培养的并不都是职教师资财务管理人才，这与基础类教育类课程的设置大相径庭。

由于国内设置财务管理专业的高校虽多，但职教师资财务管理本科专业培养单位较少，所以本次培养方案的收集与统计结果也并不完全令人满意，从分析结果也能看出，各高校培养方案思路相差较大，课程设置与安排不一，仅作为研发的结构基础。

（七）调研结论与启示

对文献资料的整理分析，为培养方案研发提供了理论基础；对中等职业学校及中等职业学校教师培养单位和企业的实地调研和问卷调研，为培养方案核心内容的构建提供了现实依据；国内外高校培养方案的比较分析结果为研发职教师资财务管理专业培养方案提供了结构基础。对调研结论和启示总结如下。

（1）职教师资财务管理本科专业人才培养的目标是能够适应中等职业学校财务管理相关课程教学需要的、具有财务管理专业的专业能力和教学能力的应用型、复合型高级专门人才。职教师资财务管理本科专业培养的学生应以承担相关专业课程为主要目标，而不是简单对应中等职业学校的对应专业。

（2）在培养方案的研发过程中，充分考虑了专业教师标准的核心内容，培养标准中的培养规格与专业教师标准内容一致。课程设置过程中，在岗位设定的基础上，对财务管理人才能力的要求也以专业教师标准中的专业知识能力、专业教学能力为依据。双方在理念和内容上的一致性也为大纲设计开发、教材设计开发奠定了稳定的基础。

（3）财务管理专业职教师资人才的培养，在教师知识方面应以专业知识够用、实用，兼顾系统性为目标，不片面追求知识的系统性。对专业课程的设置，应按照重能力、重实践，兼顾厚基础的专业特色设置课程体系。

（4）在职教师资财务管理课程设置方面，采取基本素质课程模块+基础能力课程模块+专业基础能力课程模块+专业岗位能力课程模块+教育教学素质和能力模块的方式，为了适应学生就业多元化的需要，也可以在此基础上，将各个模块的侧重点进行倾斜，以适应市场的人才需求。

（5）在基本素质课程设置中，应体现对政治素质、军事素质、创新素质、人文素质、身心素质和职业道德素质的考虑，人文知识、社会知识、职业道德素质课程的设置是非常必要的；学生希望获得社会交往方面的教育，企业也希望招收的人才具备一定的人际交往与团队合作、沟通能力，因此在设置课程体系时，应适当参考、加入对社会适应性的培训。

（6）在基础能力培养的相关课程设置中，着重培养具备交际与沟通能力、信息技术应用能力、数学应用能力和团队协作能力，可以开设相关的理论课程，并辅以充分的实践教学，提高学生的基础能力。

（7）在专业基础知识方面，会计岗位核算知识是财务管理知识的基础，应加强或维持会计核算课程的重要地位；同时经济学、管理学、金融学、信息技术、税法与经济法知识也有其实践意义，应在能力分析的基础上，确定所需的知识和技能，开设相关的理论和实践课程。

（8）在专业知识方面应具备财务管理、会计知识、教学教育知识。在专业能力培养方面，财务分析能力、资金管理能力、财务预算能力、成本控制能力、税务管理能力、风险管理能力、投资管理能力和筹资管理能力是财务管理专业重要的专业能力；实践教学能力、理论教学设计能力，以及与企业合作的能力是职教师资财务管理专业学生重视中等职业教育必备的教学能力。开发中体现岗位分析的成果，依据财务管理相关岗位的工作任务，确定所需具备的各种能力，提出对应的知识和技能，设置相关的理论和实践课程体系。

（9）加强实践教学、强化动手能力是职教师资财务管理专业人才培养中需要重点考虑的问题。增加社会实践的机会，增加校内案例分析和模拟实践的时间，加强利用软件工作进行事件分析、诊断和决策的实训，增加从师技能的训练，提高学生的实践教学能力、社会实践能力和科研能力是教学培养的重要内容。开展校企合作对帮助学生尽快适应工作岗位、融入社会非常重要。

（10）前期的调研成果在应用于职教师资财务管理本科专业培养标准开发的过程中，也遇到了一定的问题，如在对中职院校教师的问卷调研和实地调研时，目前我国中职院校并没有设置财务管理专业，所以相关教师主要的工作内容与讲授的课程并不完全是针对财务管理专业或者财务管理课程的，致使有些调研资料反映出来的结果偏重于对会计课程和会计知识的要求。同时，目前企业中从事财务工作的人员其主要的毕业专业也是会计专业，其对财务管理的课程认识程度不足，使调研结果在应用时失去了一定的意义。所以在培养标准开发过程中，尽量多地考虑到相关的影响因素，力争更好地满足职教师资培养目标。

（11）职教师资的培养条件对实践操作能力和教学能力的要求更高，校内的实验室、校外的实践基地都将对培养具有较高实践动手能力和较快适应能力的人才提供保障。同时教学实践基地的建设与完善也将对师资人才的培养起到直接的推动作用。

（12）教师培养标准的开发要具有前瞻性，在学习国外先进的培养模式和方法的基础上，结合我国的职教改革实际，开发出能够持续应用、持续发展的教师培养标准，满足国家人才培养的长期需要。

六、中等职业学校财务管理专业教师培养标准的形成

以《中等职业学校财务管理类专业教师标准》为依据，项目组通过对相关法律法规的学习，对文献资料的整理分析，对中等职业学校及中等职业学校教师培养单位和企业的实地调研，结合国内外高校培养方案的比较分析，创新提出了培养方案的核心内容–知识能力素质培养矩阵，根据财务管理专业的岗位需求，按照岗位—任务—能力—知识—课程的开发顺序，形成基本素质模块、基础能力模块、专业基础能力模块和专业岗位能力模块及教育教学素质和能力模块，这对培养标准的开发起到引导作用。

（一）确定培养目标

基于对财务管理职教师资岗位工作性质和工作内容的调研，结合企业财务管理工作岗位的需求，确定了财务管理专业教师培养目标。

人才培养定位：中等职业学校财务管理专业教师。

工作领域定位：从事中等职业学校财务管理专业教学、教研、管理等工作。

素质、知识、能力要求定位：以职业道德为准绳，以专业知识为基础，以实践能力为本位，以素质发展为目标，实现综合能力的培养。

可将财务管理专业教师培养目标描述如下：财务管理专业培养具有良好的职业道德，掌握系统的财务、会计、金融与职业教育等方面的专业理论与知识，具备财务管理岗位的操作技能和教育教学能力，能在中等职业学校从事教育教学工作的复合型人才。

（二）构建以岗位任务和能力素质为基础的培养矩阵

通过对岗位任务的分析，提出对财务管理专业教师的素质、知识和能力的要求，设计基本素质、基础能力、专业基础能力、专业岗位能力和教育教学素质及能力五个模块，并依据各自的特点设计可实现的课程，形成以岗位任务和能力素质为基础的培养矩阵。

1. 基本素质模块

基本素质模块培养矩阵如表 3.4 所示。

表 3.4　基本素质模块培养矩阵

知识技能课程	基本素质					
	政治素质	军事素质	创新素质	人文素质	身心素质	职业道德素质
理论知识	马克思主义的世界观和方法论；中国共产党把马克思主义基本原理与中国实际相结合的历史进程，毛泽东思想、邓小平理论和"三个代表"重要思想基本原理；历史与国情；党和国家的基本路线、方针和政策；道德修养与法制	基本军事理论、国防观念、国家安全，爱国主义、集体主义、革命英雄主义精神	职业意识、职业生涯发展、创业、求职择业	文学、美学、艺术、心理学、宗教、社会学、地理、历史等	各类体育项目的功能、作用；生理、心理健康知识	职业道德
实践技能	用马克思主义的立场、观点、理论与方法分析、处理问题；深入基层了解国情；用科学发展观、"三个代表"、"中国梦"及党和国家的基本路线、方针、政策分析问题、解决问题	基本军事技术、军事训练，部队实践活动	自我探索技能、信息搜索与管理技能、生涯决策技能、求职技能、沟通技能、问题解决技能、自我管理技能和人际交往技能等	鉴赏文、美、艺自然等能力；正确对待社会、他人、人生		

知识 技能课程		基本素质					
		政治素质	军事素质	创新素质	人文素质	身心素质	职业道德素质
可实现的课程	理论	马克思主义基本原理；毛泽东思想、邓小平理论和"三个代表"重要思想概论；中国近现代史纲要；思想道德修养与法律基础	军事理论 体育	职业生涯与发展规划、创业与就业指导	艺术导论、音乐鉴赏、美术鉴赏、影视鉴赏、舞蹈鉴赏、书法鉴赏等	体育、心理学	毛泽东思想、邓小平理论、"三个代表"重要思想、思想品德与法律基础、财经法规与职业道德
	实践	革命传统教育——调研；马克思主义世界观教育——调研；形式与政策——调研；社会主义荣辱观教育——调研；国情教育——调研	军训	职业生涯与发展规划、创业与就业指导、模拟训练、社会调查、市场调研、岗位见习、典型示范、分组谈论、职业规划大赛			专业实习 社会调查

2. 基础能力模块

基础能力模块培养矩阵如表 3.5 所示。

表 3.5　基础能力模块培养矩阵

知识 技能课程		基础能力			
		交际与沟通能力	信息技术应用能力	数学应用能力	团队协作能力
理论知识		中文、外语知识；交流礼仪；交流与沟通的方式与方法	计算机基础、工具软件的应用、计算机网络技术	微积分、概率论、线性代数	团队组建、团队运作、团队文化、团队协作
实践技能		语言交流；获取信息；分享信息；沟通过程、环节、方式、方法设计	运用各种文字、数据、图表等软件工具收集、分析、整理、应用信息资源	各种数学方法的应用	与他人相互协调配合
可实现的课程	理论	大学语文、外语、礼仪、普通话	信息技术基础、文献检索	高等数学、概率论、线性代数	
	实践	外语语音训练、普通话训练	软件工具上机操作训练		社团活动、社会实践

3. 专业基础能力模块

专业基础能力模块培养矩阵如表 3.6 所示。

表 3.6　专业基础能力模块培养矩阵

知识技能课程		专业基础能力			
		财经法规应用能力	调研能力	经济分析能力	专业写作能力
理论知识		经济法规、会计法规、财政法规、税收法规、金融法规	数据收集、整理、分析、运用	经济、金融、管理、财政	写作、文献检索
实践技能		财经法律制度在企业组织经济活动和处理经济关系中的应用	调研过程设计、实施、撰写调研报告	捕捉有用信息、发现问题、分析问题	文献检索训练
课程	理论	经济法、税法、财经法规与职业道德	统计原理与实务	微观经济学、宏观经济学、财政学、金融学、管理学、财务管理专业导论	财经应用文写作、文献检索
	实践	电子纳税申报模拟	社会经济调查、毕业实习、教育实习	社会经济调查、毕业实习、毕业论文	毕业论文、毕业实习

4. 专业岗位能力模块

专业岗位能力模块培养矩阵如表 3.7 所示。

表 3.7　专业岗位能力模块培养矩阵

岗位	工作任务	岗位能力	所需知识	课程	
				理论	实践
会计核算岗位	1.核算日常经济业务 2.计算和处理财务成果 3.编制会计报表	1.选择企业账务处理的方法与会计处理流程 2.掌握会计要素确认、计量、记录、报告的方法与程序 3.利用会计要素核算的原则与确认、计量的方法开展日常账务处理 4.计算和处理财务成果 5.编制财务报表	1.会计基础知识 2.会计法律制度知识 3.会计核算知识 4.会计报表编制知识	1.会计学基础 2.财经法规与职业道德 3.会计实务 4.审计学原理	1.会计学基础实验 2.会计实务实验 3.会计综合模拟实习 4.企业认知实习
预算管理岗位	1.编制营业预算 2.编制财务预算 3.执行预算 4.撰写预算报告	1.选择财务预测方法 2.搜集预算资料 3.编制营业预算的能力 4.编制财务预算的能力 5.执行预算的能力 6.控制预算的能力 7.撰写预算分析报告的能力	1.预算知识 2.会计知识 3.成本核算 4.财务知识 5.预测知识 6.写作知识	1.全面预算管理 2.会计实务 3.成本核算与控制 4.统计学 5.财经应用文写作	全面预算模拟实习
营运资本管理岗位	1.营运资本管理 2.现金管理 3.应收账款管理 4.存货管理 5.短期借款决策 6.商业信用决策	1.制定营运资本管理制度的能力 2.分析现金成本和风险的能力 3.确定最佳现金持有量的能力 4.编制现金收支计划的能力 5.调整现金余缺的能力 6.分析收款成本和风险的能力	1.财务知识 2.风险管理和控制 3.会计知识 4.计算机知识 5.写作知识	1.财务管理理论与实务 2.会计实务 3.计算机财务模型设计	1.财务管理综合模拟实习 2.计算机财务模型设计实验 3.计算机财务模型设计实习

岗位	工作任务	岗位能力	所需知识	课程	
				理论	实践
营运资本管理岗位	7. 撰写分析评价报告	7.确定应收账款合理规模的能力 8.制定应收账款政策的能力 9.制定应收账款收账政策的能力 10.分析存货成本和风险的能力 11.确定存货合理规模的能力 12.控制存货的日常管理的能力 13.制订短期借款方案的能力 14.确定商业信用成本和风险的能力 15.选择供应商的能力 16.利用计算机建立营运资本管理模型的能力 17.撰写财务分析报告的能力		4.财经应用文写作 5.公司战略 6.风险管理	
成本核算与控制岗位	1.制定成本核算与管理制度 2. 确定生产费用定额 3.成本核算 4.编制成本计划 5.成本计划管理与控制 6. 编制成本分析报告	1.制定成本核算与管理制度的能力 2.确定成本核算内容构成及标准的能力 3.确定成本核算对象、选择成本核算方法的能力 4.确定成本核算程序、完成成本核算能力 5.编制成本计划、确定目标成本的能力 6.成本预警与控制的能力 7.短期经营决策的能力 8.撰写成本分析报告的能力	1.会计知识 2.成本核算 3.管理与控制 4.生产流程 5.财经法规 6.本量利分析 7.成本控制与标准成本 8.业绩考核与评价	1.会计实务 2.成本核算与控制 3.税法 4.管理会计 5.生产管理 6.财经应用文写作	1.会计综合模拟实习 2.成本核算与控制模拟实习
筹资管理岗位	1. 制定筹资管理制度 2.拟订筹资方案 3.筹资方案评价 4.执行筹资方案 5.编制筹资计划 6.按计划管理到位资金 7.编制筹资工作评价报告	1.制定筹资管理制度的能力 2.选择筹资预测方法、确定筹资规模的能力 3.分析环境、利用优惠政策的能力 4.选择筹资渠道和方式、拟订筹资方案的能力 5.评估筹资风险的能力 6.制订筹资使用、偿还计划的能力 7.利用计算建立筹资决策模型的能力 8.撰写筹资效果报告的能力	1.财务知识 2.财经法规 3.筹资渠道与方式 4.筹资决策的基本方法 5.筹资风险的防范与控制 6.筹资分析评价 7.计算机知识 8.写作知识	1.财务管理理论与实务 2.税法 3.金融学 4.风险管理 5.公司战略 6.计算机财务模型设计 7.财经应用文写作	1.财务管理综合模拟实习 2.计算机财务模型设计实验 3.计算机财务模型设计实习
投资管理岗位	1.收集与分析投资信息 2.拟订投资项目方案 3.投资项目可行性评价	1.根据公司战略选择投资项目的能力 2.分析投资环境、拟订投资项目方案的能力 3.构建证券投资组合的能力 4.评价投资方案的能力	1.公司战略 2.财务知识 3.风险管理 4.证券投资 5.计算机知识	1.公司战略 2.风险管理 3.财务管理理论与实务 4.税法	1.财务管理综合模拟实习 2.计算机财务模型设计实验 3.计算机财务模型设计实习

续表

岗位	工作任务	岗位能力	所需知识	课程	
				理论	实践
投资管理岗位	4.编制投资计划 5.实施投资计划 6.定期评价投资项目，编制评价报告	5.评估投资风险的能力 6.制订具体的投资计划的能力 7.实施投资计划的能力 8.定期评价项目、编制投资项目评价报告的能力		5.计算机财务模型设计 6.证券投资学	4.金融投资模拟实习
利润分配岗位	1.制订利润分配方案 2.执行利润分配方案	1.确定纳税调整项目，计算应纳税所得额的能力 2.确定抵补财务亏损的能力 3.计算可供分配利润的能力 4.计算提取盈余公积金的能力 5.制订利润分配方案的能力 6.实施利润分配方案的能力	1.公司法 2.税法 3.财务知识 4.会计知识	1.经济法 2.税法 3.财务管理理论与实务 4.会计实务	1.财务管理综合模拟实习 2.会计综合模拟实习 3.电子纳税申报模拟实习
税务管理和纳税筹划岗位	1.办理日常税务业务 2.编制税务、统计等对外、对内报表 3.办理纳税申报 4.完成税务协查工作，协助准备资料 5.设计纳税筹划的方案 6.实施纳税筹划方案	1.了解宏观税务环境、掌握最新财税政策的能力 2.操作税务日常业务能力 3.编制税务报表的能力 4.根据公司发展战略、经营活动、投融资决策，制订纳税筹划方案的能力 5.分析纳税筹划风险的能力 6.执行纳税筹划方案的能力 7.协调税务机关与企业关系的能力	1.税法 2.纳税筹划 3.电子报税 4.风险控制 5.税收征管 6.财务知识 7.公司战略	1.税法 2.纳税筹划 3.财务管理理论与实务 4.风险管理 5.公司战略	1.电子纳税申报模拟实习 2.财务管理综合模拟实习
财务分析岗位	1.搜集、整理财务分析资料 2.进行财务分析 3.撰写财务分析报告 4.修订财务分析报告	1.根据财务分析主题收集、整理、核定各类财务分析资料的能力 2.选择恰当的财务分析方法，进行单项和综合财务分析的能力 3.根据财务指标计算结果进行财务评价的能力 4.建立计算机财务分析模型的能力 5.根据评价结果，撰写财务分析报告的能力	1.会计知识 2.财务知识 3.财务分析 4.统计知识 5.计算机知识 6.写作知识	1.会计实务 2.财务报表分析 3.计算机财务模型设计 4.统计学 5.财经应用文写作	1.财务报表分析实习 2.计算机财务模型设计实习
财务信息处理岗位	1.运用信息处理系统做出评价、预测和决策 2.利用信息处理系统解决财务管理问题 3.利用计算构建财务管理模型	1.利用财务信息进行财务预测、决策的能力 2.利用财务软件进行财务分析、决策的能力 3.根据决策需要，构建计算机财务管理决策模型的能力	1.财务知识 2.会计知识 3.电算化知识 4.会计信息系统知识 5.ERP知识	1.财务管理理论与实务 2.会计信息系统 3.财务软件应用 4.计算机财务模型设计	1.会计信息系统实验 2.财务软件实验 3.财务软件实习 4.计算机财务模型设计实习

续表

岗位	工作任务	岗位能力	所需知识	课程	
				理论	实践
财务信息处理岗位				5.ERP 理论与实务	5.ERP 系统财务模块实习
涉外财务管理岗位	1.国际营运资本管理 2.国际筹资管理 3.国际投资管理 4.国际税收管理 5.外汇风险管理	1.优化国际营运资本、降低营运资本风险的能力 2.参与国际融投资决策的能力 3.参与国际税收筹划的能力 4.参与外汇风险分析与防范的能力	1.外汇、汇率知识 2.国际财务管理知识 3.国际金融知识	1.国际金融 2.国际财务管理 3.财务管理理论与实务	财务管理综合模拟实习

5. 教育教学素质和能力模块

教育教学素质和能力模块培养矩阵如表 3.8 所示。

表 3.8　教育教学素质和能力模块培养矩阵

知识技能课程	教育教学素质能力		
	职业教育基本素养	职业教育能力	专业教学能力
理论知识	教育技术、书法、职业道德、职教发展史、教学科研	心理学、教育学、教学论、教育调查、职业生涯规划、创业	专业知识、专业教学
实践技能	教学多媒体课件开发	设计职业生涯规划、指导学生创业	专业教学设计
课程 理论	教育技术与教学媒体开发、教师书法、教师职业道德、职业教育史、教学科研方法基础	职业教育心理学、职业教育学、职业教育教学论、教育调查与统计、职业生涯与发展规划、创业与就业指导	财务管理专业教学论、专业教学设计基础
课程 实践	教育技术与教学媒体开发实验	中等职业学校认知实习	财务管理专业教学论实验、微格教学实习、教育实习

（三）课程体系与学分分配

根据各模块课程的具体特点，考虑这些课程与财务管理专业教师素质、知识和能力的关系，在培养中更多地按照实际工作岗位的需求，设置每个模块课程的具体学分，并特别设计了素质拓展学分，素质拓展模块至少取得 7 学分，该学分不作为课程学分。该模块要求和鼓励学生自主参加各种有助于提高自身综合素质的课余活动，并分层次规定相应学分要求。按社会实践与志愿服务、学术科技与创新创业、文化艺术与技能发展、社团活动与社会工作等方面计学分。要求学生能够充分利用校内校外资源，注重实践能力的培养，提高个人素质，以便更好地适应工作需要。

（四）课程体系的特点

在课程体系的构建、课程开发和学分分配及具体学时安排中，充分考虑了《中等职业学校财务管理类专业教师标准》对素质、知识和能力的要求，体现了岗位的实际需求。根据岗位的工作任务划分，分析工作岗位所需要的能力，转化为必要的知识，并将知识对应于设置的理论和实践课程中。同时在实践课程中，强化学生素质的培养，注重创新能力的培养，提升学生的综合素质和能力。

七、中等职业学校财务管理专业教师培养标准的主要内容

为了培养集技术性、职业性和师范性于一体的、"双师型"中等职业教育财务管理专业的合格师资，依据《中等职业学校财务管理类专业教师标准》制定如下培养标准。

（一）培养目标

财务管理专业培养具有良好的职业道德，掌握系统的财务、会计、金融与职业教育等方面的专业理论与知识，具备财务管理岗位的操作技能和教育教学能力，能在中等职业学校从事教育教学工作的复合型人才。

（二）培养规格

1. 基本要求

（1）树立师德为先、学生为本、能力为重、终身学习的职业教育基本理念。
（2）遵守热爱职业教育事业、热爱学生、诚实守信、举止文明的职业教育规范。
（3）具有健康的体魄和良好的心理素质。
（4）具有较好的语言、文字水平和交流沟通能力。
（5）具备必要的科学、文化、艺术知识和现代技术应用能力。

2. 专业要求

（1）熟悉经济学、管理学等学科的基本理论与知识。
（2）掌握会计核算的基本理论、知识与方法。
（3）掌握预算编制、执行与控制的基本方法。
（4）熟悉资金管理的内容，掌握资金预测、决策与管理的基本方法。
（5）掌握成本、利润、税务管理与控制的基本方法。
（6）熟悉财务会计法规、制度的内容，及时了解学科前沿与动态。
（7）掌握财务与会计处理的基本技能，取得相关的职业技能资格证书。

3. 从师技能

（1）熟悉中等职业教育教学的基本原则、方法和规律。
（2）掌握中等职业教育课程开发、教学评价、教学设计与教学实施的基本方法.
（3）熟悉学生指导、班级管理和职业指导的理论与方法。

（4）具备从事中等职业学校教育教学的基本技能。

（三）学制及学位

财务管理专业实行学分制管理，统一实行4年的基本学制和3~6年的弹性学制。

学生在3~6年修完培养方案要求的全部课程并取得相应学分，可以毕业。在弹性学制内学生可以辅修第二专业或攻读校内第二学位，也可以休学进行创业活动或专业实践活动。

对在规定的学制内修满学分并符合学位授予条件的毕业生，授予管理学学士学位。

（四）专业主要课程

专业主要课程包括会计学基础、会计实务、财务软件应用、全面预算管理、成本核算与控制、财务管理理论与实务、财务报表分析、计算机财务模型设计、职业教育心理学、职业教育学、财务管理专业教学论等。

（五）主要实践性教学环节

主要实践性教学环节包括认知实习、课程实验、专业实习、毕业论文、教育实习、社会实践等。

（六）毕业要求

1. 学分要求

完成总学分196+7学分（其中，理论教学126.5学分，实践教学69.5学分，素质拓展7学分①），方准予毕业。

2. 证书要求

（1）教师资格证。参加国家教师资格统一考试，取得教师资格证书。

（2）专业资格证。至少取得助理理财规划师、助理会计师、证券从业资格、会计从业资格四种证书之一。

（3）普通话等级证。参加普通话水平测试获得普通话二级乙等以上普通话等级证书。

（七）课程体系与教学安排

1. 教学活动时间安排

财务管理专业教学环节时间分配表如表3.9所示。

---

① 素质拓展模块至少取得7学分，该学分不作为课程学分。素质拓展是要求和鼓励学生自主参加各种有助于提高自身综合素质的课余活动，取得相应学分的一种培养安排。按社会实践与志愿服务、学术科技与创新创业、文化艺术与技能发展、社团活动与社会工作等方面计学分。

表 3.9　财务管理专业教学环节时间分配表

学年	学期	教学周数		考试周数	假期周数	合计周数
		理实一体化教学	实践教学			
一	1	17	2	1	5	25
	2	19	1	1	6	27
二	3	19	0	1	5	25
	4	15	5	1	6	27
三	5	14	5	1	5	25
	6	18	2	1	6	27
四	7	5	15	0	5	25
	8	0	15	0	0	15
总计		107	45	6	38	196

2. 模块设置与学分分配

财务管理专业课程模块学分分配表如表 3.10 所示。

表 3.10　财务管理专业各课程模块学分分配表

课程类别	课程模块	课程性质	学分	各模块学分在总学分占比/%	备注
理论	基本素质	必修课程	17	12	
		选修课程	6		
	基础能力	必修课程	23	12	
	专业基础能力	必修课程	19.5	15	
		选修课程	10		
	专业岗位能力	必修课程	25	17	
		选修课程	8		
	教育职业能力	必修课程	12	9	
		选修课程	6		
	小计		126.5	65	
实践	基本素质实践	必修实训	12.5	30	
	专业综合实习	必修实习	35		
	专业课程实验	必修实验	12		
	教育实习	必修实习	8	5	
	教育实验	必修实验	2		
	小计		69.5	35	
学分合计			196	100	
素质拓展学分			7		

注：①总学分 196 学分，其中理论 126.5 学分，实践 69.5 学分。素质拓展模块 7 学分，不计入总学分；②教育职业能力 18 学分、教育实习 8 学分、教育实验 2 学分，教育类课程共计 28 学分，约占总学分的 14%；③选修课 30 学分，约占总学分的 15%

3. 课程设置与教学进度表

基本素质课程模块如表 3.11 所示。

表 3.11　基本素质课程模块

课程性质	课程编码	课程名称	总学分	学时分配			各学期学时							
				理论	课内实验	总学时	1	2	3	4	5	6	7	8
必修	JS0101	中国近现代史纲要	1	18	0	18	18	0	0	0	0	0	0	0
	JS0102	思想道德修养与法律基础	1.5	28	0	28	28	0	0	0	0	0	0	0
	JS0103	职业生涯与发展规划	1.5	28	0	28	28	0	0	0	0	0	0	0
	JS0104	马克思主义基本原理	1.5	28	0	28	0	28	0	0	0	0	0	0
	JS0105	毛泽东思想、邓小平理论和"三个代表"重要思想概论	2.5	46	0	46	0	0	46	0	0	0	0	0
	JS0106	创业与就业指导	1	18	0	18	0	0	0	0	0	18	0	0
	JS0107	体育	8	144	0	144	48	36	24	36	0	0	0	0
		小计	17	310	0	310	122	64	70	36	0	18	0	0
		应选修小计	6	108	0	108	36	36	36	0	0	0	0	0
		合计	23	418	0	418	158	100	106	36	0	18	0	0

注：①基本素质模块要求至少修读 23 学分，其中必修 17 学分，选修 6 学分，第一、二、三学期各修满 2 学分；②通识选修课由学校统一组织开设，要求学生选修 6 学分，建议至少选读 4 学分自然科学领域内的课程，原则上学生不能选与所学专业相近的通识选修课

基础能力课程模块如表 3.12 所示。

表 3.12　基础能力课程模块

课程性质	课程编码	课程名称	理论学分	学时分配			各学期学时								总学分
				理论	课内实验	总学时	1	2	3	4	5	6	7	8	
必修	JN0101	高等数学	4	72	0	72	72	0	0	0	0	0	0	0	4
	JN0102	概率论与数理统计	3	54	0	54	0	54	0	0	0	0	0	0	3
	JN0103	线性代数	2	36	0	36	0	0	36	0	0	0	0	0	2
	JN0104	英语	10	180	36	216	78	46	46	46	0	0	0	0	12
	JN0105	财经应用文写作	2	36	0	36	0	0	0	36	0	0	0	0	2
	JN0106	信息技术基础	2	36	18	54	54	0	0	0	0	0	0	0	3
		合计	23	414	54	468	204	100	82	82	0	0	0	0	26

专业基础能力课程模块如表 3.13 所示。

表 3.13　专业基础能力课程模块

课程性质	课程编码	课程名称	理论学分	理论	课内实验	总学时	1	2	3	4	5	6	7	8	总学分
必修	ZJ0101	财务管理专业导论	1	18	0	18	18	0	0	0	0	0	0	0	1
	ZJ0102	税法	2.5	46	0	46	0	46	0	0	0	0	0	0	2.5
	ZJ0103	会计学基础	2	36	18	54	0	54	0	0	0	0	0	0	3
	ZJ0104	微观经济学	3	54	0	54	0	54	0	0	0	0	0	0	3
	ZJ0105	统计学	2	36	18	54	0	0	54	0	0	0	0	0	3
	ZJ0106	管理学	2.5	46	0	46	0	0	46	0	0	0	0	0	2.5
	ZJ0107	经济法	2	36	0	36	0	0	36	0	0	0	0	0	2
	ZJ0108	会计信息系统	2	36	18	54	0	0	0	54	0	0	0	0	3
	ZJ0109	金融学	2.5	46	0	46	0	0	0	46	0	0	0	0	2.5
		小计	19.5	354	54	408	18	154	136	100	0	0	0	0	22.5
选修	ZJ0201	财经法规与职业道德	2	36	0	36	0	36	0	0	0	0	0	0	2
	ZJ0202	财政学	2	36	0	36	0	36	0	0	0	0	0	0	2
	ZJ0203	生产管理	2	36	0	36	0	36	0	0	0	0	0	0	2
	ZJ0204	市场营销学	2	36	0	36	0	36	0	0	0	0	0	0	2
	ZJ0205	人力资源管理概论	2	36	0	36	0	0	36	0	0	0	0	0	2
	ZJ0206	宏观经济学	2	36	0	36	0	0	36	0	0	0	0	0	2
	ZJ0207	电子商务概论	2	36	0	36	0	0	36	0	0	0	0	0	2
	ZJ0208	计量经济学	2	36	0	36	0	0	0	36	0	0	0	0	2
	ZJ0209	内部控制	2	36	0	36	0	0	0	36	0	0	0	0	2
	ZJ02010	公司战略	2	36	0	36	0	0	0	36	0	0	0	0	2
	ZJ02011	国际贸易理论与实务	2	36	0	36	0	0	0	36	0	0	0	0	2
	ZJ02012	国际金融	2	36	0	36	0	0	0	36	0	0	0	0	2
	ZJ02013	管理咨询	2	36	0	36	0	0	0	0	0	36	0	0	2
	ZJ02014	保险学	2	36	0	36	0	0	0	0	0	36	0	0	2
	ZJ02015	ERP 理论与实务	2	36	0	36	0	0	0	0	0	36	0	0	2
		应选修小计	10	180	0	180	0	36	36	0	72	36	0	0	10
		合计	29.5	534	54	588	18	190	172	100	72	36	0	0	32.5

注：专业基础课程要求至少修读 32.5 学分，其中必修 22.5 学分，选修 10 学分，第二、三、六学期各修满 2 学分，第五学期修满 4 学分

专业岗位能力课程模块如表 3.14 所示。

表 3.14 专业岗位能力课程模块

课程性质	课程编码	课程名称	理论学分	学时分配			各学期学时								总学分
				理论	课内实验	总学时	1	2	3	4	5	6	7	8	
必修	ZN0101	会计实务	4	72	18	90	0	0	90	0	0	0	0	0	5
	ZN0102	成本核算与控制	3	54	0	54	0	0	0	54	0	0	0	0	3
	ZN0103	管理会计	2	36	0	36	0	0	0	36	0	0	0	0	2
	ZN0104	财务管理理论与实务	4.5	80	28	108	0	0	0	0	108	0	0	0	6
	ZN0105	证券投资学	2	36	10	46	0	0	0	0	46	0	0	0	2.5
	ZN0106	财务软件应用	1.5	28	26	54	0	0	0	0	54	0	0	0	3
	ZN0107	全面预算管理	2	36		36	0	0	0	0	0	36	0	0	2
	ZN0108	财务报表分析	1.5	30	6	36	0	0	0	0	0	36	0	0	2
	ZN0109	计算机财务模型设计	2	36	18	54	0	0	0	0	54	0	0	0	3
	ZN0110	审计学原理	2.5	46	0	46	0	0	0	0	0	46	0	0	2.5
		小计	25	454	106	560	0	0	90	90	208	172	0	0	31
选修	ZN0201	高级财务会计	2	36	0	36	0	0	0	36	0	0	0	0	2
	ZN0202	商业银行经营管理	2	36	0	36	0	0	0	36	0	0	0	0	2
	ZN0203	预算会计	2	36	0	36	0	0	0	36	0	0	0	0	2
	ZN0204	风险管理	2	36	0	36	0	0	0	36	0	0	0	0	2
	ZN0205	金融企业会计	2	36	0	36	0	0	0	0	36	0	0	0	2
	ZN0206	纳税筹划	2	36	0	36	0	0	0	0	36	0	0	0	2
	ZN0207	兼并与收购	2	36	0	36	0	0	0	0	0	36	0	0	2
	ZN0208	资产评估	2	36	0	36	0	0	0	0	0	36	0	0	2
	ZN0209	集团财务管理	2	36	0	36	0	0	0	0	0	36	0	0	2
	ZN0210	个人理财	2	36	0	36	0	0	0	0	0	36	0	0	2
	ZN0211	高级财务管理	2	36	0	36	0	0	0	0	0	36	0	0	2
	ZN0212	项目评估	2	36	0	36	0	0	0	0	0	36	0	0	2
	ZN0213	国际财务管理	2	36	0	36	0	0	0	0	0	0	36	0	2
	ZN0214	财务管理案例	2	36	0	36	0	0	0	0	0	0	36	0	2
	ZN0215	非营利组织财务管理	2	36	0	36	0	0	0	0	0	0	36	0	2
		应选修小计	8	144	0	144	0	0	0	36	36	36	36	0	8
		合计	33	598	106	704	0	0	90	126	244	208	36	0	39

注: 专业岗位能力课程要求至少修读 39 学分, 其中必修 31 学分, 选修 8 学分, 第四、五、六、七学期各修满 2 学分

教育职业能力课程模块如表 3.15 所示。

表 3.15 教育职业能力课程模块

课程性质	课程编码	课程名称	理论学分	学时分配			各学期学时								总学分
				理论	课内实验	总学时	1	2	3	4	5	6	7	8	
必修	JZ0101	职业教育学	3	54	0	54	0	54	0	0	0	0	0	0	3
	JZ0102	职业教育心理学	3	54	0	54	0	0	0	54	0	0	0	0	3
	JZ0103	职业教育教学论	2	36	0	36	0	0	0	0	36	0	0	0	2
	JZ0104	教育技术与教学媒体开发	2	36	18	54	0	0	0	0	54	0	0	0	3
	JZ0105	财务管理专业教学论	2	36	18	54	0	0	0	0	0	54	0	0	3
		小计	12	216	36	252	0	54	0	54	90	54	0	0	14
选修	JZ0201	职业教育史	1	18	0	18	0	18	0	0	0	0	0	0	1
	JZ0202	职业教育政策与管理	1	18	0	18	0	18	0	0	0	0	0	0	1
	JZ0203	劳动科学与教育	1	18	0	18	0	18	0	0	0	0	0	0	1
	JZ0204	教育哲学	1	18	0	18	0	0	18	0	0	0	0	0	1
	JZ0205	行动导向教学方法论	2	36	0	36	0	36	0	0	0	0	0	0	2
	JZ0206	职业教育设计与组织	2	36	0	36	0	36	0	0	0	0	0	0	2
	JZ0207	教育调查与统计	2	36	0	36	0	0	0	18	0	0	0	0	2
	JZ0208	教学科研方法基础	1	18	0	18	0	0	0	18	0	0	0	0	1
	JZ0209	教师书法	1	18	0	18	0	0	0	18	0	0	0	0	1
	JZ0210	教育经济学	2	36	0	36	0	0	0	0	36	0	0	0	2
	JZ0211	专业教学设计基础	1	18	0	18	0	0	0	0	18	0	0	0	1
	JZ0212	个性化教育学	1	18	0	18	0	0	0	0	18	0	0	0	1
		应选修小计	6	108	0	108	0	18	36	0	18	36	0	0	6
		合计	18	324	36	360	0	72	36	54	108	90	0	0	20

注：教育职业能力课程要求至少修读 20 学分，其中必修 14 学分，选修 6 学分，第二、五学期选修 1 学分，第三、六学期选修 2 学分

第四章　财务管理专业课程大纲编制

一、课程大纲编制的主要目的

明确课程的教学性质、学习目标、教学思路、教学基本内容（包括学时安排）、教学考核方式及教学参考资料等，为职教师资教材建设提供基础保障，并为财务管理职教师资培养教学实施过程提供引导。

二、专业课程大纲编制的主要依据

（1）依据《中等职业学校财务管理类专业教师标准》。
（2）依据《中等职业学校财务管理专业教师培养标准》。
（3）参照现行的财务管理专业（普通本科、职教师资本科、高职）课程大纲。
（4）参照国内相关院校的专业课程大纲及课程标准。

三、专业课程大纲编制的技术路线

专业课程大纲编制的技术路线如图 4.1 所示。

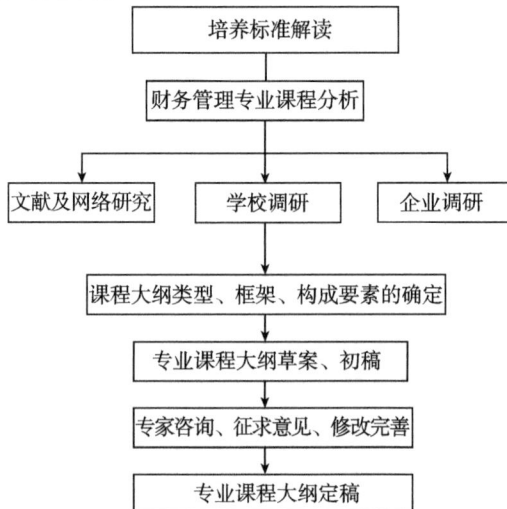

图 4.1　专业课程大纲编制的技术路线

四、专业课程大纲编写指南

《教育部　财政部职业院校教师素质提高计划〈职教师资本科专业的培养标准、培养方案、核心课程和特色教材开发项目指南〉》中指出："专业课程大纲是根据专业培养目标，具体规定课程的性质、目标、主要内容、实施建议及评价建议。它是管理和评价课程的基础，是教材编写、教学实施、教学评价的依据。课程大纲的制定过程中，规定每门课程的教学目标。根据各个课程的自身范围、深度和体系结构，将每门课程的目标分解。此外，课程大纲必须是先行的指导文件，用以指导教材的编写、选用以及学生的学习。"鉴于此，该指南是在充分地进行文献调研，以及高校、高职高专、中职中专、企业等实地和问卷调研的基础上，依据项目开发大纲指南要求和财务管理专业教师标准及培养标准对课程的定位编写而成的。

（一）大纲涵盖的内容

1. 课程性质

（1）课程性质就是给该课程一个准确的定位，用简练语言对该课程的地位、功能及与其他课程的关系等内容进行总体描述。具体指出该课程在专业中是属于专业必修课，还是属于专业选修课（包括限选课和任选课）。本书编制大纲的课程全部是专业必修课。

（2）明确该课程设置的目的，以及在专业人才培养中的地位和作用。

（3）该门课程与其他相关课程的关系：需要说明先修课程与后续课程，重点说明本门课程与其他相关课程的内容衔接和分工情况。

注意：上述三点在编写时一定要与财务管理专业教师培养标准一致。

2. 课程学习目标

课程学习目标应指明本专业学生在该课程学习中教学目标、基本要求，学习该门课程后应达到的预期结果。

1）教学目标及基本要求

教学目标及基本要求包括分重点掌握、掌握、理解（熟悉）、了解（认知）四个层次的要求。这部分内容主要给出该门课程的知识点。四个层次分别说明其重要程度，给教师和学生指明什么是重点、什么是一般。

2）学习目标及基本要求

学习目标及基本要求是指通过该门课程的学习，学生要形成哪些能力和技能。课程目标的陈述一般采用行为目标陈述方式，具体操作上又分为两种：一是采用结果性目标方式，即学习结果是什么，采用的行为动词要明确、可测量、可评价，该方式主要应用于其知识、技能可结果化的课程目标；二是采用体验性或表现性目标方式，即描述学生的心理感受、体验或安排学生表现的机会，采用的行为动词是体验性的、过程性的。该方式通常用于无须结果化的，或难以结果化的课程目标。

3）能力描述

专业能力是指从事某一职业的专业能力，即与所学本专业课程相关的能胜任的工作能力，包括具有胜任相关工作的专业知识和工作技能、专业经验和分析判断能力，以及该课程对应岗位所需要的有关国家政策法规和实际工作要求等。

社会能力是指在工作中为达到与所处环境的和谐状态而必须具备的一种综合能力。例如，能够通过各种渠道查询、收集与该门课程相关的最新信息，具有一定的相关专业课程（知识）分析能力和写作能力，能敏锐地判断社会经济环境、政策法规变化对该专业课程（知识）的影响等。

方法能力包括能够及时准确获取专业知识的相关、可靠的信息，理解和捕捉新知识；能够主动进行学习和参加培训，不断提高相关职业胜任能力；通过持续学习，了解国家最新政策和专业领域的最新方法。

模仿能力包括在原型示范和具体指导下完成操作；对所提供的对象进行模拟、修改等。行为动词包括模拟、重复、再现、模仿、例证、扩展、缩写等。

独立操作能力包括独立完成操作、进行调整与改进、尝试与已有技能建立联系等。行为动词包括完成、表现、制定、解决、拟定、预计、测算、计量、尝试、试验等。

迁移能力包括在新的情境下运用已有技能，以及理解同一技能在不同情境中的适用性等。行为动词包括联系、转换、灵活运用、举一反三、触类旁通等。

能力目标的文字表述不要使用"知道""了解""懂得""熟悉"之类的动词，否则，所描述的课程目标就会非常模糊。建议采用"能或会+程度副词+操作动词+操作对象"的格式，如"能熟练分析计算项目投资净现值"。

3. 课程设计思路

明确课程设计的总体思路、该门课程设置的依据、课程内容确定的依据。

1）课程设计的总体思路

打破以单一知识传授为主要特征的传统学科课程模式，采用以行动为导向的理实一体化学习课程模式。根据职教师资财务管理专业所对应的实际工作岗位的需要，开展广泛的实地调研和文献调研，邀请相关行业企业财务管理专家，对企业财务管理岗位进行典型工作任务和职业能力分析。同时聘请教育教学专家对教学过程、教学内容、教学需要进行分析。在此基础上确定该课程的学习目标和学习内容，让学生在学习过程中掌握相关知识和技能，培养学生胜任相应岗位的职业能力。

2）课程设置的依据

该门课程是以《中等职业学校财务管理类专业教师标准》和《中等职业学校财务管理专业教师培养标准》中关于职业需要和专业胜任能力所需的相关专业知识与必要技能为依据而设计的。各门课程可以单独列出具体的设计依据，如采用企业、中等职业学校教师等实践专家访谈会、问卷调查形式等，以及应遵循的其他理论依据。

3）课程内容确定的依据

课程内容的选取紧紧围绕《中等职业学校财务管理类专业教师标准》和《中等职业学校财务管理专业教师培养标准》中典型工作岗位及完成能力的需要来构建，同时要充分考虑职教师资教育对理论知识学习的需要，并融合相关职业资格证书对知识、技能和态度的要求。

注意：①本部分内容编写主要紧紧围绕《中等职业学校财务管理类专业教师标准》和《中等职业学校财务管理专业教师培养标准》要完成的工作岗位（任务）、达到的能力标准而设计；②每门课程或每个学习过程的内容设计，都是完整的工作过程，充分体现"工学结合"的理念。

4. 课程基本内容和学时分配

根据课程目标和涵盖的教学任务要求，确定课程内容和要求。本着遵循职教师资职业能力培养的基本规律、科学设计学习性工作任务、实践教学环节设计合理性等原则来确定课程基本内容和学时分配。课程基本内容划分与学时分配如表 4.1 所示。

表 4.1 课程基本内容划分与学时分配

序号	章	课程基本内容		学时		合计学时
		节	具体内容	理论	实验	
1	营运资本管理	1	营运资本的投资政策	1		14
		2	现金和有价证券	2		
		3	应收账款	2	2	
		4	存货	2	2	
		5	营运资本筹资政策	3		
2						
3						
合计						

5. 教学要求与教学设计

教学要求与教学设计包括指明课程的重点、难点与解决办法；常用的教学方法与教学手段，以职教师资能力素质培养为导向，采用有针对性的授课方式和训练方式，施行启发式、探究式、讨论式、参与式、反思式教学方式，采取各种类型作业和综合性项目、实验的训练方式。

注意：①教学设计要体现该课程在教学方法上的特殊性，要强调工学结合；要因课程性质、教学模式（基于工作导向、教学做合一、理实一体化、项目式等）、教学方法与手段等不同而异；②重点难点的解决方法，既要从教学层面提出方法和建议，也要从学生学习角度提出方法和建议。

6. 课程的考核与评价

课程的评价应把阶段性评价与最终评价相结合，把理论评价与实践评价相结合，突出过程评价，注重发展性评价和学生的自我评价，鼓励多样化的考核方式，体现各课程在评价上的特殊性。为此，可将课程分成理论课、实习（实验）课、毕业论文（设计）、理实一体课，并分别采用不同的考核评价方式，参考如下。

（1）理论课：笔试+作业+教师评定。

（2）实习（实验）课：项目方案设计+案例分析答辩+指定项目完成情况+教师评定。

（3）毕业论文（设计）：毕业论文质量+论文答辩+指导教师评定。

（4）理实一体课：笔试+项目方案设计+案例分析答辩+教师评定。

注意：①教师评定主要是依据学生平时的表现，如出勤率、回答问题等。②对实习（实验）课程的考核，可根据内容和成果形式而定。③对教学效果考核或评价设计主要注意实践性、操作性很强的课程，要实施过程化考核。理论性强、动脑多而动手少的课程，一般采用终结性考核。④课程的考核与评价主要是指学生学业评价，突出阶段评价、目标评价、理论与实践一体化评价。⑤科学的评价体系是实现课程目标的重要保障。评价体系要体现主体的多元化和评价形式的多样化，体现学生在评价中的主体地位；要体现各课程在评价上的特殊性；既关注结果又关注过程，使对学习过程和结果的评价达到和谐统一，注重评价结果对教学效果的反馈作用，以及评价方法和内容对调动学生学习积极性的作用。

7. 教学资源的要求

教学资源的要求包括课程教学对教室环境、信息化教学资源、校内外实验实习基地、设施设备配置等方面的要求，既要结合现有教学条件，也要考虑发展因素。

8. 教材与参考资料

该课程使用的教材及教学参考材料，包括主教材、主要参考书、相关教辅材料、实训指导手册、数字化资源库等。

（二）格式要求

（1）大纲共包含八项内容，每一项单独体现，同时第五项、第六项还要分别具体体现在教学过程描述的表格中。

（2）题目黑体三号，题目之下写明负责人、参与人，并用五号宋体；一级标题黑体四号，二级标题黑体小四，一二级标题顶格写；正文宋体小四，行间距为固定值20；表格文字内容宋体五号，表头楷体小四。

（三）大纲编制注意事项

（1）在编制某门课程的课程大纲时，一定要认真分析该课程在人才培养方案中的地位与作用，准确定位知识、方法、社会能力方面要达到的目标，以及通过什么理念、模式与技术去实现。

（2）课程大纲的编制一定要依靠集体智慧，有组织、有计划、有目标、有分工、逐项落实。在操作上可先做一个方案，通过讨论、分析研究或论证后，再形成文本。要防止敷衍了事，否则没有任何实用价值。每份大纲的编写有1名负责人、2~3名参与人。

（3）课程大纲以本专业职教师资培养标准为依据，需要处理好高校与职校在专业内容上的差异性。教师培养不同于培训，注重学生的全面素质能力，因此需要进行综合素养的培养设计，避免采用研究普通师范的方法；方案、路径、课程大纲等都要凸显创新；为突出"双师型"教师的培养，注重与工程专业的区别；注重开放性，研究产业对接及校企合作，要求企业、行业的合作渗透以加强实践能力。

附录　专业课程大纲样例

"财务管理理论与实务"课程大纲
主持人：卢亚君
参与人：杜茂宝、赵瑞

（一）课程性质

"财务管理理论与实务"是职教师资财务管理专业的必修课，内容包括财务管理概述、资金时间价值与风险价值、财务管理理论基础、财务管理岗位及职责、财务计划与销售增长、筹资管理、投资管理、营运资金管理和利润分配管理9项学习内容。该课程的学习是在学生已学习了会计基础、中级财务会计、成本会计、经济学、统计学等相关课程，掌握了相关知识的基础上进行的。通过该课程的学习与实践，使学生掌握现代财务管理的基本概念、基本原理和基本方法；运用所学知识对企业筹资、投资、营运和分配等财务活动进行专业性的计量、评估、预测、分析和决策；能够对当前公司理财行为进行分析、评价和判断，并使学生初步胜任财务管理岗位的各项基础工作；同时提高学生分析问题、解决问题的能力，为后续国际财务管理、高级财务管理、财务管理综合实习（实训）等课程的学习奠定基础，也为学生未来的职业发展奠定良好的基础。

（二）课程学习目标

1. 教学目标及基本要求

了解《企业财务通则》《企业内部控制规范》《中华人民共和国公司法》《中华人民共和国税法》等与该课程学习相关的企业财务管理法律法规；理解财务管理在企业管理中的核心地位与作用，掌握企业资金运动的基本规律，以及在财务管理中的资金时间价值观和风险价值观；熟悉企业筹资、投资、营运及收益分配等财务活动，重点掌握财务活动的预测、决策方法。

2. 学习目标及基本要求

能够运用财务管理的基本理论、知识及方法，计算和分析财务管理的相关指标；具有货币时间价值和风险价值的计算、分析能力，以及具有较强的财务风险意识和资金时间价值观念；能够合理筹集资金，并能从多种筹资方案中选择最佳方案；能够合理估计和判断企业投资风险和收益，并进行投资与否及选择最佳投资方案的决策分析能力；能够根据企业的实际情况合理、有效地管理运营资本；能够运用《企业财务管理通则》《中华人民共和国公司法》《中华人民共和国税法》等的规定，对企业收益进行合理的分配；具备财务预测与编制财务计划和预算的能力。

（三）课程设计思路

1. 课程设计的总体思路

打破以单一知识传授为主要特征的传统学科课程模式，以工作岗位需求为主线，采用以行动为导向的理实一体化学习课程模式。根据职教师资财务管理专业所对应的实际工作岗位的需要，开展广泛的实地调研和文献调研，邀请相关行业企业财务管理专家，对企业财务管理岗位进行典型工作任务和职业能力分析。同时聘请教育教学专家，对教学过程、教学内容、教学需要进行分析。在此基础上确定财务管理课程的学习目标和学习内容，让学生在学习过程中掌握相关知识和技能，培养学生胜任财务管理岗位的能力。

2. 课程设置的依据

该课程是以《财务管理专业教师标准以及培养标准》中关于财务管理专业能力和职业胜任能力所需的相关专业知识与必要技能为依据设计的。通过企业实践专家访谈会的形式，遵循教学规律及学生的认知规律，列出财务管理的主要工作岗位。并分析每个工作岗位的主要工作任务，归纳出完成这些任务需要的能力，最终将能力转化为相应的专业知识需求。为此选择财务管理总论、时间价值与风险价值、筹资管理、投资管理、营运管理和收益分配管理作为教学内容，每部分教学内容都是完整的工作过程，体现了"工学结合"的理念。

3. 课程内容确定的依据

该课程在内容设计和教学方法上，突出职教师资财务管理专业学生职业能力的培养。课程内容的选取紧紧围绕《财务管理专业教师标准以及培养标准》中财务管理工作任务及完成能力的需要来构建，根据财务管理职教师资的特征，并融合相关职业资格证书对知识、技能的要求。每一章教学内容，按照财务管理所需的工作内容与步骤，以企业财务活动为载体，设计若干具体教学内容，每项内容都以一个或多个完整和相对独立的工作岗位作为教学对象。理论知识的选取是考虑了财务管理典型工作任务需要，以及职教师资教育对理论知识学习的需要来构建的。

（四）课程基本内容与学时分配

课程基本内容与学时分配见附表4.1。

附表4.1　课程基本内容划分与学时分配

序号	章	节	具体内容	理论	实验	合计学时
		课程基本内容		学时		
1	财务管理概述	1	公司组织形式与公司财务管理	2		8
		2	财务管理的目标	4		
		3	财务管理的环境	2		
2	货币时间价值与风险价值	1	货币时间价值计算与分析	6	2	10
		2	风险价值衡量	2		
3	财务管理理论基础	1	有效市场理论	1		6
		2	现代投资组合理论	1		
		3	资本资产定价模型	2	2	
4	财务管理岗位及职责	1	公司财务管理机构	1	1	4
		2	财务岗位及工作职责	2		
5	长期财务计划与销售增长	1	长期财务计划	1		10
		2	财务计划制订	3	2	
		3	销售增长与融资需求	3	1	
6	筹资管理（上）	1	公司筹资概述	1		8
		2	股权性筹资	2	1	
		3	债权性筹资	2	1	
		4	混合性筹资	1		
7	筹资管理（下）	1	资本成本	2		10
		2	杠杆利益	3	1	
		3	资本结构的确定	2	2	
8	投资管理——项目投资	1	项目投资概述	1		16
		2	项目投资现金流量的构成和估算	6	3	
		3	项目投资决策评价指标及其计算	4	2	
9	投资管理——证券投资	1	证券投资的目的、特点	1		10
		2	股票投资	3	1	
		3	债券投资	2	1	
		4	基金投资	1	1	
10	营运资本管理——投资	1	营运资本投资策略	1		12
		2	现金的管理	2		
		3	应收账款管理	2	2	
		4	存货管理	3	2	
11	营运资本管理——筹资	1	短期融资	1		6
		2	短期借款	1	1	
		3	商业信用	1	1	
		4	营运资本筹资政策	1		

续表

序号	章	课程基本内容		学时		合计学时
		节	具体内容	理论	实验	
12	利润分配管理	1	利润分配概述	1		8
		2	股利分配政策	2		
		3	股利分配方案的确定	2	1	
		4	股票分割与回购	2		
	合计			80	28	108

（五）教学要求与教学设计

"财务管理理论与实务"是一门既强调经济学理论，又强调在现有法律环境下财务实践操作的课程。该课程从现代企业制度下财务管理工作实践出发，着重介绍财务管理的基本原理、基本知识和基本技能。该课程的重点如下：企业财务管理目标的确定；资金时间价值的计算；财务风险衡量；企业资金需要量预测；资本成本计算及最佳资金结构确定；项目投资各评价指标的计算与应用；股票与债券的估价和收益率计算；信用政策的制定；股利政策等。该课程的难点如下：资金时间价值计算；财务风险衡量；投资风险报酬计算；资金成本计算与最佳资金结构确定；项目投资各评价指标的计算与应用；信用政策制定等。

除讲授法外，还可采用比较教学法、案例教学法、创设情境法和实验法等。这些方法有其实践性、综合性和交互性的特点和优势。施行启发式、探究式、讨论式、参与式、反思型教学方式，采取各种类型作业和方案设计等训练方式。

（六）课程的考核与评价

财务管理课程具有理实一体的特点，因此应把理论评价与实践评价相结合，突出过程评价，注重发展性评价和学生的自我评价。课程考核可采用课堂表现（10%）+作业评分（20%）+案例分析（20%）+闭卷考试（50%）的方式。

（七）教学资源的要求

充分利用计算机互联网络及财务软件这一现代化工具，制作各种"财务管理"课件，以减少教学画表等板书的工作量，提高课堂教学效率。同时，应设有校内财务管理模拟实验室、校外实习基地等。

（八）教学内容与过程描述

教学内容与过程描述如附表4.2~附表4.13所示。

附表 4.2　教学内容与过程描述（一）

第一章：财务管理总论		学时：8

教学目标	能力目标	主要内容
1.理解企业财务管理的含义、内容和特点，对企业财务管理岗位的初步认识 2.掌握财务管理目标，明确财务管理目标是建立财务管理体系的逻辑起点 3.了解财务管理环境中的金融市场相关问题	1.收集或设计一个制造企业的资料，描述资金在该生产企业经营过程中的运动轨迹，并归纳出相应的筹资活动、投资活动、营运活动和收益分配活动 2.列举出企业的股东、经营者、债权人及其他利益相关者，分析企业在实现财务管理目标过程中与这些利益相关者可能产生的矛盾与冲突，并总结出相应的解决办法 3.归纳财务管理的含义、内容，形成对企业资金管理岗位的初步认识	1.财务管理的内容：①企业组织形式；②财务管理的内容 2.财务管理的目标：①财务管理目标概述；②财务目标与经营者；③财务目标与债权人；④财务目标与利益相关者；⑤企业的社会责任和商业道德 3.财务管理环境：①经济环境；②法律环境；③金融环境

教师知识与能力要求	教学方法和重点难点	教学材料、工具	考核与评价
1.具有一定的专业实践经验，熟悉企业资金运动规律和财务活动 2.具有一定的社会经验，熟悉实现企业财务管理目标过程中可能出现的矛盾与冲突，并能熟练找到解决方法 3.具备计算机网络和多媒体教学设施熟练操作能力	1.教学方法：讲授法、案例教学法、小组讨论教学法 2.重点、难点：重点是财务管理内容、财务管理目标、财务管理原则；难点是如何以企业财务活动为载体，引出该课程要讲授的内容及逻辑关系	1.企业生产经营流程图 2.企业会计准则、企业财务通则 3.学习指导书、教学参考书 4.纸、笔等文具 5.多媒体教学设施	1.评价内容：①评价对资金运动轨迹描述的准确性；②评价实现财务管理目标过程中，解决矛盾和冲突的方法的合理性；③布置习题：阐述财务管理的内容 2.评价方法：笔试+教师评定

附表 4.3　教学内容与过程描述（二）

第二章：货币时间价值与风险价值		学时：10

教学目标	能力目标	主要内容
1.掌握货币时间价值的内涵 2.了解货币时间价值对资金运动数量的影响 3.重点掌握货币时间价值的计算公式并熟练运用 4.掌握资产风险价值的含义 5.了解资产风险的描述和计量方式 6.理解并掌握风险与投资报酬的关系	1.明确货币时间价值的含义及现实意义 2.熟练运用公式计算不同情形下的货币时间价值 3.处理实际问题时能形成正确的货币时间价值观念 4.对设定投资方案进行未来随机变量的描述，并对出现的概率进行合理估计 5.能计算分析单项资产风险	1.货币时间价值：①货币时间价值的含义；②复利终值和现值的计算；③年金终值和现值的计算，包括普通年金终值与现值，预付年金终值与现值，递延年金终值与现值，永续年金现值，折现率、期间的推算，报价利率、计息期利率和有效年利率 2.资产的风险和报酬：①风险的概念；②单项资产的风险与报酬

教师知识与能力要求	教学方法和重点、难点	教学材料、工具	考核与评价
1.具有一定的专业实践经验，熟悉资金时间价值、风险价值的理论与实践 2.有丰厚的资金管理的理论和实践积累 3.计算机网络和多媒体教学设施的熟练操作能力	1.教学方法：讲授法、案例教学法、小组讨论教学法 2.重点、难点：重点是货币时间价值含义及计算；难点是如何通过对货币时间价值和风险价值的计算，启发学生正确理解资金时间价值与风险价值，树立资金时间价值和风险价值观念	1.企业会计准则、企业财务通则 2.学习指导书、教学参考书 3.纸、笔等文具 4.多媒体教学设施	1.评价内容：①复利及各种年金终值与现值的计算结果，货币时间价值其他计算和分析；②评价设定投资方案进行未来随机变量情况描述的合理性和概率估计的合理性；③考核投资

第二章：货币时间价值与风险价值			学时：10
教师知识与能力要求	教学方法和重点、难点	教学材料、工具	考核与评价
4.具备相关经济数学、统计学知识			方案风险程度计量的正确性 2.评价方法：笔试+教师评定

附表 4.4　教学内容与过程描述（三）

第三章：财务管理理论基础		学时：6
教学目标	能力目标	主要内容
1.掌握有效市场及其基本类型 2.掌握现代投资组合理论、资本资产定价模型 3.了解套利定价理论 4.了解行为金融理论	1.收集资料，辨析我国目前资本市场究竟属于哪种类型 2.熟练运用组合原理进行计算与分析，明确投资组合的目的 3.收集资料，进行市场或文献调查，从现实角度理解行为金融理论与有效资本市场的矛盾问题	1.有效市场理论：①有效市场的概念及分类；②有效市场假说的意义 2.现代投资组合理论：①证券投资组合及组合方式；②资产组合的预期收益率；③资产组合的风险 3.资本资产定价模型：①资本资产定价模型基本假设；②模型参数；③证券市场线——资本资产定价模型
教师知识与能力要求	教学方法和建议	教学材料、工具与媒体	考核与评价
1.具有一定的专业实践经验，熟悉有效资本市场的类型 2.有丰厚的财务管理和证券投资管理的理论和实践积累 3.计算机网络和多媒体教学设施的熟练操作能力	1.教学方法：讲授法、案例教学法、情景教学法 2.重点、难点：重点是资本资产定价模型及投资组合理论；难点是如何引导学生进行资本市场调查，增强学生对资本市场的理解与认识	1.企业会计准则、企业财务通则 2.学习指导书、教学参考书 3.纸、笔等文具 4.多媒体教学设施	1.评价内容：①评价投资组合与收益、风险的关系，明确组合的目的；②评价证券市场线——资本资产定价模型计算分析的合理性 2.评价方法：笔试+方案设计+教师评定

附表 4.5　教学内容与过程描述（四）

第四章：财务管理岗位及职责		学时：4
教学目标	能力目标	主要内容
1.了解公司财务管理机构设置 2.了解财务岗位设置及职责	1.进行实地或文献调研，列出1个或2个公司财务管理机构具体设置情况 2.进行实地或文献调研，列出1个或2个公司财务管理岗位设置情况及相应职责 3.模拟一个公司，进行财务管理机构、岗位设置	1.公司财务管理机构：①财务管理机构的形式；②财务管理部门设置；③证券资产的风险 2.财务岗位及工作职责：①财务总监岗位；②财务经理；③预算主管；④投资主管；⑤融资主管；⑥预算专员；⑦筹资专员；⑧投资专员
教师知识与能力要求	教学方法和建议	教学材料、工具与媒体	考核与评价
1.具有一定的专业实践经验，熟悉影响证券价值的环境因素	1.教学方法：讲授法、案例教学法、情景教学法 2.重点、难点：重点是财	1.企业会计准则、企业财务通则 2.学习指导书、教学参	1.评价内容：①评价财务管理机构和岗位设置的合理性；②评价财务管理岗位职责的合理性

第四章：财务管理岗位及职责			学时：4
教师知识与能力要求	教学方法和建议	教学材料、工具与媒体	考核与评价
2.有丰厚的财务管理的理论和实践积累 3.计算机网络和多媒体教学设施的熟练操作能力	务管理机构及岗位的设置；难点是引导学生通过进行实地调研及所学知识，进行财务管理机构、岗位设置	考书 3.纸、笔等文具 4.多媒体教学设施	的合理性 2.评价方法：笔试+方案设计+教师评定

附表 4.6　教学内容与过程描述（五）

第五章：长期财务计划与销售增长		学时：10
教学目标	能力目标	主要内容
1.理解资金需要量预测在资金管理中的重要意义 2.熟悉资金需要量预测的程序 3.重点掌握各种资金需要量预测模型的使用条件及模型应用 4.掌握各种相关增长率对资金需要量的影响，并能判断分析 5.掌握内含增长率和可持续增长率的含义及计算分析	1.列出影响企业资金需要量的相关变量，分析计算这些变量对资金需要量变动的影响趋势 2.设计出资金需要量预测的步骤 3.分析选择资金需要量预测的方法，并进行资金需要量预测 4.设定一个制造业，收集整理相关资料，计算其内含增长率和可持续增长率 5.进行资金需要量预测的实训练习	1.资金需要量预测：①资金需要量预测的目的和意义；②资金需要量预测的步骤；③销售百分比法；④资金需要量预测的其他方法 2.增长率与资金需求：①销售增长率与外部融资的关系；②内含增长率；③可持续增长率包括可持续增长率的含义、可持续增长率的计算、可持续增长率与实际增长率
教师知识与能力要求	教学方法和重点、难点	教学材料、工具	考核与评价
1.具有一定的专业实践经验，熟悉财务预测的理论与实践 2.有丰厚的资金管理的理论和实践积累 3.多媒体教学设施的熟练操作能力 4.具备相关经济数学与统计知识	1.教学方法：讲授法、案例教学法、小组讨论教学法 2.重点、难点：重点是资金需要量预测及可持续增长率计算及理解；难点是如何通过对影响企业资金需要量的相关变量分析，引导学生明晰资金需要量预测的步骤，熟练使用资金需要量预测方法	1.企业会计准则、企业财务通则 2.学习指导书、教学参考书 3.纸、笔等文具 4.多媒体教学设施	1.评价内容：①评价资金需要量预测步骤的合理性；②评价资金需要量预测方法选择合理性；③考核资金需要量预测实训的完成质量 2.评价方法：笔试+方案设计+教师评定

附表 4.7　教学内容与过程描述（六）

第六章：筹资管理（上）		学时：8

教学目标	能力目标	主要内容
1.了解筹资的动机、分类、渠道与方式 2.掌握股票的发行方式、销售方式的类型及其特点 3.重点掌握普通股发行定价的主要方法 4.理解股权再融资的方式、相关规定及计算 5.掌握债券的发行价格与偿还方式 6.掌握租赁的类型与租赁决策分析 7.了解优先股的特征、优先股存在的税务环境 8.掌握附认股权证债券筹资的相关计算 9.掌握可转换债券的要素以及相关计算	1.列出企业筹资方式,分析不同筹资方式在资金供应数量、取得和使用时间、取得的难易程度等方面的特点,选择合适的筹资方式筹集企业所需资金 2.设计列出企业银行借款的业务程序及相关手续资料 3.设计一个新企业,确定该企业的行业类别,收集该企业的相关法律规定,列出发行股票和发行债券需要准备的财务资料的大纲,模拟完成发行股票以及发行债券的方案设计	1.公司筹资概述资：①公司筹资的动机；②公司筹资分类；③公司筹资的渠道与方式 2.股权性筹资：①投入资本筹资；②普通股筹资；③留存收益筹资 3.债权性筹资：①发行债券筹资；②长期借款筹资；③租赁筹资 4.混合性筹资：①发行优先股筹资；②发行可转换证券筹资；③发行认股权证筹资

教师知识与能力要求	教学方法和重点、难点	教学材料、工具	考核与评价
1.具有一定的专业实践经验,熟悉资本市场相关的理论与实践 2.熟悉企业各种筹资方式的程序和法律规定 3.计算机网络和多媒体教学设施的熟练操作能力	1.教学方法：讲授法、案例教学法、情景教学法、小组讨论教学法 2.重点、难点：重点是股票、债券的定价方法；难点是如何引导学生通过收集文献资料来完成筹资方式业务流程的设计	1.企业会计准则、企业财务通则 2.学习指导书、教学参考书 3.纸、笔等文具 4.多媒体教学设施	1.评价内容：①对主要筹资方式的理解程度；②银行借款业务程序设计的正确性；③发行股票及发行债券方案设计的合理性 2.评价方法：笔试+方案设计+教师评定

附表 4.8　教学内容与过程描述（七）

第七章：筹资管理（下）		学时：10

教学目标	能力目标	主要内容
1.理解资本成本的内涵 2.重点掌握普通股资本成本的计算方法 3.掌握债务成本的计算方法 4.掌握加权资本成本的计算 5.熟悉影响资本成本的因素 6.掌握杠杆原理及其计算分析 7.了解资本结构理论 8.熟知影响资本结构的因素	1.收集或设计一个企业的资料,用不同方法计算分析普通股成本和债务成本,计算加权成本 2.论证每种成本计算方法中各构成要素予以量化的角度或方式方法 3.设计或收集一个企业的资料,计算分析杠杆,写出分析报告	1.资本成本：①资本成本概述；②个别资本成本的估算；③综合资本成本和边际资本成本 2.杠杆原理：①杠杆效应的含义；②成本习性、边际贡献与息税前利润；③经营风险与经营杠杆；④财务风险与财务杠杆；⑤总杠杆 3.资本结构的确定：①资本结构的意义；②资本结构决策方法

续表

第七章：筹资管理（下）			学时：10
教学目标	能力目标	主要内容	教学目标
9.重点掌握资本结构的决策方法	4.收集或设计一个企业的相关财务资料，计算分析每股收益无差别点及企业价值，并进行最佳资本结构决策		
教师知识与能力要求	教学方法和重点、难点	教学材料、工具	考核与评价
1.具有一定的专业实践经验，熟悉资本市场相关的理论与实践 2.熟悉企业资本成本内涵 3.计算机网络和多媒体教学设施的熟练操作能力	1.教学方法：讲授法、案例教学法、情景教学法、小组讨论教学法 2.重点、难点：重点是资本成本的计算、结构决策方法；难点是如何引导学生通过收集资料设计不同筹资方案，进而确定最佳资本结构	1.企业会计准则、企业财务通则 2.学习指导书、教学参考书 3.纸、笔等文具 4.多媒体教学设施	1.评价内容：①普通股和债务成本计算的合理性；②对成本要素、权数确定理由论述的合理性；③财务杠杆计算和分析报告的合理性；④资本成本结构决策方法的合理性 2.评价方法：笔试+课堂提问+教师评定

附表 4.9　教学内容与过程描述（八）

第八章：投资管理——项目投资		学时：16
教学目标	能力目标	主要内容
1.理解投资项目的含义和种类 2.熟悉项目投资评价的一般程序 3.重点掌握项目投资现金流量的内涵与估算 4.掌握项目投资决策指标的计算、优缺点及具体运用 5.熟悉互斥方案优选及资本总量有限的决策思路和方法	1.设计或寻找一个投资项目，拟订投资方案，计算其回收期、净现值、现值指数、内含报酬率等指标 2.估算投资项目的风险程度 3.进行可行性分析，做出项目投资决策 4.进行项目投资决策的实训练习，包括可行性分析和优选分案决策	1.项目投资概述：①投资的含义和种类；②项目投资的含义与特点 2.项目投资现金流量的构成和估算：①现金流量的概念；②现金流量估计的基本原则；③现金流量的内容及估算 3.项目投资决策评价指标及其计算：①投资决策评价指标及其类型；②考虑资金时间价值的评价方法；③不考虑资金时间价值的评价方法
教师知识与能力要求	教学方法和建议	教学材料、工具与媒体	考核与评价
1.具有一定的专业实践经验，熟悉企业项目投资过程中的环境因素 2.有丰厚的财务管理和项目投资管理的理论和实践积累 3.计算机网络和多媒体教学设施的熟练操作能力	1.教学方法：讲授法、案例教学法、情景教学法 重点、难点：重点是项目决策方法、对现金流量的理解及估算；难点是如何使学生理解现金流量概念与利润相联系，投资决策指标的计算与资金时间价值观念联系紧密	1.企业会计准则、企业财务通则 2.学习指导书、教学参考书 3.纸、笔等文具 4.多媒体教学设施	1.评价内容：①评价设定投资方案数据描述的合理性；②评价决策指标选择的合理性，考核指标计算的准确性；③考核项目投资决策实训的质量 2.评价方法：笔试+方案设计+教师评定

附表 4.10 教学内容与过程描述（九）

第九章：投资管理——证券投资		学时：10

教学目标	能力目标	主要内容
1.明确企业购买股票和债券的目的意义 2.熟悉证券投资决策的基本程序 3.重点掌握股票、债券价值的估价方法 4.掌握股票、债券投资收益率的计算，并进行投资决策 5.熟悉基金投资的概念、特点、种类 6.掌握基金投资的估价与收益分析，并进行基金投资决策	1.收集资料，辨析企业购买股票债券与投资机构的区别 2.熟练运用不同估价模型进行股票、债券价值的计算与分析 3.股票、债券投资收益率的计算 4.收集资料，进行市场或文献调查，列出股票、债券投资的基本程序	1.证券投资的目的、特点：①证券投资的目的；②证券资产的特点；③影响证券投资决策的因素 2.股票投资：①股票投资的特点；②股票的估价；③股票投资的收益分析；④股票投资的相关因素分析；⑤股票投资策略 3.债券投资：①债券投资的特点；②债券的估价；③债券投资的收益分析；④债券投资的相关因素分析；⑤债券投资策略 4.基金投资：①基金投资的概念与特点；②投资基金的种类；③基金投资的估价与收益分析；④基金投资决策

教师知识与能力要求	教学方法和建议	教学材料、工具与媒体	考核与评价
1.具有一定的专业实践经验，熟悉影响证券价值的环境因素 2.有丰厚的财务管理和证券投资管理的理论和实践积累 3.计算机网络和多媒体教学设施的熟练操作能力	1.教学方法：讲授法、案例教学法、情景教学法 2.教学建议：重点是股票股价模型、债券收益率计算；难点是如何引导学生进行证券市场调查，增强学生对证券投资的理解与认识	1.企业会计准则、企业财务通则 2.学习指导书、教学参考书 3.纸、笔等文具 4.多媒体教学设施	1.评价内容：①评价对企业购买股票、债券目的认识的合理性；②评价股票、债券价值、收益率计算分析的合理性 2.评价方法：笔试+方案设计+教师评定

附表 4.11 教学内容与过程描述（十）

第十章：营运资本管理——投资		学时：12

教学目标	能力目标	主要内容
1.熟悉营运资本投资政策的内涵 2.熟悉最佳现金持有量的确定方法 3.重点掌握应收账款信用政策的确定 4.重点掌握存货决策	1.设定一个企业，收集其重要客户的信用和财务状况的资料，拟订两个不同信用政策的备选方案，做出信用政策的决策，进行应收账款管理的实训练习 2.设定一个企业，收集有关该企业主要存货价格及供应情况的资料，计算存货经济订货批量、保本储存期。对存货进行 ABC 分类管理。进行存货管理的实训练习	1.营运资本投资策略：①营运资本的有关概念；②流动资产投资策略 2.现金管理：①现金管理的意义；②持有现金的动机；③持有现金的成本；④最佳现金持有量的确定；⑤现金收支管理 3.应收账款管理：①应收账款的成本；②应收账款政策的制定；③应收账款的日常管理 4.存货管理：①存货管理的目标；②储备存货的成本；③存货决策

续表

第十章：营运资本管理——投资			学时：12
教师知识与能力要求	教学方法和重点、难点	教学材料、工具	考核与评价
1.具有一定专业实践经验，熟悉企业应收账款产生的因素及逻辑关系 2.熟悉企业存货管理的整个过程，有丰厚的财务管理和存货管理的理论和实践积累 3.具备计算机网络和多媒体教学设施的熟练操作能力	1.教学方法：讲授法、案例教学法、情境教学法 2.重点、难点：信用政策的制定、存货经济批量的决策，应详细介绍	1.企业会计准则、企业财务通则 2.学习指导书、教学参考书 3.实训资料：××股份有限公司的最佳信用决策、存货经济批量决策 4.纸、笔等文具，计算机网络及多媒体教学设施	1.评价内容：①评价拟订应收账款备选方案描述的合理性；②考核存货经济订货批量设计与计算的准确性和合理性 2.评价方法：笔试+项目方案设计+教师评定

附表 4.12　教学内容与过程描述（十一）

第十一章：营运资本管理——筹资		学时：6
教学目标	能力目标	主要内容
1.了解营运资本筹资政策 2.掌握商业信用、短期借款筹资	1.设定一个企业，收集有关该企业通过商业信用方式筹资情况的资料 2.设计一套完整的某种短期借款方式方案，并寻找一个银行进行灵活多样的调研	1.短期借款：①短期借款的种类；②短期借款的信用条件；③借款利息的支付方式；④短期借款筹资的优缺点 2.商业信用：①商业信用的条件；②放弃现金折扣的成本；③商业信用筹资的优缺点 3.营运资本筹资政策：①稳健型筹资策略；②激进型筹资策略；③折中型筹资策略

教师知识与能力要求	教学方法和重点、难点	教学材料、工具	考核与评价
1.具有一定专业实践经验，熟悉企业实务中营运资本筹资的方式方法 2.熟悉企业商业信用、短期借款的整个过程。有丰厚的财务管理和短期筹资管理的理论和实践积累 3.具备计算机网络和多媒体教学设施的熟练操作能力	1.教学方法：讲授法、案例教学法、情境教学法。 2.重点、难点：重点是借款利息的支付方式、现金折扣成本计算与分析；难点是营运资本筹资政策的确定	1.企业会计准则、企业财务通则 2.学习指导书、教学参考书 3.实训资料：××股份有限公司短期借款方案 4.纸、笔等文具，计算机网络及多媒体教学设施	1.评价内容：①评价拟订应收账款备选方案描述的合理性；②评价短期借款方案的合理性与可行性 2.评价方法：笔试+项目方案设计+教师评定

附表4.13　教学内容与过程描述（十二）

第十二章：利润分配管理		学时：8
教学目标	能力目标	主要内容
1.熟知利润分配的基本原则、项目和顺序 2.掌握股利支付的程序和方式 3.了解股利理论 4.重点掌握股利分配政策 5.熟知股票股利、股票分割和回购	1.实地或文献调研，取得某上市公司股利分配的真实资料，了解该公司选定的股利分配政策 2.假设采用其他股利分配政策，试计算该公司当年股利分配额，并进行分析 3.进行市场调查，论证公司采用不同股利分配政策的原因	1.利润分配概述：①利润分配的基本原则；②利润分配的顺序 2.股利分配政策：①股利分配政策；②确定利润分配政策时应考虑的因素 3.股利分配方案的确定：①选择股利政策类型；②确定股利支付水平；③确定股利支付方式；④确定股利发放日期 4.股票分割与股票回购：①股票分割；②股票回购
教师知识与能力要求	教学方法和重点、难点	教学材料、工具	考核与评价
1.具有一定的专业实践经验，有丰厚的财务管理的理论和实践积累 2.熟悉收益管理的理论与实践 3.具有计算机网络和多媒体教学设施的熟练操作能力 4.具备相关经济学知识	1.教学方法：讲授法、案例教学法、情境教学法 2.重点、难点：收集资料以小组为单位进行，完成资料的获取并进行计算分析。重点难点是股利分配政策的选择	1.企业会计准则、企业财务通则 2.学习指导书、教学参考书 3.实训资料：××股份有限公司的最佳信用决策、存货经济批量决策 4.纸、笔等文具，计算机网络及多媒体教学设施	1.评价内容：①评价对不同股利分配政策的掌握情况及具体股利计算；②评价各小组资料收集情况、方案设计情况及团队合作情况 2.评价方法：笔试+项目方案设计＋教师评定

（九）教材与参考资料

该课程使用的教材以项目组开发的教材为主，并充分利用数字化资源库的相关教学参考资料。同时，还可参照注册会计师考试用书、中级会计师资格考试用书及"十二五"规划教材等比较前沿的教学资料和权威网站。

教学参考书如下。

（1）中国注册会计师协会. 财务成本管理. 北京：中国财政经济出版社，2009.

（2）张志宏. 财务管理. 北京：中国财政经济出本社，2009.

（3）荆新，王化成，刘俊彦. 财务管理学. 第七版. 北京：中国人民大学出版社，2015.

（4）伯克 J，德马 P. 公司理财（下）. 第3版. 姜英兵译. 北京：人民大学出版社，2014.

（5）李海波，蒋瑛. 财务管理. 第九版. 北京：立信会计出版社，2015.

（6）傅云略. 财务管理. 第三版. 厦门：厦门大学出版社，2015.

教学参考网站如下。

（1）中国财政部：http://www.mof.gov.cn/.

（2）国家税务总局：http://www.chinatax.gov.cn/.

（3）中华财会网：http://www.e521.com/.

（4）新华会计网：http://www.kj2100.com/.

第五章 财务管理专业主干课程教材编写

一、教材编写的主要依据

（1）依据《中等职业学校财务管理类专业教师标准》。

（2）依据《中等职业学校财务管理专业教师培养标准》。

（3）参照现行的财务会计专业、财务管理专业（包括普通本科、职教师资本科、高职）现有教材。

（4）参照国外会计专业的现有教材。

二、教材编写的技术路线

教材编写的技术路线如图 5.1 所示。

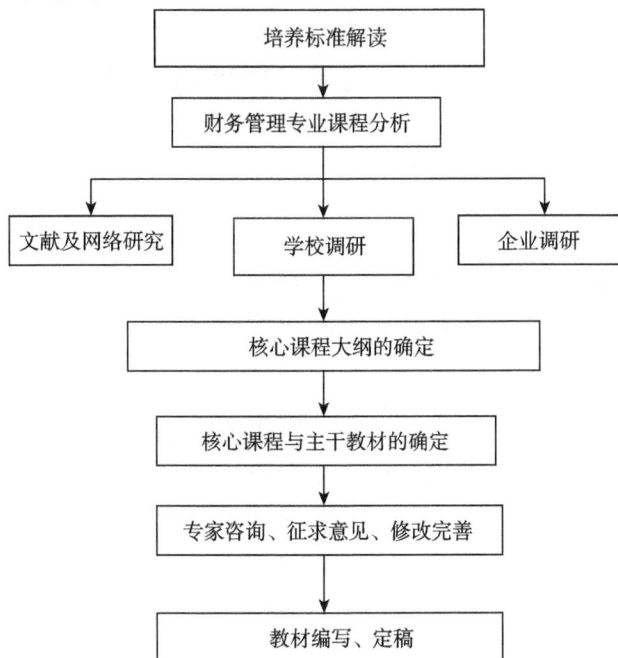

图 5.1 教材编写的技术路线

三、教材编写指南

（一）确定主干课程

通过走访本科院校、高职高专院校、中等职业学校中担任财务管理及相关课程的任课教师、教学管理人员，企业、银行、税务等单位从事财务管理及相关工作的会计人员和管理人员，会计师事务所及税务师事务所的从业人员，结合调研结果分析和项目开发指南中的要求，确定了会计实务、财务管理理论与实务、财务报表分析、财务管理专业教学论、财务管理综合模拟实习为财务管理专业主干课程。

（二）教材的功能定位

教材是重要的课程资源。教材作为课程标准的物化产物，必须全面体现课程标准的理念和内容。教材是使学生达到课程标准所规定的目标要求的内容载体。从本质上说，教材不仅仅是一种信息资源，更是学生直接作用的对象，是促进学生发展的工具和手段。特色教材强调形成学生积极主动的学习态度，使学生获得基础知识与基本技能的过程成为学会学习和教学互动的过程。这就意味着特色教材应成为师生之间积极互动、相互交流、共同探究的介质，以转变学生的学习方式为突破口，倡导自主、合作、探究的学习方式，充分调动学生参与学习的积极性和主动性。

为此，特色教材在内容的呈现上，不拘泥于对具体事实和概念的陈述和解释，而是注重展现知识获得的过程和方法，联系学生已有的知识经验，努力创设真实的问题情景，通过问题引发学生的认知冲突，激发学生的探究欲望，引导学生通过多种多样的探究活动，如观察、实验、交流、讨论等主动体验探究的过程，使学生在独立思考、解决问题的过程中，通过深层次地认知参与，自主地获得知识，并学会收集、加工和处理信息的科学方法，从而满足职教师资培养的独特需求，帮助学生在学习知识的同时获得传授知识的技能。

（三）教材内容

教材内容的难度，必须适合高校本科生层次专业学习，并且应该区别于：大学相同或相近名称的专业教材；职业学校专业教材；职业教育通用课程教材。

1. 专业课程教材内容

专业课程教材内容的选取，应分析本专业职业域中劳动、技术和职业教育三者的关系的基本问题。专业课程的教学内容必须随着技术的进步和发展而变化，特别需要考虑已经应用于实践生产过程的新技术。特别要研究劳动与教育的关系，如劳动组织和形式、对工人的能力要求等。职业院校的学生必须具备胜任该专业典型职业活动的工作能力，应以职教师资能够胜任这样的培养为目标，研究如何在科学定向的基础上确定教学内容。本项目开发的教育教学类课程教材应该与相应的专业结合，从专业（职业）的特殊视野出发研究教学的各要素，如专业教学论、职业科学导论。

根据项目开发要求及职教师资财务管理本科专业培养方案和课程大纲的要求，毕业生要达到以下要求。

（1）熟练掌握国家的经济政策、会计准则、会计制度，根据企业的业务特点熟练从事各个会计岗位的业务核算。

（2）作为财务管理人员能熟练处理各个岗位的管理工作，如资金管理、资产管理、往来管理、成本管理、存货管理、费用工资、销售管理、审计内控管理、报税管理等岗位的管理。

（3）财务管理人员必须熟悉企业的生产流程和会计核算的业务流程，在学习中将所学知识与其岗位融合，在教学中将实际工作中的真实业务呈献给学生。

（4）担任财务管理工作的人员必须有继续学习能力、创新能力和风险意识。

财务管理职教师资课程教材的编写从内容的深度和广度来看，要高于高职高专教材，因为其面对的受教育对象是本科学生，是未来的中等职业学校教师，所谓"给别人一碗水，自己要有一桶水"，这一桶水是要在他们的课程学习中获得的，因此从内容方面可以借鉴普通本科和应用型本科教材的深度和广度。

2. 教育教学类课程教材内容

教育教学类公共课程教材由公共项目负责开发，本项目开发的课程教材应该与相应的专业结合，从专业（职业）的特殊视野出发研究教学的各要素，如专业教学论、职业科学导论。

（四）教材结构设计

教材内容的组织结构，应努力实现"四个融合"：①专业理论与专业实践的融合；②教育教学理论与实践的融合；③专业内容与教育教学内容的融合；④专业能力与社会能力、方法能力的融合。从教材的编写体例来看，要借鉴高职高专教材的编写经验，以实践—理论—再实践—再理论为编写脉络，力求体现"以学生为主体""以教师为主导"的教学理念，从而达到提高学生自学能力、分析和解决问题能力、语言表达能力、沟通协调与团队合作能力的目的。同时，学生将来面对的是学生，要传授的是技能，采用高职高专的教材编写体例，采用重实践、分岗位、任务型的教材学习，在教会学生未来职业中所需要的技能的同时，也教会这些技能的传授方法，为学生成为一名合格的财务管理职教教师奠定了基础。

（五）教材编写的总体思路

为了突出财务管理职教师资的培养目标与特色，将专业知识、专业能力与从教知识与能力结合，核心教材的编写要以专业教师标准、培养方案和课程标准为依据，充分体现职业学校"教师专业化"的要求，聚焦于形成职教师范生的"职业能力"的特色，专业主干课程教材的编写应突出以下特点。

（1）围绕培养"专业实践能力、专业实践问题的解决能力"进行开发。教材内容理论与实践一体化。在理论知识和实践操作二者的处理上，是理论随着实践走、知识随着操作走。教材编写人员多层面整合，将学校一线教师、院校领导、学科带头人、科研机构专家学者和企业一线财务管理人员共同组成编写委员会,对教材进行审定,教材的权威性、知识完整性和实用性得以保证。"教师好教,学生好学,技能实用"的编写思维贯穿教材编写全过程。

(2)突破传统编写体例,采用案例导入,以任务驱动、项目导向、问题解决为基本体例,突出实践教学环节及特点,使其在内容、体例上更具特色。在每一单元的开篇,引出岗位能力目标和知识目标,突出任务驱动,利用各财务会计工作岗位的典型业务,引出学习内容,使学生学习能够有的放矢,激发学生的学习兴趣,培养学生分析问题和解决问题的能力。

(3)创新"双师"课程教学的编写新模式,传授专业教学理论的同时,提升学生职业教育教学能力,培养学生在未来岗位做财务管理专业教学的能力。教材内容与学生考证相组合,以职业任职资格和职业教育能力双重能力的获得为目标,因此做到传授知识与培养岗位技能的有机结合,体现课证融通的实施,真正实现所学与所用的无缝对接与零距离就业。

(4)体现"以学生为中心""工学结合,理论与实训紧密结合""重视职业技能培养,理论知识够用"的编写原则,教材体现 "教、学、做"一体化。书中各项内容都结合案例进行分析,所涉及的单据均为实际工作中的真实单据与凭证。以工作过程为线索,知识的学习是通过任务来贯穿实现的,教师在做中教,学生在做中学,充分实现了"教、学、做"一体化。

(六)教材编写的具体体例

"以理论知识为基础,以工作岗位为起点,以典型工作任务为载体,以培养学生综合职业能力为目标"是核心教材的特色。每章开篇都附有"本章学习目标""本章关键词""案例引读",章末都有"本章小结""复习与思考题""练习题""案例分析",有助于教师教学和学生练习,具有较强的实用性和针对性,在结构设计上力图遵循行动导向教学对教材设计的要求,采用"目标—任务—行动—评价"的顺序。

按工作岗位编写章节,每章节中要包括以下内容。

1. 本章学习目标

指明该专业职教师资学生在本章学习中教学目标、基本要求,学习本章内容后应达到的预期结果。

(1)教学目标、基本要求:分重点掌握、掌握、理解(熟悉)、了解(认知)四个层次的要求。这部分内容主要给出本章教材的知识点。分别说明四个层次的重要程度,给教师和学生指明什么是重点,什么是一般。

(2)学习本章内容后应达到的预期结果,即通过本章的学习,学生要形成哪些能力、掌握哪些技能。

第一,能力要具体说明。

一是专业能力、社会能力、方法能力。

专业能力是指从事某一职业的专业能力,即与专业课程相关的能胜任的工作能力,包括具有胜任相关工作的专业知识和工作技能、专业经验和分析判断能力，以及该课程对应岗位所需要的有关国家政策法规和实际工作要求等。

社会能力是指在工作中为达到与所处环境的和谐状态而必须具备的一种综合能力。例如，能够通过各种渠道查询收集与该课程相关的最新信息，具有一定的相关专业课程（知识）分析能力和写作能力，能敏锐地判断社会经济环境、政策法规变化对该专业课程（知识）产生的影响等。

方法能力是指能够及时准确获取专业知识的相关、可靠的信息，理解和捕获新知识；能够主动进行学习和参加培训，不断提高相关职业胜任能力；通过持续学习，了解国家最新政策和专业领域的最新方法。

二是模仿能力、独立操作能力、迁移能力。

模仿能力包括在原型示范和具体指导下完成操作；对所提供的对象进行模拟、修改等。行为动词包括模拟、重复、再现、模仿、例证、扩展、缩写等。

独立操作能力包括独立完成操作；进行调整与改进；尝试与已有技能建立联系等。行为动词包括完成、表现、制定、解决、拟定、预计、测算、计量、尝试、试验等。

迁移能力包括在新的情境下运用已有技能；理解同一技能在不同情境中的适用性等。行为动词包括联系、转换、灵活运用、举一反三、触类旁通等。

第二，技能指标要有量的标准或指明获得哪一级等级证书、资格证书。

注意：本部分编写注意突出学生在学习中的能动性，即重点关注学生能做什么，而不是知道什么；能力目标的文字表述不要使用"知道""了解""懂得""熟悉"之类的动词，否则，所描述的学习目标就会非常模糊。建议采用"能或会+程度副词+操作动词+操作对象"的格式，如"能熟练分析计算项目投资净现值"。

2. 本章关键词

关键词是指表达该章主题概念的词汇，给出关键词有利于学生掌握章节的主题内容。关键词的选择必须能够反映章节的主题和中心，使学生能够一目了然地知道该章节的主题，并在以后的阅读和学习中引起重视。关键词一般选取 3~5 个。

3. 案例引读

"良好的开始是成功的一半"，精心设计的导入，能拨动学生的心弦，设疑激趣，启迪学生思维，激发学生的学习兴趣，引发学生的求知欲望，有助于学生获得良好的学习效果。案例设计要生活化、活动化、职业化和趣味化，做到前后呼应，通过巧设情境，将知识融入贴近学生、贴近生活的案例中，即以与教学内容密切联系的工作任务为核心，训练学生操作技能，使学生在新课一开始就形成任务意识，在提示任务、分析任务、尝试任务中掌握理论知识和提高实践技能。在导入设计时还应注意以下方面：首先要自然合理，导入既是前面知识的继续，又是后面知识的开端；其次要能引起学生兴趣，从而引导学生去探求新知识，寻找解决新问题的方法和途径。

设计案例时，应围绕课程总体教学目标和要求有针对性地筛选、包装，使之典型化，设计案例应尽可能选择实践中的最新案例。案例的内容必须适应具体教学环节的需要，与会计理论相关。会计案例的选择要反映会计职业某一特定情景中真实发生的事件或出现的情况，涉及某一特定单位或组织的经济利益，给学生提供可参与的场景，让学生分析和评估案例所描述的内容，确定应采取的解决措施和办法。选择具有实务性的会计教学案例，可在案例分析过程中提供会计职业实际情景特征，让学生感受真实事件，培养学生发现问题，查询、分析、研究、解释相关信息，运用职业判断得出科学、合理结论的能力。会计案例的选择要做到难易适度，只有这样才能引起学生的兴趣。如果内容太简单，问题一目了然，就不需要讨论了；如果内容太复杂，难度太大，超越了大部分学生的知识范围和分析能力，可能会使学生感到无从下手，从而产生畏难情绪，不会积极地参与案例的分析与讨论，进而就会使教学工作难以开展，因此达不到预期的效果。

在引入新知识时，提出需要探究才能解决的问题，使学生不再面对现成的陈述性知识，而是面对具有一定挑战性的问题或任务，他们需要通过自主的、多样化的探究活动来回答问题或完成任务，并在此过程中获得知识和技能、发展思维、培养情感。

4. 章节理论部分

章节内容突出对学生职业能力的训练。理论知识的选取紧紧围绕财务管理典型工作任务（岗位）完成的需要来构建，同时要充分考虑职教师资教育对理论知识学习的需要，并融合相关职业资格证书对知识、技能和态度的要求，实施职业技能训练。

注意：章节理论部分编写可以借鉴普通本科和应用型本科教材的深度和广度。

5. 本章小结

"本章小结"具有整合、升华的功能，加强知识的连续性和系统性，具有明确教学目标的功能，对章节内容建立完整印象、强调重点和关键，同时还能起到检查学习效果、拓展延伸的作用。"本章小结"不应该是本章内容的简单再现，而应是精加工基础上的概括提炼。"本章小结"可以把本章知识做很好的整理，有利于学生对本章知识的学习，也有利于学生在课堂外运用这些知识。

参考格式如下。

本章小结：本章主要学习了财务会计的基本理论问题，为后面各章的学习奠定理论基础。

财务会计是以有关会计法规、准则和制度为主要依据，通过确认、计量、记录和报告等程序对各项会计要素进行加工处理，为有关各方提供企业财务状况、经营成果和现金流量等信息的一项专业会计，是运用会计核算的基本原理与方法，以企业会计准则等会计法规为依据，对企业资金运动进行反映和控制，为所有者、债权人提供会计信息的对外报告会计。财务报告的目标是向财务报告使用者提供与企业财务状况、经营成果和现金流量等有关的会计信息，反映企业管理层受托责任履行情况，有助于财务报告使用者做出经济决策。财务会计的对象是企业的资金运动，会计要素是企业资金运动的具体化。我国会计准则规定的六个会计要素是反映企业财务状况和经营成果的基本单位，也是会计报表的基本构成要件。财务会计通过对会计要素进行确认、计量、记录和报告，完成会计信息的处理。

会计人员确定会计核算的范围和内容，确定收集和加工会计信息的方法和程序都要以会计基本假设为依据，会计基本假设是企业进行会计确认、计量和报告的前提，是对会计核算所处时间、空间环境等所做的合理设定。我国企业会计准则明确会计主体、持续经营、会计分期和货币计量为企业基本会计假设。对企业收入与费用的确定，应当以权责发生制为基础。权责发生制从时间上规定了会计确认的基础，其核心是根据权责关系的实际发生期间来确认收入和费用。会计信息是企业相关利益各方进行决策的重要依据，会计信息质量的好坏直接关系到投资人的利益、关系到国家宏观经济的调控、关系到债权人等相关利益方的权益。企业所提供的会计信息必须符合可靠性、相关性、可理解性、可比性、实质重于形式、重要性、谨慎性和及时性等方面的会计信息质量要求。

　　会计要素按照其性质分为资产、负债、所有者权益、收入、费用和利润。会计要素的界定和分类可以使财务会计系统更加科学严密，为投资者等财务报告使用者提供更加有用的信息。进行会计要素的确认应符合企业会计准则所规定的确认条件，会计要素金额的确定应当按照规定的会计计量属性进行计量，会计计量属性主要包括历史成本、重置成本、可变现净值、现值和公允价值等。

6. 复习与思考题

　　通过复习思考题进一步强调重点知识，同时拓宽和延伸学生知识面。以问题的形式或者提供一定的线索，引导学生对学习的内容进行系统整理。在这一过程中，学生对自己的学习活动进行反思，对知识和方法进行再认知，并及时调整自己的学习策略和思维方向。这些设计都充分体现了教材引导学生进行自我反思与评价的功能。

　　参考格式如下。

　　思考题：

　　（1）与管理会计比较，财务会计有哪些特征？

　　（2）财务会计信息处理的基本程序是什么？

　　（3）什么是会计基本假设？我国会计准则规定的会计基本假设有哪些？

　　（4）提供高质量会计信息的要求有哪些？

　　（5）企业会计要素的定义及其确认条件是什么？

　　（6）企业进行会计要素确认的标准有哪些？

7. 练习题

　　参考格式如下。

　　习题一

　　【目的】练习自营建造固定资产业务的核算。

　　【资料】某股份有限公司自行建造生产车间所用厂房，发生下列各项业务。

　　（1）用银行存款购入工程物资 120 000 元，工程物资验收入库。该项工程开工领用工程物资 100 000 元。

　　（2）领用库存材料一批，实际成本 8 000 元，增值税进项税额 1 360 元。

　　（3）辅助生产供水、供电车间为该工程提供水、电费 6 000 元，结转水电成本。

　　（4）该工程负担的应付工资 13 800 元，福利费 1 932 元。

　　（5）用银行存款 9 600 元，支付各项其他费用。工程竣工验收交付使用。工程完工后将剩余工程物资转为入库材料。

【要求】编制以上业务的会计分录。

8. 案例分析

通过案例分析和讨论，建立以学生发展为本的评价理念，重视引导学生进行自我反思与评价，充分发挥评价对学生的激励、促进和发展功能，调动学生的主体性，有助于提高学生自我学习与发展的意识和能力。在探究活动后设有讨论栏目，让学生将自己观察到的现象、得到的结论等与同伴交流讨论。这种讨论一方面为学生提供了一个自我表现的机会，激励学生不断进取；另一方面，促使学生对自己的探究活动做出反思与评价，不断调整、改进和完善自己的行为。

参考格式如下。

W 公司由陈会计具体负责固定资产核算业务。2001 年 12 月 1 日，该公司购置一项固定资产，原值 1 300 万元，确定的折旧年限为 8 年，预计净残值为 65 万元，采用年限平均法计提折旧。2005 年 12 月 31 日，W 公司发现该设备已经发生减值，预计可收回金额为 280.8 万元。2007 年 12 月 31 日，原影响计提减值准备的因素发生了变化，预计可收回金额为 560 万元。陈会计计算的应转回已确认的固定资产减值损失为 200.85 万元（该公司在调整计算折旧时，假定其净残值始终为 65 万元）。但被其同事黄会计认为有误，黄会计认为，应按照固定资产的账面净值与可收回金额比较，应将所计提的减值准备 401.7 万元全部转回。陈会计百思不得其解，难道自己真的算错了？

试分析陈会计对恢复减值准备的计算是否有错？如果错误，错在何处？如果正确，其理由何在？

（七）特色教材编写注意事项

（1）在编写某门课程的教材时，一定要认真分析该课程在人才培养方案中的地位与作用，准确定位知识、方法、社会能力方面要达到什么目标，通过什么理念、模式与技术去实现。

（2）特色的建立一定要依靠集体智慧，有组织、有计划、有目标、有分工、逐项落实。在操作上可先做一个方案，通过讨论、分析研究或论证后，再形成文本。要防止敷衍塞责，草草了事，否则，没有任何实用价值。

（3）特色教材以本专业职教师资培养标准为依据，需要处理好高校与职校在专业内容上的差异性。第一，教师培养不同培训，注重学生的全面素质能力，因此需要进行综合素养的培养设计，避免套用高职高专的体例；第二，体例、结构、形式等都要凸显创新；第三，为突出"双师型"教师的培养，注重与普通本科体例、结构的区别；第四，注重开放性，研究产业对接及校企合作，要求企业、行业的合作渗透以加强实践能力。

（4）对教材内容因课程性质、教学模式（基于工作导向、教学做合一、理实一体化、项目式等）、教学方法与手段等不同而异。对实践性、操作性很强的课程，要采用理实一体化的编写模式，并辅以实践教材；对理论性强、动脑多而动手少的课程，则可采用传统的理论教材的编写模式。

第六章 财务管理专业数字化资源库开发

一、数字化资源库的开发思路

以帮助使用者提高学习效率，方便与教师互动作为基本目标，在充分调研的基础上，依据《财务管理专业教师标准》和《财务管理专业教师培养标准》，结合财务管理专业教学特点，依托现代计算机、网络等信息技术构建财务管理专业数字化资源库，为本专业和会计、审计等相近专业的学习需要者提供一个数字化平台。

在充分研读《教育部　财政部职业院校教师素质提高计划〈职教师资本科专业的培养标准、培养方案、核心课程和特色教材开发项目指南〉》的基础上，项目组力求使项目成果体现如下三个方面特征：①先进性与应用性，具体包括使项目体现现代职业教育理念、职业教育方法、现代信息技术发展成果，并使之兼备易于使用、便于应用、乐于应用的特征。②专业性与综合性，具体表现为使数字化资源库体现面向职教师资财务管理本科专业特定人群、完成专业学习、实现专业提高的专业化特征；将财务管理专业知识、专业理论、技能学习与企业生产实际相结合，将财务管理专业需要与从师需要相结合，以工作过程为导向，面向"双师"型人才培养为目标。③科学性与系统性，遵循职教师资培养中教育教学规律，一方面关注内部系统统一协调，另一方面注意到本系统与外部系统所涉及的《中华人民共和国教师法》、《中华人民共和国职业教育法》、《中华人民共和国劳动法》及《教师资格条例》等的统一与融合，避免矛盾与冲突。

财务管理专业数字化资源库体现了如图 6.1 所示的逻辑关系。

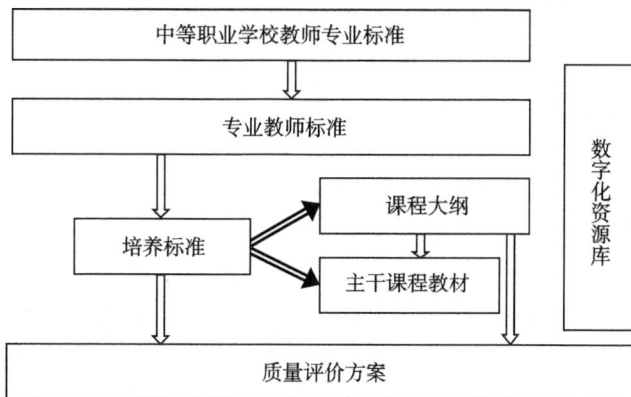

图 6.1　逻辑关系

依据《课程资源开发指南》的要求，财务管理专业的数字化教学资源应主要体现在课程级教学资源建设，即核心主干课程资源，包括教学大纲、授课计划、教案或演示文稿、教学录像、教辅材料、实践教学资料等，要体现现代教育思想和职业教育教学规律，展示教师先进教学理念和方法，具有共享开放性，能够服务学习者自主学习。

根据 2015 年 1 月 13 日上海会议培训说明，借助公共项目教学服务平台，将财务管理专业的数字化资源整合到该平台，构建财务管理专业资源库。该数字化资源库是一个开放性互动平台，财务管理专业的其他课程资料可根据需要不断增加、删除、修改，不断完善到资源库中。

二、数字化资源库开发的技术路线

数字化资源库开发的技术路线如图 6.2 所示。

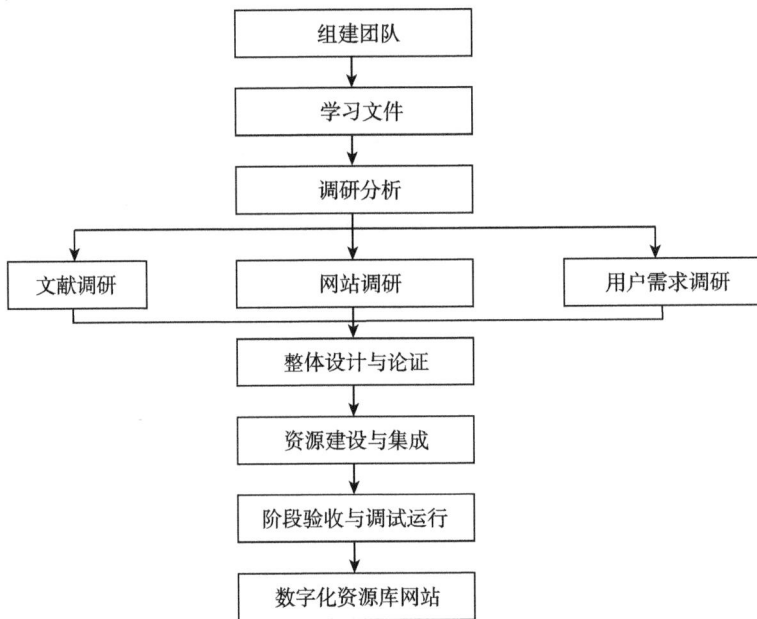

图 6.2　数字化资源库开发的技术路线

三、数字化资源库结构设计

根据项目办 2013 年 8 月下发的项目指南要求，主干课程教材应有对应的数字化教学资源，数字化教学资源主要体现在课程级教学资源建设，即核心主干课程资源。有条件的单位可以建设平台级教学资源，如培养包教学资源库平台或网络教学平台。

因此，课题组选择以财务管理专业五门核心课程教材为主线，包括《会计实务》、《财务管理实务》、《财务报表分析》、《财务管理专业教学论》和《财务软件应用》，体现在课程级教学资源建设上。另外，为了加强实践教学促进学生实践教学能力的培养，课题组在数字化资源库中对实践教学资源以专门版块加以体现。

（一）资源库整体结构图

资源库整体结构图如图 6.3 所示。

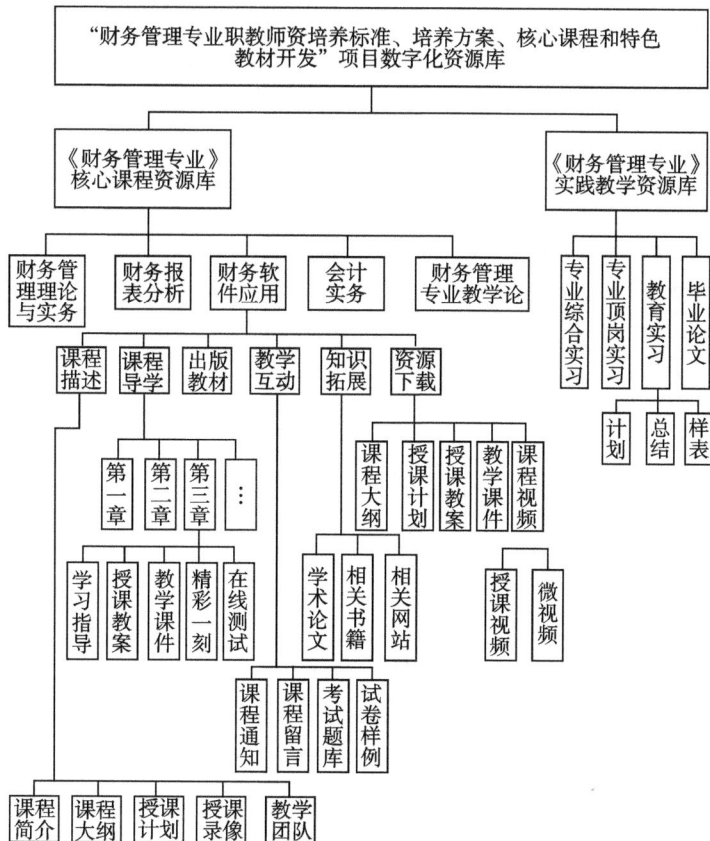

图 6.3　资源库整体结构图

（二）核心课程资源及展现形式

1. 课程描述

课程描述包括课程简介、教学大纲、授课计划、授课录像、教学团队等内容。

2. 课程导学

按章分列。每章内容包括学习指导、授课教案、教学课件、精彩一刻（微视频）、在线测试等内容。

3. 出版教材

列示五门核心课程的教材电子版。

4. 教学互动

作为师生互动的平台，教师可以发布课程通知、课程留言、考试题库、试卷样例等内容。

5. 知识拓展

知识拓展栏目属于课程教学资源的拓展，提供课程相关的学术论文、相关数据或网站。

6. 资源下载

资源下载包括教学大纲、授课计划、授课教案、教学课件、课程视频等内容。

（三）实践教学资源及展现形式

1. 专业综合实习

专业综合实习包括财务管理综合实习和计算机财务管理综合实习，每项实习分别包括计划和总结两项内容。

2. 专业顶岗实习

专业顶岗实习包括计划和样表两项内容。

3. 教育实习

教育实习包括计划、样表、总结三项内容。

4. 毕业论文

毕业论文包括计划和样表两项内容。

四、数字化资源库各部分内容开发标准

（一）课程描述

1. 课程简介

1）结构要求

结构要求包括课程背景、教学模式设计、课程特色三项内容。

课程背景介绍开设该门课程的社会背景及开设目的，字数在 200 字左右。

教学模式设计介绍该门课程的开设方式及所占学分，如该门课程包括实验学时，则要写清楚理论教学和实验教学的学时分配，要交代清楚该门课程的考核方式，以及平时成绩和期末成绩在总成绩中所占比例。

课程特色介绍该门课程的特色之处，如内容特色、教学特色等。

2）技术要求

使用 Microsoft Office 2003 以上版本，采用 doc 或 docx 格式。宋体 4 号字，单倍行距。

3）范例

课程背景

当今社会信息技术迅猛发展，企事业单位广泛采用 ERP 软件进行财务业务一体化处理，企业迫切需求掌握财务业务一体化处理能力的高素质毕业生从事相关工作。据多方调研发现，毕业生在相关业务处理方面，普遍存在对软件的认知理解能力较差、动手操作能力偏弱等问题。本门课程的开设目的即在于培养学生对财务软件的综合感悟能力，系统掌握软件的基本操作知识，充分满足用人单位对信息化人才的需求。

教学模式设计

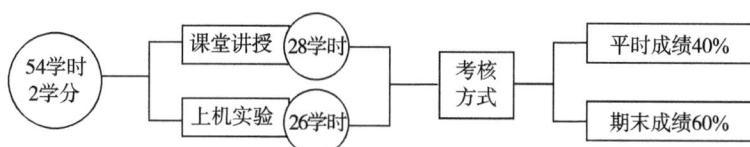

课程特色

（1）软件功能介绍全面系统。系统地讲授了软件安装方法，以及系统管理、总账管理、报表管理、薪资管理、固定资产管理、应收账款管理、采购管理、销售管理、库存管理、存货核算等子系统的软件功能，内容系统性强，涵盖财务业务一体化处理的主要子系统。

（2）实验内容高度仿真。实验内容高仿真模拟工业企业的主要经济业务，包含了供应链及财务处理的全流程业务，通过课程学习即可高度模拟企业的生产经营活动，易于实现校企接轨。

（3）工作任务导向设计。各章内容都是按工作任务导向设计，自成体系，互不影响，便于学习；整个课程内容实现财务业务一体化综合处理，便于学生从整体上掌握财务软件的相关知识。

2. 教学大纲

1）结构要求

结构要求包括课程性质、课程教学目标、课程设计思路、课程基本内容及学时分配等内容。各项内容按照项目组要求的内容撰写教学大纲。

2）技术要求

使用 Microsoft Office 2003 以上版本，采用 doc 或 docx 格式。宋体 4 号字，单倍行距。

标题及正文内容的格式均按照项目组要求的格式编辑。

3）范例

职教师资培养财务管理专业

《财务软件应用》课程大纲

主持人：高建立

参与人：毛久智、王晓东

一、课程性质

财务软件应用是财务管理专业的专业必修课，课程开设的目的是让学生掌握信息技术环境下财务软件的基本应用知识，具备利用财务软件进行企业财务业务一体化处理的基本能力。通过课程学习，可以提升学生的专业综合素质，拓宽学生的渠道，提升就业能力。该课程的选修课是会计信息系统。会计信息系统主要是从系统分析、系统设计的角度上对总账、报表等系统的特点、功能、数据处理流程等进行讲授，财务软件应用主要是从软件应用的角度讲授如何应用财务软件进行企业的财务业务一体化处理。

二、课程学习目标

（一）教学目标及基本要求

了解财务软件包括的内容、财务软件的类型及财务软件的发展趋势，熟悉企业财务业务一体化的处理流程，理解手工环境下会计业务处理和信息技术环境下会计业务处理的异同点，掌握应用财务软件处理企业相关业务的基本方法。教师要精心备课，选用适宜的教学方法，积极开展师生互动，培养学生学习兴趣，调动学生学习积极性，提高专业素养，提高学生分析问题、解决问题的能力。

3. 授课计划

1）结构要求

授课计划编写前要认真研究人才培养方案、教学大纲及教材，充分了解该课程在该专业中的地位、作用与要求。根据教学目标、结合教学大纲与学生实际情况，精选教学内容，精心设计实验/实训课程，并对一学期的教学进度做出全面安排。

分首页和内页两部分。

授课计划教学总学时和各单元教学时数的分配应符合教学大纲的规定。教学内容的进程安排，也要符合教学大纲的编排顺序或该课程的内在逻辑要求。

编写授课计划时，时间应表述清楚，分周次、课次（指总课次），理论课以 2 个学时为 1 个教学单元，实验/实训课可以 2~4 个学时课为 1 个教学单元。

授课计划要阐明教学单元教学的主要内容，以具体章节内容来表述，内容要明细到目，不能仅列出章节标题。

2）技术要求

使用 Microsoft Office 2003 以上版本，采用 doc 或 docx 格式。按学校要求的格式进行排版：首页宋体 4 号字，内页宋体 5 号字。

3）范例

河北科技师范学院财经学院

2015—2016 学年第 1 学期授课计划

课程名称＿＿＿＿＿＿＿＿＿＿＿＿财务软件应用＿＿＿＿＿＿＿＿＿＿＿＿

授课专业班级＿＿＿＿＿＿财务管理 2013 级 01—03 班＿＿＿＿＿＿

计划时数＿＿54＿＿　其中：课堂授课＿＿28＿＿实验（上机）＿＿＿26＿＿＿

教材名称＿＿财务软件（用友 ERP-U8.72 版）＿＿＿＿＿＿＿＿＿＿＿＿

作者＿＿＿＿高建立等＿＿＿版本＿＿＿＿2015 年 9 月第 1 版＿＿＿＿＿＿

出版社　　　　清华大学出版社　　　　　　　

任课教师　　　高建立　　　　　

填写时间 2015 年　8　月　28　日

教学部主任（签字）：

　　　　　　　　　　　　　　年　　　月　　　日

分管院长（签字）：

《财务软件应用》授课计划表

周次	顺序	主要内容	需用时间		执行情况记录及作业安排
			理论教学	实验上机	
1		第一章 导论 第一节 财务软件发展介绍 一、发展历程 二、发展现状 三、发展趋势 第二节 用友 ERP-U8 管理软件介绍 一、功能特点 二、总体结构 三、数据关联 第三节 安装用友 ERP-U8 一、系统技术架构 二、系统运行环境 三、准备安装环境 四、安装 SQL Server 2000 数据库及 SP4 补丁 五、安装用友 ERP-U8	2		
2		第二章 系统管理与企业应用平台 第一节 系统管理 一、系统管理功能概述 二、账套管理 三、年度账管理 四、用户及权限管理 五、系统运行安全管理 第二节 企业应用平台	2		作业

4. 授课视频

1）结构要求

结构要求包括如下基本内容：①课程定位与目标，②课程设计的理念与思路，③学生基础和智能特点分析，④教学内容和教学组织安排，⑤教学模式及教学方法，⑥教学条件，⑦单元教学设计等。

2）技术要求

要求
教学录像按教学单元录制，表达出授课的明确目标、重点、难点，体现教师的授课神态和丰富表情，学生听课的认真态度，学生练习和回答教师提问的神态，甚至是细微之处，力争把现场授课气氛表现出来
选择使用高亮度、高分辨率的投影仪，选用层高且采光好的教室，教师窗户配有白色薄窗帘，充分利用自然光，保证录像环境光线充足、安静
教师衣着得体，讲话清晰，板书清楚，避免穿小格子、窄线条、与背景颜色相近、白色、浅色的衣服，授课过程中避免快速走动，身体不要进入投影光线区域，以免拍摄出的人像成黑像，而且摄像师要提前与教师进行课程沟通
拍摄过程要兼顾师生和课件
在整节课的多数时间里，拍摄员在空行的中间位置拍摄教师的讲述、操作和演示。而且，在空行中间位置也可以很方便地摇拍学生的提问回答。建议使用三台录像机，分别专门录制学生、老师、投影仪
教学录像分辨率不低于 720×576（4∶3）或 1 024×576（16∶9），码流不低于 256Kbps，帧率不低于 25 fps。音频信噪比不低于 48 dB，视频压缩采用 H.264（MPEG-4 Part10：profile=main, level=3.0）编码方式。其他视频素材分辨率不低于 320×240
声音和画面要求同步，无交流声或其他杂音等缺陷，无明显失真、放音过冲、过弱。伴音清晰、饱满、圆润，无失真、噪声杂音干扰、音量忽大忽小现象。解说声与现场声、背景音乐无明显比例失调。音频信噪比不低于 48dB
字幕要使用符合国家标准的规范字，不出现繁体字、异体字（国家规定的除外）、错别字；处理好画面背景颜色与字幕的关系，字幕的字体、大小、色彩搭配、摆放位置、停留时间、出入屏方式力求与其他要素（画面、解说词、音乐）配合适当，不能破坏原有画面
视频剪辑过程中，对主讲教师在讲课过程中出现的一些不自然的动作、表情删掉，用学生听讲的画面替换，但要保留教师画面的同期声。删除教师的"那么""是不是"等口头禅
视频剪辑过程中至少要实现 3 分钟切换画面 8~10 次，画面主要有三个，即教师、学生、投影 PPT，并且切换到投影 PPT 的时候一定要能够看清楚教鞭停留在 PPT 的什么位置，保证学习者观看视频时候有一种临场感
有关媒体素材符合本要求中对媒体素材的技术要求
建议采用 MP4 格式，方便移动终端的使用 教师事先做好 PPT 课件，说课时间把握在 20~25 分钟

5. 精彩一刻

1）结构要求

对某一重要的知识点进行讲解，采用微视频方式录制，或采用录屏软件制作微视频。

2）技术要求

视频需要满足课程录像标准。能够在线播放，也能够提供下载功能。

录制时长在 5~10 分，不超过 15 分钟。

6. 教学团队

1）结构要求

结构要求包括课程负责人和主讲教师 150 字左右的个人简介，并附一张近期 2 寸免冠照片。

2）技术要求

使用 Microsoft Office 2003 以上版本，采用 doc 或 docx 格式。宋体 4 号字，单倍行距。

3）范例

课程负责人

高建立，男，硕士，教授。

主要承担会计专业成本会计、会计信息系统、财务软件等课程的教学工作。主持、主研完成省市级课题 10 项。获河北省教学成果三等奖 2 项，秦皇岛市社会科学成果三等奖 2 项。获学校第四届教学骨干，学校第五批、第六批学术骨干荣誉称号。在《财会通讯》《财会月刊》《建筑经济》等国内核心期刊发表论文 40 余篇。

研究方向：战略成本管理、企业会计信息化。

（二）课程导学

1. 学习指导

（1）结构要求

结构要求包括知识准备、知识结构、重点难点分析三项内容。

知识准备是指学生为了更好地学习掌握本章内容知识而应具备的基础知识和能力。

知识结构是指本章内容的基本框架结构，按章、节、目的形式列示，便于学生从整体上了解本章知识体系和学习进度。

重点和难点分析是指对本章教学内容中重点知识和难点知识的归纳提炼，便于学生自学和提高学习效率，包括一般、重要知识点和难以理解的知识点。

2）技术要求

知识准备以条目的形式列示，列出重要的基础知识点。

知识结构以结构图的形式列示，框图用圆角矩形框。

重点和难点分析以条目的形式列示。

使用 Microsoft Office 2003 以上版本，采用 doc 或 docx 格式。宋体 4 号字，单倍行距。

3）范例

知识准备

（1）具备基本的计算机操作知识。

（2）掌握汉字输入方法，较为快速地输入汉字。

（3）具备一定的会计信息系统分析能力。

（4）熟悉 U8 软件的基本结构。

（5）具备利用帮助文件分析问题、解决问题的能力。

（6）较好的沟通互动能力。

知识结构

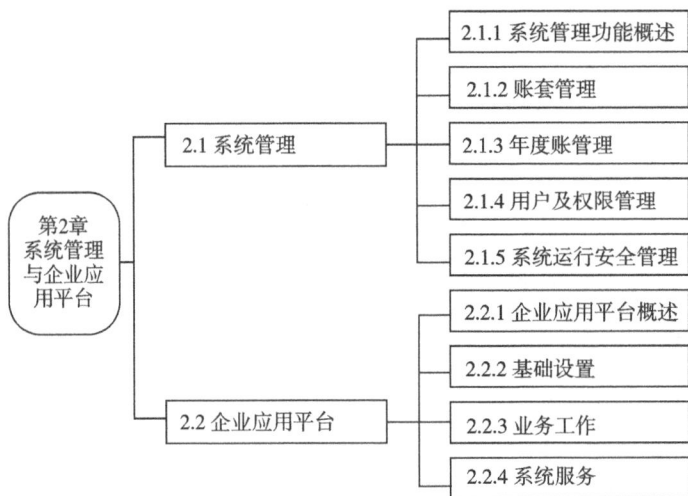

重难点分析

（一）一般知识点

（1）系统管理的含义和功能。

（2）系统管理包括的内容。

（3）U8 管理软件的基本结构。

（二）重点

（1）设置操作员。

2. 授课教案

1）结构要求

要求	属性
教案分教案首页和教案内页两部分	必选项
教案首页主要包括课程名称、学时数、任课教师、教学部、学生所在院（系）、专业、班级、授课时间（按学年学期填写）、教案编写要求	必选项

续表

要求	属性
内页是教案的主体部分,包括授课章节、教案编号、课题(讲授课程标题)、授课时间(年月日说明)教学目的及要求、教学重点、难点、教学方法(讲授法、谈论法、演示法、练习法、读书指导法、课堂讨论法、实验法、启发法、实习法)及教具、课堂设计(教学内容、过程、方法、图表等)时间分配(以分钟为单位计算)作业及参考文献、课后小结	必选项
教学内容必须细化到每节下面的二级标题和特别重要的内容	必选项

2）技术要求

使用 Microsoft Office 2003 以上版本,采用 doc 或 docx 格式。按学校要求的格式进行排版:首页宋体 4 号字,内页字体可用黑体或宋体,小 4 号字或 5 号字。

3）范例

河北科技师范学院财经学院

教案

课程名称:<u>财务软件应用</u>　学时数:<u>　　　54　　　</u>
任课教师:<u>高建立</u>　教学部:<u>　　会计　　</u>
学生所在院(系)<u>财经学院</u>专业:<u>　财务管理　</u>
班级:<u>　2013 级 01—03 班　</u>
授课时间:20<u>15</u>~20<u>16</u>学年度第<u>　1　</u>学期

授课章节	第一章	教案编号	01
课题	导论	授课时间	
教学目的及要求	了解财务软件的发展历程、现状及发展趋势,了解用友 ERP-U8 管理软件基本功能及技术架构,掌握用友 ERP-U8 管理软件的安装方法		
教学重点	安装 SQL Server 2000 数据库和 SP4 补丁,安装用友 ERP-U8 管理软件		
难点	软件安装环境的调试		
教学方法及教具	讲授法,多媒体		
课堂设计(教学内容、过程、方法、图表等)			时间分配
第一步,组织教学			2(分钟,后略)
第二步,课程介绍			10
第三步,讲授新课			
第一章 导论			
第一节 财务软件发展介绍			
一、发展历程			25
1. 理论研究与定点开发阶段(1979~1988 年)			
2. 商品化会计软件面市阶段(1989~1995 年)			
3. 会计软件由核算向管理转型阶段(1996~2000 年)			

3. 教学课件

1）结构要求

	要求	属性
模板应用	模板朴素、大方，颜色适宜，便于长时间观看；在模板的适当位置标明课程名称、模块（章或节）序号与模块（章或节）的名称	可选项
	多个页面均有的相同元素，如背景、按钮、标题、页码等，可以使用幻灯片母版来实现	可选项
版式设计	每页版面的字数不宜太多。正文字号应不小于 24 磅，使用 Windows 系统默认字体，不要使用仿宋、细圆等过细字体，不使用特殊字体，如有特殊字体需要应转化为图形文件	可选项
	文字要醒目，避免使用与背景色相近的字体颜色	必选项
	页面行距建议为 1.2 倍，可适当增大，左右边距均匀、适当	可选项
	页面设计的原则是版面内容的分布美观大方	必选项
	恰当使用组合：某些插图中位置相对固定的文本框、数学公式及图片等应采用组合方式，避免产生相对位移	可选项
	尽量避免不必要的组合，不同对象、文本的动作需要同时出现时，可确定彼此之间的时间间隔为 0 秒	可选项
	各级标题采用不同的字体和颜色，一张幻灯片上文字颜色限定在 4 种以内，注意文字与背景色的反差	必选项
交互性	课件能够以交互方式将文本、图像图形、音频、动画、视频等多种信息，经单独或合成的形态表现出来，传达多层次的信息	可选项
	其中的图片必须经 GIF 或 JPG 压缩处理。压缩标准如下：GIF 或 JPG 小图标<1K；100×75<5K；320×240<15K；640×480<50K；800×600<80K。大图片点阵数必须小于 1024×768。以上尺寸/容量标准相当于 FIREWORKS 中的 JPG 压缩品质参数 60~80	必选项
	对整画面充满细节（如整版精细小文字）的图片，允许放宽一倍容量，相当于 FIREWORKS 中的 JPG 压缩品质参数 90~95	必选项
	对（录像、录音）视音频文件必须压缩成流媒体格式：WMV、FLV、WMA、MP3。压缩标准如下：视频 384×288，流量<200~400kbps，也就是每分钟小于 3M 或 5M；音频单声道，流量<48kbps，也就是每分钟小于 500K；音频立体声，流量<128kbps，也就是每分钟小于 1M	必选项
	大于 2M 的（录像、录音）视音频必须以流媒体方式发布，以消除整个大文件载入时的长时间等待，且播放位置可任意拖动，快速打开	必选项

2）技术要求

使用 Microsoft Office 2003 以上版本，采用 PPT 或 PPTX 格式。

课件中不使用超链接，不使用宏命令。

建议采用课题组统一提供的课件板式。每门课程的每一章首页 PPT 要显示课程名称、主讲教师和联系方式，从该章第二张 PPT 开始，显示教学内容。

3）范例

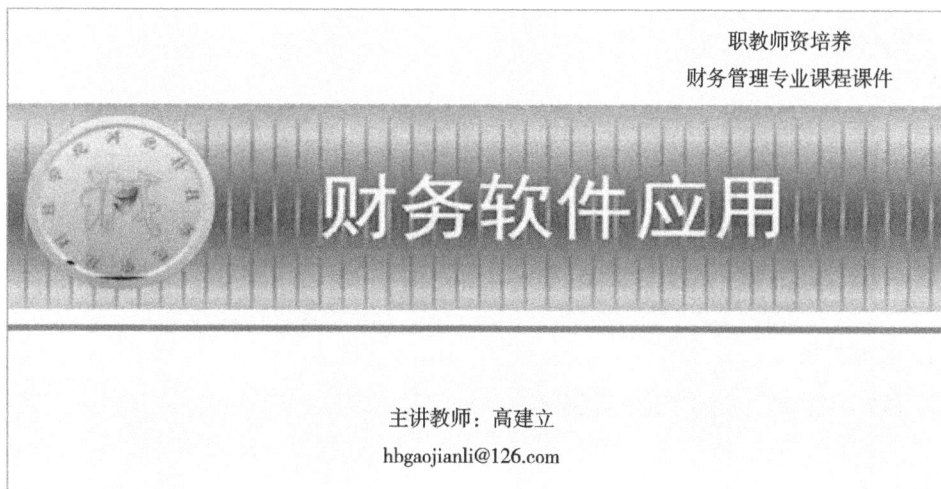

一、发展历程

1. 理论研究与定点开发阶段（1979~1988 年）

1954 年，美国通用电气公司利用计算机进行职工工资的计算。1979 年，中国在长春第一汽车制造厂进行计算机在会计工作中的试点应用，简称会计电算化。部分高校和研究所的学者主要做一些会计电算化理论研究。

2. 商品化会计软件面市阶段（1989~1995 年）

1989 年 12 月，财政部颁布了《会计核算软件管理的几项规定（试行）》，提出了开发会计软件的十条基本要求。建立了商品化会计核算软件的评审制度。用友、金蝶、浪潮国强、新中大、金算盘等核算型软件相继通过评审并投入使用。

4. 在线测试

1）结构要求

在线测试的题型为客观题，包括判断题、单选题、多选题等类型。每门课程可根据具体情况灵活选择题型。

测试内容为单一知识点，考查学生对该章知识的理解和掌握能力，附答案。

测试内容按章列示，便于师生使用。

2）技术要求

使用 Microsoft Office 2003 以上版本，采用 doc 或 docx 格式。宋体 4 号字，单倍行距。

3）范例

判断题

（1）1988 年以前，我国财务软件的发展处于理论研究与定点开发阶段。
（2）从 1989 年开始，我国财务软件的发展进入商品化阶段。
（3）目前，我国财务软件的发展进入核算型财务软件阶段。

（三）出版教材

1. 结构要求

显示项目组开发的五门核心课程教材。每门教材显示的内容包括教材名称、编者、出版社、出版时间、内容简介、教材目录等基本信息，便于学生对教材的选择使用。

2. 技术要求

文字描述部分使用 Microsoft Office 2003 以上版本，采用 doc 或 docx 格式，宋体 4号字，单倍行距。

3. 范例

内容推荐

本书分三篇，其中基础知识篇简明扼要地介绍了 Excel 的一些基础性操作，技能训练篇则针对具体任务进行实际操作，拓展提升篇介绍了 Excel 在财务管理中的具体应用。

本书改变传统教材以理论教学为主的特点，侧重培养学生的实际工作能力，通过校企结合邀请企业中相关人员参与教材项目的编写，更能够反映企业对财务人才的实际要求。

本书可供高等财经院校、高等职业技术院校以及中等职业技术院校经济管理类专业学生学习使用，也可以作为会计、财务人员及业务人员进行会计电算化应用培训和业务培训的学习资料。

（四）教学互动

1. 课程通知

教师以醒目的形式发布该门课程的最新通知、消息及其他即时信息。

2. 课程留言

师生互动的平台。学习者及时发布对该门课程的留言信息，如对知识点的疑惑，对相关课程内容的需求等。

3. 考试题库

1）结构要求

针对课程内容，建立该门课程的考试题库。题库涵盖的知识点要全面，题型要尽量丰富，便于测试学生对课程内容的掌握情况。

题目按章分别列示，便于进行单元测试。

题库附有答案，便于学生检查学习效果。

2）技术要求

使用 Microsoft Office 2003 以上版本，采用 doc 或 docx 格式。宋体 4 号字，单倍行距。

3）范例

固定资产管理系统复习题

一、判断题

（1）一个固定资产由多个部门（上限 20）使用、分摊的问题，即为一个资产选择多个"使用部门"，并且当资产为多部门使用时，累计折旧可以在多部门间按设置的比例分摊。

答案：True

（2）固定资产的自动编码方式只能有一种，一经设定，该自动编码方式不得修改。

答案：True

4. 试卷样例

1）结构要求

为了便于教师对学生的知识掌握情况进行考核，提供试卷模板。

2）技术要求

使用 Microsoft Office 2003 以上版本，采用 doc 或 docx 格式。B5 格式，上下左右页边距均为 2cm。卷头黑体 4 号字，正文宋体小 4 号字。单倍行距。

3）范例

＿＿＿＿＿＿＿＿学院＿＿＿＿学年第＿＿＿＿＿学期
《财务软件应用》期末考试试卷　卷

题号	一	二	三	四	五	六	七	合计	阅卷人
得分									

<table>
<tr><td>专业</td></tr>
<tr><td></td></tr>
<tr><td>班级</td></tr>
<tr><td></td></tr>
<tr><td>学号</td></tr>
<tr><td></td></tr>
<tr><td>姓名</td></tr>
<tr><td></td></tr>
</table>

一、单项选择题（本大题共 10 小题，每小题 1 分，共 10 分）

1. 红字余额在计算机内用（　　）表示。

A.红字　　　B.负数　　　　C.篮字　　　D.正数

2. 增加工资项目时，如果在"增减项"一栏选择"其他"，则该工资项目的数据（　　）。

A. 自动计入应发合计

B. 自动计入扣款合计

C. 既不计入应发合计也不计入扣款合计

D. 既计入应发合计也计入扣款合计

3. 在工资管理系统中进行数据替换时，如果未输入替换条件，则系统默认为（　　）。

A. 本工资类别的全部人员

B. 本工资账套的全部人员

C. 不做任何替换

D. 提示输入替换条件

二、多项选择题（本大题共 10 小题，每小题 2 分，共 20 分）

1. 在多工资类别情况下，以下哪些基础信息必须在关闭工资类别时才能增加新项目。

（五）知识拓展

列示与本门课程相关的一些重要学术论文、相关数据和网站链接，便于学生拓宽视野，了解掌握相关知识，拓展知识面。

1. 学术论文

列示与该门课程相关的一些重要学术文章，以 pdf 形式提供。

2. 相关书籍

列示与该门课程相关的一些参考书目，便于学生课余时间参考阅读。参考书籍要写清楚作者、书名、出版社、出版时间等信息。

3. 相关网站

列示与本门课程相关的一些重要网站链接，便于学生即时掌握最新前言动态。

相关书籍范例如下。

[序号]作者. 题名：其他题名信息[M]. 其他责任者. 版本项. 出版地：出版者，出版年：引文页码.（例如：[1]余敏. 出版集团研究[M]. 北京：中国书籍出版社，2001：179-193.）

（六）资源下载

下载资源包括教学大纲、教案、教学课件、授课计划、课程视频等内容。

（七）实践教学资源开发标准

1. 专业综合实习

1）专业综合实习计划

（1）结构要求。

一是实习目的：目的、针对对象。

二是实习内容与安排：按照项目或按照某个实习目的来分，简单阐述。

三是实习方式：手工实习还是软件实习等。

四是实习要求：对指导教师和参加实习学生的具体要求。

五是实习成绩考核：考核方式及成绩分配。

（2）格式与技术要求。

一是软件版本：文件制作所用的软件版本不低于 Microsoft Office 2003，不高于 Microsoft Office 2010。

二是文件格式：采用 doc 或 docx 格式，不要使用其他格式。

三是题目小 4 号字，黑体，居中，2 倍行距。一级标题小 4 号字，黑体，二级标题小 4 号字，黑体，三级标题 5 号字，宋体加粗。1~3 级标题均悬挂缩进 2 个字符，标题的行距为 1.5 倍行距。正文小 4 号字，宋体，首行缩进 2 个字符，正文单倍行距。

四是各级标题序号不能通过自动产生的方式生成，要用手工录入的方法录入标题序号。

（3）范例。

实 习 计 划

_____学年度第____学期

实习名称：　　财务管理综合模式实习　　

实习班级：_____

指导教师：_____

教学部主任签字：_____

主管院长签字：_____

一、实习目的

财务管理课程实习是在学习了财务管理的基本概念、管理原则、管理制度等理论问题，以及预测、决策、计划、控制、分析等业务方法之后进行的一个理论联系实际的实践性环节。通过课程实习，使学生更加直观理解财务管理的基本内容，懂得各种财务活动的联系及财务活动同其他各种经济活动的联系；掌握财务管理的各种业务方法，学会运用财务管理的知识和技能为经营战略和经验决策服务；提升从事经济管理工作所必需的财务管理专业水平和工作能力。通过课程实习，学生加深对专业的了解，拓宽知识面，提高分析问题和解决问题的实际能力。通过实习，培养实事求是的工作作风和踏踏实实的工作态度，树立良好的职业道德和组织纪律观念。

二、实习内容与安排

周次	星期	日期	内容安排	指导教师	备注
			资金时间价值、风险价值		
			投资决策、筹资决策		
			财务预测、营运资本决策		
			财务分析		
			财务综合案例分析		

三、实习方式

软件模拟实习、教师集中辅导。

四、实习要求

（一）业务要求

实习期间，认真钻研业务知识，有问题及时和指导教师联系，配合实验室管理人员搞好实验室的管理工作；认真进行实习，自行完成实习内容，禁止抄袭他人内容。

要求学生掌握资金时间价值的计算方法并能应用该方法解决实际问题；掌握风险价值理论并能应用该理念解决财务管理实际问题；掌握投资决策评价指标、评价方法并能应用指标和方法进行具体投资决策；掌握筹资方式及应用；掌握财务预测的具体方法；掌握财务分析相关指标、方法及应用；针对大型案例能够进行财务管理综合分析。

（二）纪律要求

实习期间，学生认真遵守学院及实验室制定的各项规章制度，按时到岗，不迟到，不早退，严禁旷课行为；实习期间不准无故缺勤，有事有病要办理请假手续；实习用具要妥善保管，保持实习室的卫生整洁。

（三）实习总结要求

实习之前要求学生掌握相关前序课程知识（财务会计、财务管理、管理学、成本会计、市场营销、财务报表分析）；实习期间要求学生遵守各种实习规章制度；实训之后要求学生完成实习周至和总结。

五、实习成绩考核

出勤纪律情况占40%，任务完成情况占60%。

2）专业综合实习总结（老师）

（1）结构要求。

一是实习目的。

二是实习要求。

三是实习内容及时间安排。

四是实习过程的实施。

五是实习中存在的问题。

（2）格式与技术要求。

一是软件版本：文件制作所用的软件版本不低于 Microsoft Office 2003，不高于 Microsoft Office 2010。

二是文件格式：采用 doc 或 docx 格式，不要使用其他格式。

三是题目小 4 号字，黑体，居中，2 倍行距。一级标题小 4 号字，黑体，二级标题小 4 号字，黑体，三级标题 5 号字，宋体加粗。1~3 级标题均悬挂缩进 2 个字符，标题的行距为 1.5 倍行距。正文小 4 号字，宋体，首行缩进 2 个字符，正文单倍行距。

四是各级标题序号不能通过自动产生的方式生成，要用手工录入的方法录入标题序号。

（3）范例。

实　习　总　结

实习名称：　　　财务管理课程实习　　　　　　

实习班级：　　　　　　　　　　　　　　　　

指导教师：　　　　　　　　　　　　　　　　

一、实习目的

财务管理课程实习是在学习了财务管理的基本概念、管理原则、管理制度等理论问题，以及预测、决策、计划、控制、分析等业务方法之后进行的一个理论联系实际的实践性环节。通过课程实习，学生更加直观地理解财务管理的基本内容，懂得各种财务活动的联系及财务活动同其他各种经济活动的联系；掌握财务管理的各种业务方法，学会运用财务管理的知识和技能为经营战略和经验决策服务；提升从事经济管理工作所必需的财务管理专业水平和工作能力。通过课程实习，学生加深对专业的了解，拓宽知识面，提高分析问题和解决问题的实际能力。通过实习，培养实事求是的工作作风和踏踏实实的工作态度，树立良好的职业道德和组织纪律观念。

二、实习要求

实习期间，认真钻研业务知识，有问题及时和指导教师联系，配合实验室管理人员搞好实验室的管理工作；认真进行实习，自行完成实习内容，禁止抄袭他人内容。

实习期间，学生认真遵守学院及实验室制定的各项规章制度，按时到岗，不迟到，不早退，严禁发生旷课行为；实习期间不准无故缺勤，有事有病要履行请假手续；实习用具要妥善保管，保持实习室的卫生整洁。

实习之前要求学生掌握相关前序课程知识（财务会计、财务管理、管理学、成本会计）；实习期间要求学生遵守各种实习规章制度；实训之后要求学生完成实习周志和总结。

三、实习内容及时间安排

周次	星期	日期	内容安排	指导教师	备注
			资金时间价值、风险价值		
			投资决策、筹资决策		
			财务预测、营运资本决策		
			财务分析		
			财务综合案例分析		

四、实习过程的实施

为了保证实习效果，使学员充分地利用实习时间，确保实习有条不紊地进行，实习指导教师负责安排每天的实习内容，并加以指导。要求实习学员遵守作息时间，每天上午4节，下午2节，不准无故缺课，有事请假，结合所学内容，参看相关资料，在组内讨论解决疑难问题的基础上，自行完成实习内容。实习指导教师以身作则，坚守岗位。具体安排如下。

（1）明确实习目的，熟知实习内容。

（2）每天实习开始前布置当天的实习内容，每天下午实习结束检查实习内容的完成情况。

（3）不定期地检查学员的出勤情况。

（4）全部实习内容结束前要求学员写出实习总结。

五、实习中存在的问题

实习中存在的具体问题。

2. 教育实习

1）教育实习计划

（1）结构要求。

一是教育实习目的。

二是学习内容及安排：写明实习的各项内容，如时间、人数等安排。

三是实习方式。

四是实习要求。

五是实习成绩考核：成绩等级、评价标准。

六是实习管理：对指导教师的工作任务、态度等进行规范。

（2）格式与技术要求。

一是软件版本：文件制作所用的软件版本不低于 Microsoft Office 2003，不高于

Microsoft Office 2010。

二是文件格式：采用 doc 或 docx 格式，不要使用其他格式。

三是题目小 4 号字，黑体，居中，2 倍行距。一级标题小 4 号字，黑体，二级标题小 4 号字，黑体，三级标题 5 号字，宋体加粗。1~3 级标题均悬挂缩进 2 个字符，标题的行距为 1.5 倍行距。正文 5 号字，宋体，首行缩进 2 个字符，正文单倍行距。

四是各级标题序号不能通过自动产生的方式生成，要用手工录入的方法录入标题序号。

（3）范例。

教育实习计划

一、教育实习目的

二、实习内容与安排

教育实习的内容包括教学工作、班主任工作及教育调查等方面。

1. 课堂教学实习。

2. 班主任工作实习。

3. 进行教育调查。

班级	人数	学期	周次	起止日期	备注
财务会计教育本科 ××级××班		20××—20××-1	×~×	20××年×月×日~ 20××年×月×日	20××年×月×日将实习材料提交指导老师

三、实习方式

本次实习采取校外实习……

四、实习要求

实习期间，实习学生应认真……

五、实习成绩考核

1. 教育实习成绩评定的内容与比例……

2. 教育实习成绩评定采用优秀、良好、中、及格和不及格五级记分制……

3. 学生教育实习成绩的评定……

六、实习管理

1. 实习工作的组织领导。

2. 学校指导教师。

2）教育实习报告（学生撰写）

（1）结构要求。

一是教育实习计划书。

二是教育实习听课记录。

三是教育实习教案。

四是实习班主任组织班级活动记录。

五是教育实习调查报告。

六是教育实习工作总结。

七是教育实习成绩评定表。

（2）格式与技术要求。

一是软件版本：文件制作所用的软件版本不低于 Microsoft Office 2003，不高于 Microsoft Office 2010。

二是文件格式：采用 doc 或 docx 格式，不要使用其他格式。

三是教育实习报告封皮页和调查报告首页，题目黑体，1 号字，居中；下方明细黑体，4 号字，单倍行距，学生填写部分以下划线标注。材料目录页，题目 4 号字，黑体，居中，材料内容以阿拉伯数字排序，宋体小 4 号字，单倍行距，首行缩进 2 个字符。听课记录、教案、班主任活动记录页，题目为小 3 号字，宋体，居中，表格字体为黑体，小 4 号字，居中。成绩评定表页，题目为宋体，3 号字，居中；表格内字体为宋体，5 号字；数字以 Times New Roman，5 号字。

四是各级标题序号不能通过自动产生的方式生成，要用手工录入的方法录入标题序号。

（3）范例。

×××××学院
学生教育实习报告

学生姓名：_____
学　　院：_____
专业班级：_____
实习学校：_____
指导教师：_____
完成日期：_____

×××××学院教务处制

材 料 目 录

1. 教育实习计划书
2. 教育实习听课记录（包括观摩指导教师授课和实习学生授课）
3. 教育实习教案（每名实习学生不少于 4 份）
4. 实习班主任组织班级活动记录
5. 教育实习调查报告
6. 教育实习工作总结
7. 教育实习成绩评定表

×××××学院学生教育实习教案（首页）

实习学生：_____　学院：_____　实习学校：_____

授课班级		时间	年　月　日
课程		讲授内容	
教学目的			
教材分析	重点		
	难点		
教法		课堂类型	
教具			

课堂（板书）设计

教学过程及内容

（不够可另附白纸）

××××学院学生教育实习教案（尾页）

审批修改意见	本院带队指导教师（签字）： 实习学校指导教师（签字）： 　　　　　　　　　　　　　年　月　日
课后小结	年　月　日
教学效果评价	指导教师签字： 　　　　　　　　年　月　日

××××学院学生教育实习

实习班主任组织班级活动记录

实习学生：_____组织活动班级：_____

活动名称	
活动地点	
活动目的	
组织实施	
活动效果	
指导教师评价意见	指导教师签名： 年　月　日
后记	

<table>
<tr><td>活动地点</td><td></td><td>参加人数</td><td></td></tr>
</table>

教育实习调查报告

报告题目：_____

学生姓名：_____

学　　院：_____

专业班级：_____

实习学校：_____

指导教师：_____

完成日期：_____

××××学院教务处制

×××××学院学生教育实习计划书

实习学生：_____指导教师：_____实习学校：_____

计划内容

（不够可另附白纸）

教育实习工作总结

学生姓名：_____

学　　院：_____

专业班级：_____

实习学校：_____

指导教师：_____

完成日期：_____

××××学院教务处制

×××××学院学生教育实习
听 课 记 录

实习学生：＿＿＿＿＿＿＿＿实习学校：＿＿＿＿＿＿＿＿＿＿听课日期：＿＿＿＿＿＿

授课者		课程名称		授课时间	
		授课班级			
教材章节					
授课内容摘要					
教学效果评价及建议					

×××××学院学生教育实习成绩评定表

实习学生：_____实习指导教师（签字）：_____

标准＼成绩			分数	加权分数	实习学校对实习生鉴定			
实习态度（10%）	目的（系数0.4）				操行评语：			
	态度（系数0.6）							
为人师表（10%）	仪表（系数0.4）							
	纪律（系数0.4）				强	较强	一般	较差
	教学相长（系数0.2）							
教学工作（40%）	课前准备（0.3）	教案（0.5）			综合能力评价：			
		试讲（0.5）						
	课堂讲授（0.5）	讲课（0.3）						
		教学方法（0.2）						
		教学组织（0.2）						
		教学效果（0.3）						
	课外辅导（0.1）				实习学校（公章）：			
	作业批改（0.1）							
班主任工作（20%）	了解情况（0.2）				年　月　日			
	工作计划（0.3）							
	活动情况（0.5）				学院鉴定			
教育调查（20%）	选题（0.3）				综合实习成绩：			
	调查计划（0.2）							
	调查报告（0.5）							
总分					院长（签字）：			
实习指导小组评定成绩：（请按优秀、良好、及格、不及格标准给定）组长（签字）：年　月　日					年　月　日　学院（盖章）：年　月　日			

3. 专业顶岗实习

1）专业顶岗实习计划

（1）结构要求。

一是实习目的。

二是学习内容。

三是实习班级。

四是实习要求。

五是实习成绩考核：成绩等级、评价标准。

六是实习管理：对指导教师的工作任务、态度等进行规范。

（2）格式与技术要求

一是软件版本：文件制作所用的软件版本不低于 Microsoft Office 2003，不高于 Microsoft Office 2010。

二是文件格式：采用 doc 或 docx 格式，不要使用其他格式。

　　三是题目小 4 号字，黑体，居中，2 倍行距。一级标题小 4 号字，黑体，二级标题小 4 号字，黑体，三级标题 5 号字，宋体加粗。1~3 级标题均悬挂缩进 2 个字符，标题的行距为 1.5 倍行距。正文 5 号字，宋体，首行缩进 2 个字符，正文单倍行距。

　　四是各级标题序号不能通过自动产生方式生成，要用手工录入方法录入标题序号。

　　（3）范例。

专业顶岗实习计划

一、实习目的

本次实习主要……

二、实习内容

1.积极参与实习单位……

2.利用所学的……

三、实习班级

班级	人数	周次	起止日期	返校时间
财务会计教育本科××	××	×～×	20××年×月×日至×月×日	20××年×月×日

四、实习要求

1.指导教师在实习期间……

2.学生要做到……

五、实习成绩考核

实习结束后，由指导教师评定成绩……

六、实习管理

1.实习工作的组织领导……

2.学校指导教师……

　　2）专业顶岗实习报告（学生撰写）

　　（1）结构要求。

　　一是专业顶岗实习报告封面。

　　二是实习日志：包括实习日期，实习内容，实习心得。

　　三是实习鉴定：包括单位实习鉴定，实习指导教师鉴定，实习成绩。

　　四是专业顶岗实习报告。

　　（2）格式与技术要求。

　　一是软件版本：文件制作所用的软件版本不低于 Microsoft Office 2003，不高于 Microsoft Office 2010。

　　二是文件格式：采用 doc 或 docx 格式，不要使用其他格式。

　　三是封面页，黑体加粗，标题为小 1 号字，其他为 4 号字。实习内容页小 4 号字，宋体，居中。

　　四是各级标题序号不能通过自动产生的方式生成，要用手工录入的方法录入标题序号。

（3）范例。

×××××学院
专业顶岗实习报告
_____学年度第___学期

专业：_____

班级：_____

学号：_____

姓名：_____

×××××学院监制

一、实习日志（自实习工作开始计算）

日期	实习内容	心得
第1周 （　　年　月　日 至　月　日）		
第2周 （　月　日至 　月　日）		
第3周 （　月　日至 　月　日）		
第4周 （　月　日至 　月　日）		

二、实习鉴定

实习单位鉴定	实习单位领导签字：　　　　　　　　　　　　　　实习单位盖章： 　　　　　　　　　　　　　　　　　　　　　　　　　　年　　月　　日						
	实习生综合能力评价	强		较强		一般	差
实习指导教师鉴定	实习指导教师签字： 　　　　　　　　　　　　　　　　　　　　　　　年　　月　　日						
实习成绩	实习成绩：　　　　　（　　　　分） 实习指导教师签字： 　　　　　　　　　　　　　　　　　　　　年　　月　　日						
	注：实习成绩按优、良、中、及格、不及格五级评定，分别按 90、80、70、60、50 转换成百分制计分填写在括号内。成绩单按百分制计分						

三、专业顶岗实习报告（字数不少于 3 000 字）

略。

4. 毕业论文

1）毕业论文计划

（1）结构要求。

一是基本情况：撰写毕业论文专业班级人数等基本情况。

二是目的。

三是计划安排及要求：各阶段任务、完成时间段、各阶段任务的要求。

四是返校时间。

五是毕业论文指导教师分组。

六是毕业论文的管理。

（2）格式与技术要求。

一是软件版本：文件制作所用的软件版本不低于 Microsoft Office 2003，不高于 Microsoft Office 2010。

二是文件格式：采用 doc 或 docx 格式，不要使用其他格式。

三是题目 3 号字，黑体，居中，单倍行距。一级标题小 4 号字，黑体。二级标题小 4 号字，黑体。标题均悬挂缩进 2 个字符，标题的行距为单倍行距。正文小 4 号字，宋体，首行缩进 2 个字符，正文行距固定值 21 磅。表格内标题为宋体，5 号字加粗，居中，内容为宋体，5 号字，两边对齐。

四是各级标题序号不能通过自动产生的方式生成，要用手工录入的方法录入标题序号。

（3）范例。

××学院××届本科毕业生毕业论文计划

为做好××学院××届本科毕业生毕业论文工作，根据××学院《毕业论文工作条例》和《××学院本科毕业论文管理办法》，制订本计划。

一、基本情况

××学院××届本科毕业生情况：××本科×班×人、××专业××班×人、××班×人，毕业人数共计××人。

二、目的

1. 通过毕业论文，提高……

三、计划安排及要求

阶段	项目	要求	时间	周数
第一阶段	确定研究方向拟定论文题目分组	毕业论文题目的设计，要充分考虑学生的专业基础，题目可为应用研究、调研报告、教育教学研究（比例不得超过所拟题目的 10%）等形式。题目避免过大 论文题目原则上一人一题，已经确定不得随意更改 题目确定后由指导教师下达任务书	时间：××年×月×日至×月×日 任务书日期：×年×月×日左右	20××年至 20××年第×学期第××周

四、返校时间

毕业班学生于××年×月×日返校。

五、毕业论文的管理

毕业论文工作领导小组：

组长：

副组长：

成员：

2）毕业论文规范

（1）结构要求。

一是档案封面和目录。

二是综述、外文翻译。

三是任务书。

四是开题报告。

五是毕业论文中期检查表。

六是毕业论文。

七是毕业论文工作总结。

（2）格式与技术要求。

一是软件版本：文件制作所用的软件版本不低于 Microsoft Office 2003，不高于 Microsoft Office 2010。

二是文件格式：采用 doc 或 docx 格式，不要使用其他格式。

三是档案封面：右上角黑体，小 5 字号字，写明专业班级。上部居中，黑体 45 磅字写明本科毕业论文。下部黑体小 3 号字，居中，写明细。目录页标题黑体小 3 号字，数字以阿拉伯数字，Times New Roman 字体，内容为宋体 4 号字。

四是外文翻译：参见毕业论文（设计）正文部分，译文末尾要注明外文原文出处。原文出处格式参照本科毕业论文（设计）正文部分的参考文献。

五是任务书：写明表头宋体 1 号字、题目黑体 2 号字，明细宋体小 3 号字，居中。表格内一级标题宋体加粗，内容宋体 5 号字，固定行距 18 磅，首行缩进 2 个字符。

六是中期检查：标题为黑体 3 号字加粗，表格内文字宋体、5 号字、加粗、居中，固定行距 18 磅。首行缩进 2 个字符。

七是论文总结：表格内容为宋体 5 号字加粗。

八是毕业论文题目为黑体 2 号字居中，标题行间距 32 磅。页面设置为 A4，其中上、下、左、右各为 2.5cm，包括摘要、目录、正文。中文摘要标题用黑体 3 号字，摘要内容宋体小 4 号字，首行缩进 2 字符，行距 20 磅。英文摘要用 Times New Roman 字体，一级标题为 3 号字，加粗，英文摘要内容小 4 号，行距 20 磅。论文目录由计算机自动生成。论文正文内容，一级标题黑体 3 号字，左对齐，段前段后各一行，1.5 倍行距；二级标题黑体 4 号字，左对齐，段前段后各 0.5 行，1.5 倍行距；三级标题黑体小 4 号字，左对齐，1.5 倍行距；四级标题为宋体小 4 号字，加粗，左对齐，1.5 倍行距；正文为宋体小 4 号字，首行缩进 2 字符，行距：固定值 20 磅。括号为中文状态下符号，无空格直接书写。论文中插图与其图序及题目等为一个整体，不得拆开书写于两页。插图应编排在正文提及之后，插图处的该页空白不够时，则可将其后文字部分提前书写，将图移到次页最前面。插图要求图像清晰，反差适宜，有些图片应标明放大倍数。图中若有分图时，分图号用 a、b 标识并置于分图之下。表格一般采取三线制，不加左、右边线，上、下底为粗实线（1.5 磅）。表序与表名置于表上。表序按表 1、表 2……排序，表格允许下页接写，表名可省略，表头应重复写，并在右上方写"续表××"。参考文献一级标题黑体 4 号字，左对齐，段前段后各 1 行，1.5 倍行距。参考文献中文内容用宋体，5 号字；外文内容用 Times New Roman 字体，5 号字，顶格，两端对齐，行距：固定值 20 磅。致谢一级标题黑体 3 号字，左对齐，段前段后各 1 行，1.5 倍行距；正文宋体小 4 号字，首行缩进 2 字符，行距 20 磅。

　　（3）范例。

×××××学院

本科毕业论文

论文实际题目

企业财务管理存在的问题及对策

（黑体 2 号居中，标题行间距为 32 磅）

院（系、部）名称：_____

专业名称：_____

学生姓名：_____

学生学号：_____

指导教师：_____

宋体小 3 号

居中对齐

黑体小 3 号

年　　月　　日

×××××学院教务处制

学 术 声 明

　　本人呈交的学位论文，是在导师的指导下，独立进行研究工作所取得的成果，所有数据、图片资料真实可靠。尽我所知，除文中已经注明引用的内容外，本学位论文的研究成果不包含他人享有著作权的内容。对本论文所涉及的研究工作做出贡献的其他个人和集体，均已在文中以明确的方式标明。本学位论文的知识产权归属于××××学院。

本人签名：＿＿＿＿＿＿＿（需手写）＿＿＿＿＿　日期：＿＿＿＿（需手写）＿＿＿＿

指导教师签名：＿＿＿＿＿＿（需手写）＿＿＿＿＿＿　日期：＿＿＿＿（需手写）＿＿＿＿

（一级标题为黑体 3 号，段前段后各 1 行，1.5 倍行距）

应收账款管理对于一个企业来说是至关重要的，它管理的有效与否直接影响企业的资金流动和收益实现。只有对应收账款采取科学的管理才能实现赊销目标，保持企业良好的财务状况。本文……

（摘要内容用宋体小 4 号字；首行缩进 2 字符，行距 20 磅，字数在 300~500 字)

关键词：企业；财务管理；问题；对策（宋体小 4 号字，首行缩进 2 字符，行距 20磅，3~5 个）

Abstract

（一级标题，Times New Roman 3 号，加粗，段前段后各 1 行，1.5 倍行距）

The management of accounts receivable is essential for an enterprise, it directly influences the effective management of the enterprise's cash flow and profitability achieved, only to scientific accounts receivable management to achieve credit goals, so that enterprises maintain a good financial position. In this paper……

（Times New Roman，小 4 号，首行缩进 2 字符，行距 20 磅）

说明：英文题目和英文摘要应明确、简练，其内容包括研究目的、方法、主要结论。一般不宜超过 250 个实词。

Keywords: accounts receivable; problems; countermeasures（Times New Roman，小 4号，行距 20 磅）

从本页开始标注页码，页码用五号字，在页面下方居中编排。正文之前部分的页码用罗马数字（Ⅰ、Ⅱ……）连续编排，正文之后的所有页码用阿拉伯数字（1、2……）连续编排。

目　录

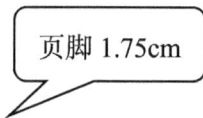

页脚 1.75cm

一　绪论（一级标题为黑体 3 号，左对齐，段前段后各 1 行，1.5 倍行距）

（①括号为中文状态下符号；②此处无空格。下同）

（一）论文研究背景与意义（二级标题为黑体 4 号，左对齐，段前段后各 0.5 行，1.5 倍行距）

当前随着市场经济全球一体化的日益加强，企业面临着比以前更加残酷的竞争，特别是我国加入 WTO 后，一些国外技术先进、实力雄厚的企业争先进入我国产品市场，更是加剧了国内企业间的竞争。（正文为宋体小 4 号字，首行缩进 2 字符，行距：固定值 20 磅）

此处一个空格，下同

二　企业应收账款的概述

（一）应收账款的功能

1. 促进产品销售，扩大销售规模（三级标题为黑体小 4 号，左对齐，1.5 倍行距）

（①括号为中文状态下符号；②此处无空格。下同）

企业销售产品有两种基本的方式，即现销方式与赊销方式。现销方式是企业最期望的销售结算方式，它能确保企业资金的收回，而不发生坏账损失。

2. 拓展市场领域，增强企业竞争力（四级标题为宋体小 4 号，加粗，左对齐， 1.5 倍行距）

随着市场经济的发展，企业面临的经营环境也越来越复杂。企业为了开拓新市场、扩大市场占有率，一般会采取较优惠的信用条件进行销售，企业通过持有应收账款的形式，先将产品赊销给客户，到一定时间后收回货款。

【文中图表要求如下】

说明：表格一般采取三线制，不加左、右边线，上、下底为粗实线（1.5 磅）。表序与表名置于表上。表序按表 1、表 2……表格允许下页接写，表名可省略，表头应重复写，并在右上方写"续表××"。

结论（一级标题为黑体 3 号，左对齐，段前段后各 1 行，1.5 倍行距）

××××××××××××××××××××××××××（正文为宋体小 4 号字，首行缩进 2 字符，行距 20 磅）

参考文献（一级标题为黑体 3 号，左对齐，段前段后各 1 行，1.5 倍行距）

表1 ××××	
**	××××
	××××

参考文献示例如下。（参考文献的中文内容用宋体，5 号字；外文内容用 Times New Roman，5 号字，顶格，两端对齐，行距：固定值 20 磅）

*普通图书：[序号]作者.题名：其他题名信息[M].其他责任者.版本项.出版地：出版者，出版年：引文页码.

[1] 余敏. 出版集团研究[M]. 北京：中国书籍出版社，2001：179-193.

[2] 昂温 G，昂温 P S. 外国出版史[M]. 陈生铮，译. 北京：中国书籍出版社.

*普通图书中的析出文献：[序号]作者. 析出文献题名[M]. 析出文献其他责任者//专著主要责任者. 专著题名：其他题名信息. 版本项. 出版地：出版者，出版年：析出文献的页码.

[3] 程根伟.1998 年长江洪水的成因与减灾对策仁[M]//许厚泽，赵其国. 长江流域洪涝灾害与科技对策. 北京：科学出版社，1999：32-36.

*期刊文章：[序号]作者. 题名[J]. 期刊题名：其他题名信息，年，卷（期）：页码.

[4] 李晓东，张庆红，叶瑾琳. 气候学研究的若干理论问题[J]. 北京大学学报：自然科学版，1999，35（1）：101-106.

[5] 刘武，郑良，姜础. 元谋古猿牙齿测量数据的统计分析及其在分类研究上的意义[J]. 科学通报，1999，44（23）：2481-2488.

*专利文献：[序号]专利申请者或所有者. 专利题名：专利国别，专利号[P]. 公告日期或公开日期[引用日期]. 获取和访问路径.

[6] 姜锡洲. 一种温热外敷药制备方案：中国，88105607，3[P]. 1989-07-26.

[7] 西安电子科技大学.光折变自适应光外差探测方法:中国, 01128777.2[P/OL].2002-03-06 [2002-05-28]. http://211. 152. 9.47/sipoasp/zljs/hyjs-yx-new. asp? recid=01128777.2&Ieixin=0.

*电子文献：（包括专著或连续出版物中析出的电子文献）

[8] 江向东.互联网环境下的信息处理与图书管理系统解决方案 [J/OL].情报学报,1999,18(2):4[2000-01-18].http://www.chinainfo.gov.cn/periodical/gbxb/gbxb99/ gbxb990203.

[9]PACS-L;the publi-ccess computer systems forum[EB/OL]. Houston,Tex; University of Houston Libraries,1989[1995-05-17].http://info.lib.uh.edu/pacsl.html.

*论文集：[序号]作者.文献题名[C].出版地:出版者,出版年.

[10]中国力学学会.第 3 届全国实验流体力学学术会议论文集[C].天津:[出版者不详],1990.

*学位论文: [序号]作者.文献题名[D].出版地:出版者,出版年.

[11] 张筑生.微分半动力系统的不变集[D].北京:北京大学数学系数学研究所,1983.

多次引用同一著者的同一文献时，在正文中标注首次引用的文献序号，并在序号的"［ ］"外著录引文页码，文后参考文献就不再标注页码。

说明如下。

一是为了反映文稿的科学依据和毕业生尊重他人研究成果的严肃态度以及向读者提出有关信息的出处，正文中应按顺序在引用参考文献处的文字右上角用［ ］标明，［ ］中序号应与"参考文献"中序号一致，正文之后则应列出参考文献，列出的参考文献只限于毕业生亲自阅读过的、最主要的、正式出版的文献。参考文献一般不少于 10 篇。其中外文参考文献不少于 2 篇，近 3 年的参考文献不得少于 2/3。

二是在论文（设计）末尾要列出在论文中参考引用过的专著、论文及其他资料，与文中引用文献一一对应。文献作者人数不超过 3 人全部写出，超过 3 人只写前 3 人，后面以"等"或英文的"et al"表示省略，中间用"，"隔开。英文名称按国际惯例缩写，并省略缩写点，空一个字符。

致谢（一级标题 黑体 3 号，左对齐，段前段后各 1 行，1.5 倍行距）

××××××××××××××××××××××××××（正文宋体小 4 号字，首行缩进 2 字符，行距 20 磅）

说明：致谢是毕业生对指导教师以及对论文的形成提供过资金、设备、人力及文献资料等支持和帮助的团体或个人予以感谢的文字记载。内容要实在，语言要诚恳、恰当、简短，不超过 300 字。

附录（一级标题黑体 3 号，左对齐，段前段后各 1 行，1.5 倍行距）

××××××××××××××××××××××××××（正文宋体小 4 号字，首行缩进 2 个字符，行距 20 磅）

说明：附录是毕业论文（设计）主题的补充项目，如写入正文可能有损于行文的条理性、逻辑性和精炼性。为体现整篇毕业论文（设计）的完整性，这类材料可以写入附录段，但不做具体阐述。

第七章 财务管理专业培养质量评价方案构建

一、培养质量评价方案构建指导思想

全面贯彻党和国家的教育方针，以《国务院关于大力发展职业教育的决定》（国发〔2005〕35号）、《教育部关于进一步完善职业教育教师培养培训制度的意见》（教职成〔2011〕16号）、《国务院关于加强教师队伍建设的意见》（国发〔2012〕41号）、《职教师资本科专业培养资源开发项目专家指导委员会〈关于项目成果开发若干问题的指导意见〉》（项目办〔2014〕ZZW1）、《教育部 财政部职业院校教师素质提高计划〈职教师资本科专业的培养标准、培养方案、核心课程和特色教材开发项目指南〉》等文件精神和教育评价科学理论为指导，制订培养质量评价方案并组织实施，促进和引导财务管理专业师资培养院校，科学合理制订人才培养方案，加强教学基本建设，改善培养条件，规范管理，提升服务，改进教学，强化学生的综合素质培养，提高学生的专业实践能力和专业教学能力，切实保证人才培养质量，主动适应中等职业学校财务管理相关专业教学需要。

二、培养质量评价方案构建思路

广泛开展调查研究，认真学习研读国家政策文件、领导讲话、专家报告，研读教育评价理论和相关文献，研读《普通高等学校本科教学工作水平评估指标体系》和《职业学校教师教育专业认证标准》，《教育部关于印发〈中等职业学校教师专业标准（试行）〉的通知》（教师〔2013〕12号）和《普通高校基本办学条件指标（试行）》（教发〔2004〕2号），职教师资财务管理本科专业培养资源开发项目组研制的《中等职业学校财务管理类专业教师标准》和《中等职业学校财务管理类专业教师培养标准》。遵循本科专业教育教学质量评价的基本规律，借鉴企业全面质量管理和精细化管理方法，研究确定评价目标、评价依据、评价原则、评价模式、评价内容和评价方法，构建《职教师资财务管理本科专业培养质量评价方案》。

三、培养质量评价方案构建路径

职教师资财务管理本科专业培养质量评价方案的研发并非一个孤立的过程，而是必须要与此前各项成果的开发紧密相连。培养标准约定了培养目标、培养方案、生源条件、培养资源的目标和要求，是财务管理专业本科职教师资培养的设定性输入条件和质量目标。培养标准约定了输入条件的适切水平，相关院校财务管理类专业的实际状态围绕该水平分布。依据约定二者之间关系的标尺——评价标准，判定得到输入质量评价结论。同理，依据培养过程评价标准，判定实际教学过程中逐项条件的提供情况、教育教学方法应用及师生互动情况与预设培养过程要求之间的关系，从而实现过程质量评价。对培养结果评价而言，不仅是为了得到直接的输出质量评价结论，而且也为了形成反馈回路——实现对预设培养目标及后续诸环节的修正和完善。职教师资财务管理本科专业培养质量评价方案构建路径图如图 7.1 所示。

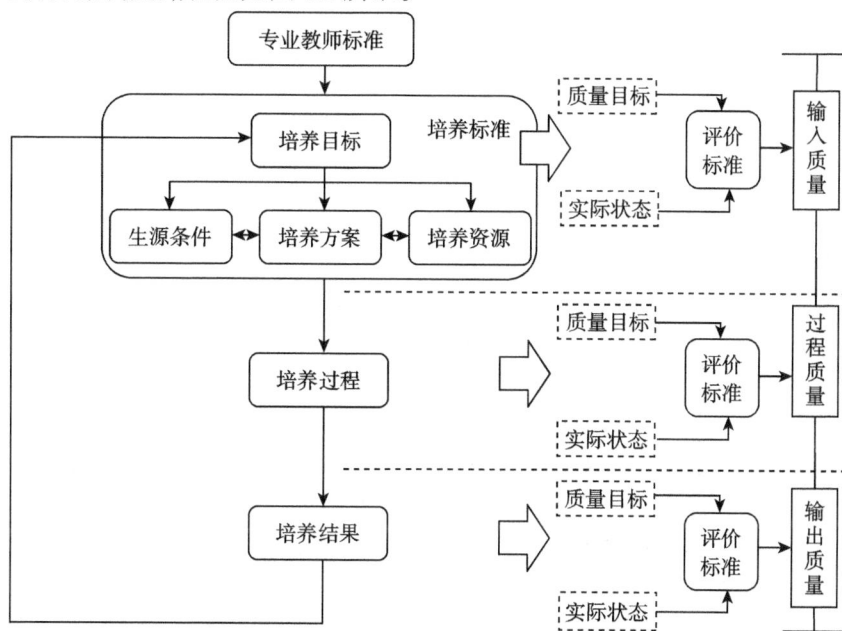

图 7.1 职教师资财务管理本科专业培养质量评价方案构建路径图

四、评价内容确立

广泛搜集国外高等教育评价经验，为确定评价范围、评价内容和评价方法等提供参考。

一些发达国家或地区的教育评价在长期的历史传承与积淀中，形成了包括大学总体评价、大学专业评价、院校教育质量评价、研究水平评价、教学质量评价、学生成绩评价在内的较完整的评估体系。

（一）经济合作与发展组织教育指标体系

经济合作与发展组织（Organization Economic Cooperation and Development，OECD）以人力资本理论作为其教育指标体系的理论基础，将市场经济中的供需模型运用于教育指标的建构中，又以教育评估中 CIPP[①] 模式为框架，建立起了一个严谨的系统，这个系统包括教育背景、成本和资源与学校过程、教育结果。以 2010 年 OECD 教育指标体系为例，其中包含以下内容：人口背景——学龄人口相对数量、成年人口学历；教育经费——所占 GDP 之比、生均教育支出、各级政府的公共资金、生师比等；受教育机会、参与和进步——总体教育参与、中等教育入学率与毕业率、第三级教育受教育机会与参与等；学校学习环境和组织管理——公立中小学教师的法定工资、新教师的学历培训要求、教训时间、教学中计算机的使用等；个人产出、社会产出和劳动力市场产出——各级学历层次的劳动力市场参与、年轻人的教育与工作、收入与学历等；学习成绩；对待科学的态度等指标。

（二）美国高校内部质量评估

美国高校通常在校级层面设置一个专门的质量管理机构，主要负责全校教育质量的管理与监控（管理、协调、督导、评估职能），其中包括经费的使用、教师招聘、学科建设、专业设置、科研发展等，其标准由学术委员会负责设定。在此之下为院级质量管理机构，职责包括学院内部事务的管理协调与执行，由教授委员会把握各学院运行的质量标准（管理、协调、执行）。学院以下设系级基层机构，虽然是基层机构，但其在质量监控中的作用最为重要，除执行质量政策外，还需对财务管理专业的发展负责，参与各个环节的质量控制，包括自我评估、同行评估、外部评估等，主要由专业委员会监控各专业的质量。

从理念来看，美国高校内部评估通常遵从全面质量管理理念，即通过过程监督、过程管理、质量控制、质量评估及质量改进的一系列方式，协调高校运营的各个环节，以达到从决策到执行再到评估的整个过程的顺利进行，以最少的时间与投入达到绩效最大化。

从指标设定来看，不同类别的高校往往有着不同的指标，如授予博士学位的高校或专业与授予硕士乃至学士学位的单位指标就有明显区别，在此以学士学位高校内部指标为例。

此评估模式主要包括四个一级指标，即学生指标、教师指标、经费指标、基本指标。

1. 学生指标

（1）学生总数（近十年）。该项指标主要用以控制学校规模，摸清学校声誉情况。

（2）学生入学情况分析。该项指标目的为收集整理学生申请人数、录取人数、入学人数，用以探究高校的学生认可程度。

（3）全日制学生与非全日制学生比例。此项指标决定着高校人才培养的质量与规

---

① CIPP 包括背景（context）、输入（input）、过程（process）和成果（product）。

格，换句话说，全日制学生人数的比例直接决定着高校教育教学质量。

（4）平均入学成绩。此指标主要体现在对学习能力测验（shoolastic aptitude test，SAT）成绩的掌控，用以掌握生源的基本情况。

（5）新生第一年保持率。高校的教学质量、学习环境、教师素质等方面是新生去留的重要原因，这一指标的设定可以使高校了解自身的教学研究、人才培养模式是否能够满足学生的需求。

（6）毕业率。此指标用以衡量高校毕业人数，可衡量各学院对学生学业的要求是否合理、对教学质量是否严格，从而用来判断学院提供的教育教学质量及学生就学期间的学业成绩表现。

2. 教师指标

（1）教师职称及获得学位情况。作为教学与科研工作的主体，教师在整个教育过程及高校运营中占据十分重要的地位。此项指标是为了调查教师的专业素养与教学能力，是高校能否提升内部质量，培养卓越人才的重要依据。

（2）终身教授数量。终身教授通常具有较强科研和教学能力，数量多少可直接影响高校的声誉与教育质量，因此终身教授数量的统计是高校的重要一环。

3. 经费指标

本科院校经费主要来源于联邦及州政府，因此一级指标只下设一个二级指标，即联邦与地方政府的财政支持。经费是高校得以发展的重要依靠，直接影响高校的发展规模、运营方式、人才培养模式。通过这一指标的设定，可以判断出各高校各学院的实际运行情况，从而预设资源配置方式，推测出高校在未来运营中会遇到的问题。

4. 基本指标

（1）班级规模。班级规模往往影响教育质量，通过这一指标的设定可以起到监控全校班级规模的作用。

（2）生师比。此项指标用来衡量学生与教师的接触频率，以推测教学质量。

（三）美国外部评估

美国外部评估，共设以下几个指标。

（1）招生及毕业：招生计划的完成度；弱势群体的招生比例；学位授予比例。

（2）财政能力：学生贷款情况；学生平均债务情况。

（3）学生成绩：毕业人数及拒修学生人数；每年高学位在校生增长率；全日制招生人数与学位数匹配率。

（4）社会效益：与地方经济发展的关联度；获取的财政支持数；预期成效达成度。

（5）科研能力：研究经费获取程度与利用率；获取专利及科研成果数量。

（6）教学成效：学生在学期间成绩情况；学生学术贡献。

（四）德国高等教育评估

德国的评估活动是自下而上进行的，即高校和下属院系主动递交评估申请，而非由上级主管部门强制实施。很多院校之所以能够自觉地进行评估，主要是认识到只有将自身的办学优点向公众展示、将自身缺点发掘出来并加以整改，才能真正地提高教学质量，在激烈的教育竞争中脱颖而出。因此，德国高校的教学评估不仅仅局限于教师的教与学生的学，而更强调教学的整体性，力求在教学过程与教学结果两方面都达到质的飞跃。

德国教学评价主要由自我评估、专家评审、院校协议三个步骤构成。

（1）自我评估。此步骤由各院系按一定要求进行自我测评，主要包括教学环境（生师比、学生数、教师职称及学历情况、学院教育资源配置，经费情况）、教学内容（培养目标、课程目标、教学目标、教学大纲、进程及考试计划等）、教学管理和组织（教师的教学技能、教学方法的运用、教学条件、学生成绩考核方式等）、学习过程（人才培养的方式及途径、学生知识的获取度、学生能力的发展情况）、学术梯队的培养、弱势群体的发展、毕业生就业情况、本专业优劣势分析。

为提高评价过程的透明度，自我评价由师生共同参与，测评报告交由专业的评估机构作为专家评审的材料。

（2）专家评审。高校在各院系自我测评的基础上聘请教学评估机构对其进行进一步评估。专家人选由评估机构推荐，征求相关高校意见，如意见不统一，则由评估机构的学术委员会做最后定夺。专家评审主要由两部分构成：①与院系领导及基层教师学生座谈了解教学情况。②视察院系，与校领导进行沟通。专家评审报告将明确指出院系在教学方面存在的问题，并提出相应改进建议。报告撰写完毕后，将召开包括专家、评估机构代表、校领导、院系代表在内的联合会议，在征求多方对评估结果的意见后，将达成共识的报告向社会公开。

（3）院校协议。院系代表与校领导就评估报告进行协商，签订改进教学质量的协议，同时明确时间进程。通常情况下，院系会保证按时按量完成目标，校方也要承诺予以相应经费支持，此协议将秉承高透明度与可操作性原则拟订。

（五）英国职业教育评价

英国的职业教育评价内涵主要包括经费、学习者和雇主的反馈及有效性。经费：重点检查资金健康、管理与控制和资源使用等指标。评估：重点检查教学质量、对学习者的支持和指导，以及职教机构在标准方面所取得的成就。职业教育的质量审核或评价结果分为优秀、良好、合格、不合格四种，英国的职业教育在政府部门的严格监督下，有制定教育标准、设计规范资格证书、为职业教育提供资金和规划的管理机构，有负责设计和评估职业教育培训资格的职业教育考试机构，有提供职业教育的培训机构，还有质量监督机构。

以上评价经验表明，无论是基于何种目的的评价，其评价的范围都要尽可能涵盖教育教学组织与实施的全过程，评价内容都要涉及教与学的主体、教学组织与实施的外在环境与条件、教学的成效、社会声誉与影响力等；其评价的方式方法与评价目的和评价结果的用途有关，商业性的评价大多采用第三方评价，发展性评价大多采取自我评价、主管部门评价和社会评价相结合的方式。职教师资本科专业培养质量评价的范围既要包括过程本身及维系过程运行的条件要素，也要包括人才培养的结果及其社会影响力；评价的方式方法的设计应考虑适合自我评价、主管部门评价和社会评价相结合的要求。

五、评价原则确立

详细梳理我国高等教育评估的发展历程，依此来明确培养质量评价的基本原则。

我国高等教育评估的发展历程，既体现了主管部门和教育界对教育评价的认识过程，也表征了我国教育评价的发展趋势。研制财务管理职教师资培养质量评价方案也必须遵从这一趋势。

我国高等教育评估经历了从无到有、从简单到规范的发展过程。1985 年 5 月发布的《中共中央关于教育体制改革的决定》提出，"国家及其教育管理部门要加强对高等教育的宏观指导和管理。教育管理部门还要组织教育界、知识界和用人部门定期对高等学校的办学水平进行评估，对成绩卓著的学校给予荣誉和物质上的重点支持，办得不好的学校要整顿以至停办"。同年，国家教育委员会颁布了《关于开展高等工程教育评估研究和试点工作的通知》，拟订了《高等工业学校办学水平评估指标体系（草案）》，在人才培养、科学研究、师资力量、设施条件、管理水平 5 个一级指标的基础上，下设 72 个二级指标对办学水平予以考察。一些省市随即在各部委的指导下启动高校办学水平、专业和课程的评估试点工作。值得注意的是，因该草案的不完善性，各单位在工作中对该草案进行了进一步修订，如煤炭工业部教育司在工作中将二级指标由该草案的 72 条精简至 35 条，同时主张在办学水平特别是办学条件评价上应对各校进行分类，以保证评价的公正性。而上海市高等教育研究所则以"本科生培养质量、思想政治教育、师资队伍建设、学校领导及办学指导思想、教育管理及改革、科研、教学设施管理、后勤管理、办学综合效益、社会评价"作为评估的主要项目，明确了高等教育评估工作分委员会的人员构成及工作任务，系统梳理了学校自评的三个阶段（准备阶段、测评阶段和总结阶段）及其主要任务，同时对赴校评估专家组的职责及义务进行了进一步阐述。

1990 年，国家教育委员会颁布《普通高等学校教育评估暂行规定》，提出高校教育评估的三种基本形式，即合格评估（鉴定评估）、办学水平评估、选优评估。合格评估是针对新建高校基本办学条件及教育质量的一种鉴定制度，分合格、暂缓通过、不合格三种鉴定结果。办学水平评估是指对已合格高校进行经常性的评估，有综合评估和单项评估两种形式，综合评估 4~5 年一次，由上级政府和学校主管部门组织实施，旨在指出不足、肯定成绩、提出改进意见，被评高校需要在评估结束后三个月内向上级部门写出改进报告并予以实施。单项评估由教育行政部门组织实施，通常通过校间比较评估，诊断教育问题，交流经验，共同进步，结论分为优秀、良好、合格、不合格四种，不排名次。选优评估是在办学水平评估基础上进行的各高校评比选拔活动，旨在择优支持促进竞争。该规定还对评估机构的构成及职责进行了充分说明，同时对评估的一般程序予以规定："学校提出申请；评估委员会审核申请；学校自评，写出自评报告；评估委员会视察小组视察，写视察报告；评估委员会复合视察报告，提出正式评估结论；报请政府批准，公布结论。"该规定就高教评估性质、目的、任务、指导思想、基本形式等做了明确规定。《普通高等学校教育评估暂行规定》是我国第一部关于高等教育评估的法规。

从 1994 年开始，国家教委开始有计划、有组织地对普通高等学校的本科教学工作水平进行评估。

从发展过程来看，高等学校本科教学工作评估相继经历了三种形式，即合格评估、优秀评估和随机性水平评估。合格评估开始于 1994 年，这种评估方式主要用于 1976 年以后新建的、本科教育历史较短的、基础比较薄弱的学校，目的是使这类学校能够达到国家规定的基本的办学水平和质量标准，并帮助这类学校进一步明确办学指导思想、加强教学基本建设、提高教学管理水平，被评学校由国家教育委员会指定。优秀评估开始于 1996 年，主要用于 100 所左右本科教育历史较长、基础较好、工作水平较高的学校，主要目的是促进这类学校深化改革和办出特色，被评学校由国家教育委员会根据学校申请确定。随机性水平评估开始于 1999 年，主要是针对介于上述两类学校之间的普通院校，被评学校由教育部（1998 年国家教委改名为教育部）随机抽取。

2001 年，教育部印发了《关于加强高等学校本科教学工作提高教学质量的若干意见》，提出要处理好新形势下教育规模与质量、教育发展与投入、教学与科研、改革与建设的关系，通过充分认识教学工作的重要性、加大教学经费投入、加强基础课教学、建立中青年骨干教师队伍等为提高本科教学质量提供有效途径。该意见明确提出，要通过社会监督及自我约束相结合的方式建立有效的教学质量评估和宏观监测机制，同时应以用人单位、教师、学生为依托，建立起多方共同参与的教学质量内部评估和认证机制。

2002 年，教育部依据《中华人民共和国高等教育法》，在"以评促改、以评促建、评建结合、重在建设"方针指导下，将合格评估、优秀评估和随机性水平评估三种方案合并，发布了《普通高等学校本科教学工作水平评估方案（试行）》。该试行方案以办学指导思想、师资队伍、教学条件与利用、教学建设与改革、教学管理、学风、教学效果 7 个一级指标为根基，下设 18 个二级指标，包括重要指标 11 项、一般指标 7 项，将评估结论分为优秀、良好、合格和不合格四种。

2003 年，教育部在《2003—2007 年教育振兴行动计划》中明确提出，应建立高等学校教学质量评估和咨询机构，实行以五年为一个周期的全国高等学校教学质量评估制度，简称"五年一轮"。同时，该计划提出，应建立与人才资格认证和职业准入制度挂钩的专业评估制度，通过加强高等学校教学质量评估信息系统建设，建立教学状态数据统计、分析和定期发布制度。

2004 年，教育部发布了进一步修订的《普通高等学校本科教学工作水平评估方案》，相较于 2002 年的试行方案，2004 年的方案在语言描述上更为精简，在延续前期一级指标的基础上优化了二级指标，如在"教学效果"里加入"就业"指标。另外，根据社会现实，对各级指标权重予以重新分配，如在二级指标"师资队伍数量与结构"中新增"生师比"观测点，在"教学条件与利用"下新增"校园网建设状况"观测点，在"实践教学"下新增"实习和实训"观测点，通过观测点的增减，评价方案更能适应当时的社会经济发展状况。针对相同观测点，经过两年的实践经验总结，《普通高等学校本科教学工作水平评估方案》也进行了相应调整，如观测点"专任教师中具有硕士学位、博士学位的比例"一项，A 级标准从 2002 年版的 60%以上减至 50%，"生源、社会评价"也由原来的 2 个观测点合并为权重为 1.0 的 1 个观测点。

2004 年 8 月教育部高等教育教学评估中心正式成立。建立五年一轮的评估制度及成立评估中心，标志着中国高等教育的教学评估工作开始走向规范化、科学化、制度化和专业化的发展阶段，标志着建立有中国特色的高等教育质量保障体系已经迈出了关键一步。

2011 年，教育部颁布了《教育部关于普通高等学校本科教学评估工作的意见》（教高〔2011〕9 号），明确了分类评估的理念，以达到引导高等学校合理定位、办出特色的目的。就评估的制度体系层面，该意见确定了以学校自我评估为基础，以院校评估、专业认证及评估、国际评估和教学基本状态数据常态监控为主要内容的高等教育教学评估顶层设计，同时提出"管办评分离"原则。另外，该意见还从评估内容和形式、评估的组织管理层面对高等学校本科教学评估工作进行阐释。例如，在形式上建立自我评估制度，实现分类的院校评估，开展专业认证及评估，探索国际评估。在内容上围绕教学条件、教学过程、教学效果进行评估，在组织管理上建立与"管评办分离"相适应的评估工作组织体系，充分发挥第三方评估的作用，推进"阳光评估"，进而推动高等学校教学评估整改工作。

2013 年 10 月，为贯彻落实《国家中长期教育改革和发展规划纲要（2010—2020 年）》精神，发布了《教育部关于开展普通高等学校本科教学工作审核评估的通知》（教高〔2013〕10 号），公布了《普通高等学校本科教学工作审核评估方案》。该方案实施办法规定，审核评估应以主体性、目标性、多样性、发展性和实证性为原则，实行目标导向、问题引导、事实判断的评估方法。同时从评估对象、评估条件、评估范围、评估组织管理、评估程序及任务、评估纪律与监督角度对审核评估予以说明。该方案中包括"定位与目标、师资队伍、教学资源、培养过程、学生发展、质量保障、自选特色项目"7 个审核项目、25 个审核要素、64 个审核要点。

值得注意的是，审核评估不同于合格评估和水平评估。合格评估属于认证模式评估，达到标准就通过，水平评估属于选优模式评估，主要是看被评估对象处于什么水平，重点是选"优"，审核评估主要看被评估对象是否达到自身设定的目标，国家不设统一评估标准，结论不分等级，形成写实性审核报告。

审核评估是教育部针对 2000 年以来参加过水平评估并获得通过的普通本科学校开展的制度性评估。审核评估的核心是"质量"，目的是"保障质量"，通过评估进一步强化办学合理定位、强化教学中心地位、强化内部质量保障体系建设。井冈山大学发展规划研究室昌庆钟认为，从本质上讲，审核评估就是对高校内部质量保障体系的评估。按照"审核评估"模式的特点与要求，可以实现高校内部质量保障体系由"外塑型"向"内生型"的转变。具体表现如下：质量保障体系建设依据——从外部评估标准转向学校的人才培养目标定位；高校内部质量评估标准——由参照国家统一标准转向学校自主开发；高校内部质量评估重心——从以学校为重心转向以学生为重心；高校内部质量评估主体——从学校的管理者转向学校的利益相关者。

审核评估主要从五个维度做出判断：学校人才培养效果与培养目标的达成度、学校办学定位和人才培养目标与社会需求的适应度、教师和教学资源对学校人才培养质量的保障度、教学质量保障体系运行的有效度、学生和用人单位的满意度。

审核评估是一种基于评估信息化的评估。教育部教学质量评估中心专门组织开发了评估信息系统，学校根据需求在评估前一个月上传基本状态数据。该系统在对数据进行分析、整合的基础上，生成评估学校的《教学基本状态数据分析报告》，专家在网上通过信息系统全面了解评估学校的基本情况，并基于学校提供的信息做出是否需要进行现场考察的决定。

尽管职教师资本科专业培养质量评价方案不属于国家统一制订的评价方案范畴，但它是教育部、财政部职业院校素质提高计划的一部分，评价方案的应用对象是所有开设某一职教师资本科专业的高校，具有一定的广泛性。所以，评价方案的设计理念和设计要求应符合国家高等教育评价的总体要求，要坚持"以评促改、以评促建、评建结合、重在建设"的评价方针，抓住"质量"与"质量保障"这一评价核心，通过评估进一步强化专业合理定位、强化专业教学改革、强化内部质量保障体系建设。要以审核评估的"主体性、目标性、多样性、发展性和实证性"原则为指导，实行目标导向、问题引导、事实判断的评估方法。要贯彻"管办评分离"原则，加快推进专业办学基本状态数据库建设、推进外部评估与内部评估相结合、积极发挥第三方在评估中的作用等。

六、评价功能分析

通过研读教育评价科学理论、归纳调研结果和教育部专家指导意见，项目组成员对培养质量评价的功能进行如下分析。

（一）导向功能

培养质量评价本身能够引导职教师资培养院校朝着人才培养理想目标前进。在培养质量评价中，对被评价对象所做的任何价值判断，都是根据一定的评价目标、评价标准进行的。因此有什么样的评价内容，师资培养院校就会注重哪方面的工作；有什么样的评价标准，师资培养院校就会向什么方向努力。也就是说，评什么、怎么评，将有力地引导师资培养院校在师资培养过程中做什么和怎么做。对师资培养院校来说，培养质量评价标准、评价内容，起着"指挥棒"的作用，发挥着导向功能。

（二）诊断和鉴定功能

通过评价活动，了解评价对象教学活动的实际状态、过程和效果，发现有利之处和积极因素，同时诊断出不利之处和消极因素。通过准确诊断，给出改进、改善的建议；

通过评价活动，可以判断培养对象合格与否、优劣程度和水平高低，判断师资培养质量是否达到《中等职业学校财务管理类专业教师标准》、是否符合培养目标要求。

（三）改进功能

培养质量评价具有促进评价对象为实现理想目标不断改进和完善教学的作用。评价培养质量不仅重视培养结果评价，而且重视培养条件和培养过程评价，从而能够诊断出问题的症结和发展瓶颈，总结成绩，找出差距及产生原因，使评价对象通过评价的反馈信息，做出新的决策，采取新的措施，尽快改善培养条件，加强教学管理与服务，改进教学。

（四）调控功能

通过评价，可以获得有关教育活动满足中等职业学校财务管理类专业教学需要程度的信息，将这些信息进行反馈，用以改善和调节培养目标、课程与教材、教师的教育、学生的学习等过程。通过评价，师资培养院校可以充分了解财务管理类专业的长处与短处、优势与劣势，明确努力方向和改进措施。

项目研发人员认为，培养质量评价方案的制订，要与培养包的专业教师标准、教师培养标准、教学大纲和教材编写等其他子项目同步进行，在专业教师标准敲定后应尽早制订，充分发挥评价的导向功能和作用。

七、评价目的分析

许多文献把人才培养质量评价的目的与教育的目的相提并论，这样一来，质量评价目的的概念实际上就有了两种不尽相同的解说。一种概念是，质量评价的目的就是评价活动本身所预期产生的结果，这个结果当然就是评价功能作用的结果。因此，质量评价的目的实际上就是鉴别和调控培养质量。另一种概念是指教育评价的目标体系所确定的目的，亦即评价自身内容标准所要求的目的。例如，当我们去评价一堂课是否为一堂好课时，评价指标体系和标准体系所确定的一堂好课的标准，也就是这次教学评价的目的，达到了一堂好课的标准也就达到了评价的目的。其意义是，要有效地实现质量评价的目的，就要充分把握评价内容的目的标准。当今培养质量评价内容不仅包括学业评价，而且包括培养条件、培养过程的评价，包括影响培养质量的各个方面，但核心内容是学生发展的评价。因此，从这个意义上讲，质量评价的根本目的在于对学生发展的促进作用。

八、评价模式分析

在不同时代，基于不同理念产生了不同的教育评价模式。教育评价模式是相对固定的评价程序，是在一定理论指导下对教育评价的基本范围、内容、过程和程序的规定，是评价思想、评价理论与评价实践的结合点，是评价理论与评价实践的中介。教育评价模式能使评价理论更具系统性、直观性、可操作性和导向性。目前教育评价的常见模式有泰勒模式、CIPP 模式、对手评价模式、应答式评价模式、目标游离评价模式、自然探究评价模式等。

（一）泰勒模式

泰勒模式也称"行为目标评价模式"，是泰勒于 20 世纪 30 年代根据"八年"研究的结果提出的一种教育评价模式。该模式以预先设定的行为目标为评价依据，并且把这些教育教学目标达成情况用学生的特定行为范式的变化来表征。评价就是把实际的教育教学结果对预先设定目标的达成度进行判断，并通过信息反馈来促进实际工作对目标的逼近。

泰勒模式所表征的教育评价本质就是判断实际的教学行为及其结果对既定目标的达成情况，并通过反馈提高达成度的过程。显然，这种对教育评价本质的认识并不能完全被后人接受，于是，对教育评价本质的不同认识以及相应的评价模式相继而出。

（二）CIPP 模式

CIPP 模式是美国评价学家斯塔弗尔比姆于 1971 年提出的，该模式分为四个不同的阶段，即背景、输入、过程和成果。

CIPP 模式四个阶段都是获取信息、服务决策的过程。背景评价阶段目标是分析工作背景，找出决策者所关心的问题和具备的条件；输入评价阶段的主要工作是论证并且评定达成预期结果的各种备选决策方案的可行性；过程评价阶段的任务是对决策方案实施的实际情况进行检查、甄别、反馈，乃至调整；结果评价阶段就是把工作结果和目标相比照，包括与前三个阶段的结果与目标的对照，以利于决策者对今后工作做出一系列决策。

CIPP 模式注重对培养目标本身的合理性做出评价，重视形成性评价，从而使评价更全面、更科学、体系更完整；CIPP 模式强调评价为决策服务，因而使评价活动更具方向性和实用性，有助于人才培养工作的完善和发展。

（三）对手评价模式

20 世纪 70 年代，欧文斯和沃尔夫参照家庭辩论的方式提出了对手评价模式。对手评价模式通过相互对立的评价者陈述各自的观点和理由，展示更有说服力的证据，或者用有力的法律、法规及辩论技术等手段，获取胜利。

对手评价模式采用了一种有计划的对抗形式，对同一个评价对象同时提供两种不同的独立评价。这种评价系统最大的优点在于它的相互诘问过程。这个过程中，人们对评价对象有更为深入和更为全面的认识，辩论的双方在这个过程中也会逐步修正自己的认识，也许会更接近事物的本质，或者更多地了解事物的其他方面。对手评价也可以减少对权威的盲目服从，使评价者可以畅所欲言、自由思考。

（四）应答式评价模式

斯塔克（R. E. Stake）于1974年提出了应答式评价模式，它主要是针对教育计划的一种评价方法。应答式评价以关键问题为线索，评价者和与此线索有关的，特别是身处其境的人进行交流、沟通，征求他们的意见、问题，并做出应答。这里的关键问题仅是评价的线索，并不一定是评价的目标。评价的过程是指评价双方共同讨论各种方法、进行协商的过程。

应答式评价的实质是让与评价有关的人们从不同角度，运用不同的思维方法，来共同分析、探讨所关心的问题，从而避免评价的片面性。

（五）目标游离评价模式

迈克尔·斯克里文（Michael Scriven）针对传统评价中把注意力过于集中在方案目标的倾向上，提出了目标游离评价模式。目标游离评价模式是一种重视结果胜于意图的做法，它通过检查方案的结果来判断其价值，而不考虑方案本来的目的或目标。因此，目标游离评价模式检验的是一个方案的包括"预期效果"和"意外结果"在内的全部效果。

目标游离评价模式与泰勒模式、CIPP模式的最大区别如下：做出评价结论的依据不是方案制订者预定的目标，评价活动从反映管理者、决策者的意图转变为反映局外人的意愿。因此，它具有更大的客观性，这反映了评价者自主性和将教育过程视为受教育者个人自我创造、自我实现、自由发展的民主观念，从根本上体现了以个人的需要为价值取向的评价标准。

目标游离评价模式也不是一种完备的评价模式，它并没有严格的定义和评价程序。目标游离评价模式主要是一种指导评价的思想原则，它要求评价开始时，不要被评价对象的既定方案束缚，而是去观察评价对象行为的所有结果，即把评价考虑的重点从"方案想干什么"改为"方案实际干了什么"，这样，评价者就可以在没有偏见的情况下自由地进行评价。

（六）自然探究评价模式

自然探究评价模式被我国台湾学者认为是课程评价的"新典范"。它是建立在现象学、解释学、日常语言分析及符号互动论的基础之上的评价模式。自然探究模式认为人所生活的世界，是由人、事、时、地、物不断交织变化而成的世界，它构成了"意义之网"。格巴（E. Guba）等将这一观点归纳成以下五点假设：①社会实体是多元的，因此只有站在不同的角度、采用不同的方法，才能真实地把握实体的性质；实体间又是相互关联的，因此只有运用"扩散的""开放的"方法，才能整体地把握它们的联系。②研究的主体与客体是交互影响的，二者的关系随时间与空间的变化而变化，因此人们对它的解释也不是固定的或稳定的。③知识是个案化的结果。自然探究并不把研究的目的放在探讨普遍化的规律上，它不关心哪种假设为真，哪种假设为假，它只关心这些假设是否适合解决特定的问题。也就是说，它并不试图去证明事物间普遍的因果关系是否存在，而只是关注某个因素是否有助于解决当前的问题。④同时性构建。在日常生活中有很多事情是由多种因素共同促成的，因此在很多情况下，试图找出何者为因、何者为果是十分困难的。从自然探究模式看，在很多情况下，事物是互为因果的。⑤价值牵连。自然探究模式认为，任何研究都是与价值选择有关的，即使在实证的研究中也在所难免。

以上几种评价模式各有所长，又各具局限性。进行培养质量评价，不要拘泥于某一种评价模式，以及这种评价模式的具体操作程序和方法。更重要的是，这些模式能给予人们某种思想方法和启示。职教师资本科专业培养质量评价首先是一种对人才培养结果的总结性评价，培养质量的高低是评价的核心。但教育的根本目的是使每个受教育者的身心都得到发展，而影响人的身心发展的因素在人的发展过程中是可以变化和调整的，评价的目的在于改进。因此，只有结果的判定而忽视过程的评价不符合教育的根本要求，也违背了教育的客观规律，它应该是一种以人才培养目标达成度判定为核心的，并兼顾背景条件、培养过程和培养结果的综合评价。制订评价方案除了科学性和严谨性要求之外，经济性也是其考量因素之一，目标游离评价模式、自然探究评价模式等虽然理念先进，但实施评价的难度较大。综合各种评价模式，项目组认为，培养质量评价应以 CIPP 模式为主要借鉴，并适当吸纳泰勒模式、目标游离模式、自然探究模式等的理念和经验。

九、评价指标体系构建

完整的培养质量评价指标体系包括指标系统、权重系统和评价标准系统三部分。评价指标是指根据评价目标而确定的具体条目，不同层级的指标构成指标系统，评价指标一般最多到三级指标，每一级指标一般不能设置过多；权重是指某一评价指标在整个评价体系中重要程度的量数，按照每一指标在整个指标体系中的重要程度，对每一指标进行赋值，就是确定权重的过程，全部权重值就构成权重系统；评价标准是指对末级指标达到要求的程度，在数量和质量方面规定价值判断的刻度和标尺，全部评价标准就构成标准系统。

建构培养质量评价指标体系是一项系统工程，必须建立在广泛调研和深入理论研究的基础上，按照一定程序有序进行。职教师资财务管理本科专业培养质量评价指标体系建立的具体过程如下。

（一）建立培养质量评价指标系统

采用"头脑风暴法"，项目组人员依据培养目标、专业教师标准、教师培养标准和培养条件等，充分进行研究、讨论，集思广益，找出影响人才培养质量的关键因素，进行归纳、整理，确定一级指标、二级指标和评测点，构建初拟评价指标系统。然后分别送至职教专家、职教师资培养院校教学管理人员、学生管理人员、财务管理类专业教师，中职学校教学管理人员、财会类专业教师，企业财务管理人员等，请他们独立审核和修改。根据修改意见，对初拟指标进行筛选，把那些符合设计原则，反映培养质量评价本质要求的指标保留下来。筛选指标采取了"集体经验法"，即根据每项指标舍留意见的人数或所占百分比，决定保留或取舍哪些评价指标。通过多轮筛选，最终确定培养质量评价指标系统。

2015 年 3 月后，按照项目指导专家给定的评价指标框架，项目研发人员又对一级指标、二级指标和评测点，重新归纳和组合，建立了职教师资财务管理本科专业培养质量评价指标系统，该指标系统共包括 8 个一级指标、23 个二级指标、44 个观测点和 1 个专业特色指标。

（二）拟定评价标准

采用"期望行为标准"模式，为每一项末级指标（观测点）拟定具体的评价标准。根据评价对象在该方面达到或符合的程度，设定 A、B、C、D 四个等级，以反映指标各种状况的不同程度差别的定性描述的指示语或定量的数值要求作为标准。具体设定了 A 级和 C 级两个标准，介于二者之间为 B 级，不能达到 C 级标准的为 D 级。所有末级指标（观测点）的评价标准构成完整的评价标准系统。

（三）确定培养质量评价权重系统

项目研发人员按照培养质量评价的逻辑结构，分层次地排列组合，初步构建了职教师资财务管理本科专业培养质量评价指标体系表，其中权重项为空白。采用"特尔斐法"，将该表分别送至职教专家，职教师资培养院校教学管理人员、学生管理人员、财务管理类专业教师，中职学校教学管理人员、财会类专业教师，企业财务管理人员等，请他们独立为每一级评价指标赋权重，权重以百分数表示，每项指标权重的最小单位为 5%。回收评价指标体系表后，进行数据统计处理，求出每项指标权重的估计平均值，然后进行调整修正，确定每项指标权重。

（四）形成正式的评价指标体系

培养质量评价指标体系初步形成后，项目组邀请专家，召开了现场研讨会，根据专家评议意见，对不符合要求的指标、权重或标准，再进行调整、增删、修改和完善，最后形成职教师资财务管理本科专业培养质量评价指标体系。该体系包括一级指标、二级指标、观测点、评价标准和权重项。

为准确把握中等职业学校财务管理类专业教师标准和教师培养标准，科学制订《职教师资财务管理本科专业培养质量评价方案》，项目组大部分成员参与了《中等职业学校财务管理类专业教师标准》和《中等职业学校财务管理专业教师培养标准》项目研发。

十、培养质量评价方案的主要内容

职教师资财务管理本科专业培养质量评价是以财务管理本科专业培养目标为指向，通过全面地收集信息，对本专业培养条件、培养过程及人才培养质量做出客观衡量和科学判断的过程。培养质量评价方案具体包括评价目标、评价依据、评价原则、评价模式、评价指标体系、评价实施、评价结果应用等方面内容。

本方案适用于所有开设职教师资财务管理本科专业的高校。

（一）评价目标

通过对职教师资财务管理本科专业培养质量的评价，评判本专业的办学水平，具体分为以下几个方面。

（1）鉴定职教师资财务管理本科专业培养质量，依此来划分不同的等级或判定不同的培养质量层级，为提升专业办学水平提供一个指向。

（2）诊断职教师资财务管理本科专业办学中的问题，促进专业的后续发展与进一步的改进。

（3）通过不同办学单位之间的横向业绩比较，形成良性竞争。根本目的是促进人才培养质量提升，形成持续改进的机制。

（二）评价依据

评价的基本依据是《教育部关于印发〈中等职业学校教师专业标准（试行）〉的通知》（教师〔2013〕12号）和《教育部关于印发〈普通高校基本办学条件指标（试行）〉的通知》（教发〔2004〕2号），直接依据是《中等职业学校财务管理类专业教师标准》和《中等职业学校财务管理专业教师培养标准》。

（三）评价原则

（1）客观性原则。培养质量评价应切实反映中等职业学校对财务管理类本科师资培养的规格、质量需求，真实评测出财务管理专业的人才培养质量和水平。

（2）系统性原则。培养质量评价要系统地评价专业办学定位、培养目标、培养条件、培养过程、培养结果、专业特色等各个方面，各级各类指标之间层次清楚、界限分明而又成为一个完整体系。

（3）导向性原则。培养质量评价要有助于引导职教师资培养院校改善办学条件，规范培养工作，提高培养质量，提升办学水平；有助于引导激励职教师资财务管理本科专业学生自我学习、自我评价、自我发展。

（4）科学性与可操作性相结合原则。培养质量评价切实体现当代教育评价的最新理论成果，符合职业教育理论和职业教育评价技术要求，遵循本科专业教育教学质量评价的基本规律，充分反映财务管理专业本科职教师资培养的特点和规律。同时，评价方法要尽可能简便易行，评价项目的多少及等级不能过于复杂，评价标准、评价程序要便于实施和操作。

（5）形成性评价与总结性评价相结合原则。形成性评价能掌握教育教学过程的质量，总结性评价可掌握教学目标的实现状况及效果。在职教师资培养中，应将二者紧密结合，而且特别要注重形成性评价，通过形成性评价不断矫正、完善教育教学过程。

（6）单项评价与综合评价相结合原则。既要评价理论知识的掌握，也要评价专业技能的掌握；既要评价专业能力水平，又要评价关键能力水平，还要评价包括思想品德素质、身心素质、职业素质等在内的综合素质。

（7）定量评价与定性评价相结合的原则。测评各项指标尽可能用数字表达，对无法用数字表达的，用定性评价来弥补定量评价的不足。

（四）评价模式

通过研究分析国内外常用的各种教育评价模式、多种方式调研、会议研讨和听取专家意见，最终确定 PICC 模式作为职教师资财务管理本科专业培养质量的基本评价模式，从培养背景、培养条件、培养过程和培养结果四个方面进行评价。

（五）评价指标体系

职教师资财务管理本科专业培养质量评价指标体系包括指标系统、权重系统和评价标准系统三个部分。评价指标是指根据评价目标而确定的具体条目，不同层级的指标构成指标系统，本指标系统共包括 8 个一级指标、23 个二级指标、41 个观测点和 1 个专业特色指标（表 7.1）；权重是指某一评价指标在评价指标体系中重要程度的量数，按照每一指标在该层级指标体系中的重要程度，对每一指标进行赋值，即为该指标权重，全部权重值就构成权重系统；评价标准是指对末级指标（观测点）达到要求的程度，在数量和质量方面规定价值判断的刻度和标尺。根据评价对象在该方面达到或符合的程度，设定为 A、B、C、D 四个等级。具体设定了 A 级和 C 级两个标准，介于二者之间为 B 级，不能达到 C 级标准的为 D 级。

表 7.1　职教师资财务管理本科专业培养质量评价指标体系

一级指标	二级指标	观测点	评价标准		评价分值	得分
			A 级	C 级		
定位与目标（10%）	办学定位（30%）	专业办学定位与职教师资培养方向的一致性（100%）	专业办学定位准确，把培养中等职业学校财务管理相关专业教师作为专业办学方向	专业办学定位较准确，把培养中等职业学校财务管理相关专业教师作为主要办学方向		
	培养目标（40%）	培养目标和规格要求与专业人才培养定位、专业设置的符合程度（100%）	培养目标明确，符合办学定位；培养规格描述清晰、准确，能够清楚、明确地描述毕业生的知识、能力和素质要求	培养目标较明确，基本符合专业办学定位；能够较清楚、明确地描述毕业生的知识、能力和素质要求		
	发展规划（30%）	发展目标、发展思路、专业发展的可行性（100%）	目标明确；思路清晰；符合中等职业学校财务管理相关专业师资需求和本校专业办学实际情况	符合中等职业学校财务管理相关专业师资需求和本校专业办学实际情况		
招生（10%）	生源条件（100%）	近三年本专业招生录取分数线（60%）	录取分数线高于同等批次提档线，择优录取	录取分数线达到同等批次提档线，满额录取		
		近三年本专业学生入学平均分数（40%）	本专业学生入学平均分数在学校各专业中排名前 30%	本专业学生入学平均分数在学校各专业中排名前 70%		

续表

一级指标	二级指标	观测点	评价标准		评价分值	得分
			A 级	C 级		
教师队伍（15%）	教师构成（30%）	教师数量满足教学需要程度（30%）	教师数量能够满足教学和科研需要；能够根据教师的学科优势和特长确定主讲课程	教师数量能满足正常教学需要		
		教师队伍的学历、职称、学缘、年龄结构（20%）	具有硕士及以上学位教师≥80%，副教授及以上教师比例≥60%，队伍年龄结构、学缘结构合理，形成较为合理稳定的教学与学术梯队	具有硕士及以上学位教师≥60%，副教授及以上教师比例≥40%，教师队伍年龄结构、学缘结构基本合理		
		"双师"教师比例（30%）	"双师"能力教师比例≥70%；专业教师每三年到企业锻炼时间不低于半年	"双师"能力教师比例≥40%；专业教师每三年到企业锻炼时间不低于两个月		
		专、兼职教师比例（20%）	企业财务人员和中职学校专业优秀教师兼职承担专业教学任务达到20%~30%，在专业实践中兼职教师作用发挥好	企业财务人员和中职学校专业优秀教师等兼职承担一定专业教学任务		
	教师质量（40%）	专业带头人及其专业影响力（40%）	能正确把握专业发展方向，能创造性地引领本专业教师开展教育教学改革和制定专业培养方案，在本专业领域有较高的知名度	有专业带头人，能完成学校布置的工作任务		
		教学风气与教学水平（40%）	师德高尚、教风严谨、爱岗敬业、履职尽责、教书育人、诚实守信、专业素质高、教学效果好	师德高尚，能够履行教师岗位职责，按要求完成教学任务，教学效果较好		
		科学研究与社会服务（20%）	专业教师团队近五年承担 3 项以上省(部)级以上科研项目；教师科研能力强，在核心期刊年人均发表论文 1 篇以上；有省级以上教学与科研成果奖励；能够结合专业实际开展社会服务，社会反响好	专业教师团队近五年承担 3 项以上市(厅)级教学科研项目；能够结合专业实际开展社会服务；专业科研能力强，在公开出版的专业期刊年人均发表论文 1 篇以上		
	专业发展（30%）	政策措施，专业教师参加培训和企业实践情况（100%）	有提升教师教学能力和专业水平的政策措施；专业教师参加培训和企业实践的积极性高	有提升教师教学能力和专业水平的政策措施；专业教师参加培训和企业实践的积极性较高		
条件与保障（10%）	办学经费（30%）	生均设备与基地建设经费；生均教学运行经费（100%）	生均教学设备值达到办学条件要求；每年实验室改造、设备更新、校内外实训基地建设经费充足，符合实验室、实训基地建设规划要求；生均年教学运行经费充足，且随教学事业经费的增长而增长	生均教学设备基本达到国家办学条件要求；每年新增设备与基地建设经费能维持设施、设备的正常运行；生均教学运行经费能够满足基本教学要求		

一级指标	二级指标	观测点	评价标准		评价分值	得分
			A级	C级		
条件与保障（10%）	教学资源（40%）	图书资料和校园网建设与利用（20%）	专业图书资料（含电子类图书）能满足教学要求，利用率高；重视校园网及网络资源建设，在教学中发挥积极作用	专业图书资料（含电子类图书）基本能满足教学要求；校园网及网络资源在教学中发挥一定作用		
		校内实践教学资源（40%）	实验室、实验实习设施能满足教学需求；实习软件配备齐全；有规范训练学生教师技能的微格教室	实验室、实验实习设施能满足教学基本需求；有训练学生教师技能的微格教室		
		校外实践教学资源（40%）	有不同类别的校外实习基地，包括企业、银行、会计师事务所、中等职业学校等，实习基地能够满足实践教学需要	有不同类别的校外实习基地，包括企业、银行、会计师事务所、中等职业学校等		
	合作办学条件	合作制度；合作模式（100%）	有规范的校企合作、校校合作管理制度和完善的合作模式，能很好地进行校企联合培养	有较规范的校企合作管理制度和较完善的合作模式		
课程与教学（15%）	课程设置（20%）	课程设置与培养目标的吻合程度（50%）	课程设置满足专业教师培养标准要求，与培养目标相吻合；课程学时安排合理，各类型课程学时比例适当，体现了职教师资培养的学术性、技术性、师范性的融合	课程设置基本满足财务管理专业教师培养标准要求，与培养目标较吻合；课程学时安排基本合理，各类型课程学时比例较适当		
		课程设置对知识、能力和素质需求的支持程度（50%）	课程设置能够支持知识、能力和素质的培养；开设的课程与知识、能力、素质对应关系合理	课程设置基本能够支持知识、能力和素质的培养；开设的课程与知识、能力、素质对应关系基本合理		
	课程标准（10%）	课程标准与专业教师标准、教师培养标准的吻合度（60%）	课程标准高度契合《中等职业学校财务管理类专业教师标准》要求；课程标准与《财务管理类专业职教师资培养标准》相吻合	课程标准符合《中等职业学校财务管理类专业教师标准》要求；课程标准与《职教师资本科财务管理专业培养标准》基本吻合		
		对知识和能力需求的支持程度（40%）	课程标准体系完整，能够清楚地描述和说明支持知识和能力培养需求	课程标准体系基本完整，能够描述和说明支持知识和能力培养需求		
课程与教学（15%）	课程实施（30%）	教学活动安排与培养方案的吻合度（50%）	严格按照培养方案规定安排教学活动；调整方案有严格的程序	教学活动安排与培养方案要求相吻合		
		课程实现方式与课程内容、课程目标的吻合度（50%）	全面推广运用现代教学方法，突出能力目标、任务驱动、学生主体的能力本位人才培养要求；学生学习兴趣浓、学习效果好	课程实现方式在传统大班教学、教师主体、理实分段的基础上根据具体课程的特点有变化和调整，突出了职业能力的培养要求		

续表

一级指标	二级指标	观测点	评价标准		评价分值	得分
			A 级	C 级		
课程与教学（15%）	实践教学（25%）	实验实习项目；实验实习材料；指导教师资质及指导效果；实验室开放程度（100%）	实验、实习项目设计符合专业师资培养要求；实验、实习材料齐全；指导教师具备双师证书，指导效果好；实验室及微格教室向学生开放程度高	实验、实习项目设计基本符合专业师资培养要求；实验、实习材料较齐全；指导教师指导效果较好；实验室及微格教室能够向学生开放		
	教学改革（15%）	教学改革创新具体措施与实施效果（100%）	教学改革创新的措施具体、可行、可持续、实施效果好、覆盖面大	改革创新的具体措施基本可行、可持续、实施效果较好		
学生发展与服务（10%）	学生发展支持（50%）	组织保障（60%）	保障学生发展的机构设置合理；每个班级配有专职辅导员和专业指导教师；调动教师参与学生指导工作的政策与措施得力，形成教师与学生沟通交流机制	有保障学生发展的机构；每个班级配有专职辅导员和专业指导教师；有调动教师参与学生指导工作的政策与措施		
		学生服务（40%）	有效开展学习指导、职业生涯规划指导、创业教育指导、就业指导与服务、心理健康教育；对家庭经济困难、心理问题、违纪、网恋等学生有行之有效的特殊关爱政策和措施	开展了大学生学习指导、职业生涯规划指导、创业教育指导、就业指导与服务、心理健康教育；对家庭经济困难、心理问题、违纪、网恋等学生有特殊关爱政策和措施		
	学风建设（50%）	政策与措施（30%）	有调动学生学习积极性的政策与措施，开展行之有效的学风建设活动	有调动学生学习积极性的政策与措施，开展了学风建设活动		
		学习氛围（40%）	学生学习氛围浓厚、学习主动、奋发向上；自觉遵守校纪校规，考风、考纪良好；学生积极参加各类专业技能比赛；学生学业成绩好	学生学习氛围较浓，学习比较主动，能够遵守校纪校规，考风、考纪良好。学生参加各类专业技能比赛较积极；学生学业成绩较好		
		校园文化活动（30%）	积极开展校园文化活动，规划完善，指导学生社团建设与发展，搭建学生课外科技及文体活动平台，措施具体，学生参与面广泛	定期开展校园文化活动，指导学生社团建设与发展，搭建学生课外科技及文体活动平台，措施具体，学生参与面较为广泛		
组织与管理（10%）	管理机构（30%）	机构设置与管理措施（100%）	机构设置合理，管理队伍稳定，服务意识强，管理措施得力	机构设置合理，管理队伍较稳定，管理措施较得力		
	管理制度（30%）	制度建设与制度执行（100%）	制度规范、完备，能够满足专业师资培养需要；制度执行好	制度比较全面，基本能够满足专业师资培养需要；制度执行较好		

续表

一级指标	二级指标	观测点	评价标准		评价分值	得分
			A 级	C 级		
组织与管理（10%）	质量保障与监控（40%）	质量监控（40%）	教学质量监控机制完善，措施可行，实施效果明显，涵盖教学过程的各个环节	教学质量监控机制较完善，措施可行，实施效果较明显，涵盖教学过程的主要环节		
		质量评价（30%）	教学质量评价机制健全、涵盖各个教学环节、评价的内容全面、分析评价渠道和方式可行	教学质量评价机制较健全、涵盖主要教学环节、评价的方面较全面、分析评价渠道和方式较全面		
		反馈及效果（30%）	教学质量评价结果反馈机制完善，措施可行，对教学计划有正向调节；信息反馈分析准确、透彻	质量评价结果有反馈，对教学计划有正向调节；有信息反馈的综合分析		
培养结果（20%）	毕业生质量（50%）	毕业生专业基本理论与基本技能（30%）	毕业生在专业基本理论知识、基本技能等方面均达到培养标准规定的要求；在全国性专业技能比赛中获得奖励	95%的毕业生在专业基本理论知识、基本技能等方面达到培养标准规定要求；在省级以上专业技能比赛中获得奖励		
		毕业生综合素质与职业能力（40%）	学生综合素质与职业能力测评均达到培养规格要求；职业资格证书获得率在95%以上；中等职业学校专业教师资格证取得率在85%以上。学生创新能力强，有公开发表的论文	95%以上的学生综合素质与职业能力测评均达到培养规格要求；职业资格证书获得率在85%以上；中等职业学校专业教师资格证考取率在75%以上；有一定的创新能力		
		毕业生对口就业率（30%）	毕业生对口就业率在60%以上	毕业生对口就业率在30%以上		
	毕业生满意度（20%）	毕业生对教学工作、学生工作和生活保障工作的满意度（100%）	毕业生对教学工作、学生工作和生活保障工作的满意度均在80%以上	毕业生对教学工作、学生工作和生活保障工作的满意度均在60%以上		
	社会声誉（30%）	社会认可度；用人单位（中职学校）对毕业生的评价（100%）	毕业生社会声誉好、用人单位对毕业生的综合评价高	毕业生社会声誉较好、用人单位对毕业生的综合评价较高		
专业特色（满分10分）			专业特色明显、实施过程简单和持续、实施效果好	专业特色较明显、实施过程简单、实施效果较好		

注：①评价标准设定为A、B、C、D四个等级。A级为90～100分，B级为75～89分，C级为60～74分，D级为59分及以下；②每个观测点得分=评价分值×权重

（六）评价实施

1. 评价主体

根据评价工作要求可以有不同的评价主体：教育行政主管部门、专业评估机构、高校、社会公众及媒体。各主体可以单独或合作开展评价工作。

2. 评价范围

评价方案涉及培养背景、培养条件、培养过程和培养结果四个方面，涵盖定位与目标、招生、教师队伍、条件与保障、课程与教学、学生发展与服务、组织与管理、培养结果 8 个一级指标，有"办学定位"等 23 个二级指标、41 个观测点、1 个特色指标。

3. 评价程序

评价工作是在教育部主管部门领导下进行的，具体程序包括学校自评、专家进校考察、评估结论审议与发布等。

（1）学校自评。参评学校根据本办法和评价指标体系开展自我评估，按要求填报该专业教学基本状态数据，在此基础上形成《自评报告》和《财务管理专业教学基本状态数据分析报告》。

（2）专家进校考察。专家组在审核学校《自评报告》和《财务管理专业教学基本状态数据分析报告》基础上，通过查阅材料、个别访谈、集体访谈、考察教学设施与公共服务设施、观摩课堂教学与实践教学等形式，对学校教学工作做出公正客观评价，形成写实性《财务管理本科专业人才培养质量评价报告》。

培养质量评价报告应在全面深入考察和准确把握所有评价观测内容基础上，对各评价指标及其观测要点的审核情况进行描述，对该专业人才培养总体情况做出判断和评价，同时明确学校教学工作值得肯定、需要改进和必须整改的方面。

（3）评估结论审议与发布。评价结论的审议和发布要根据教育行政部门的规定进行，不可擅自发布评价结论。

（七）评价结果应用

评价结果报送教育行政部门，反馈给专业办学院校，并向社会公布。评价结果主要应用在如下几个层面。

1. 专业办学院校

专业办学院校根据评价结果，查找培养条件、培养过程中的问题，修订和完善人才培养方案，加强内涵建设，改善培养条件，规范管理，提升服务，深化教学改革，强化学生的综合素质培养，提高学生的专业实践能力和专业教学能力，主动适应中等职业学校财务管理相关专业教学需要。

2. 用人单位

评价结果可供中高等职业学校、企业用人单位参考，便于社会用人单位对人才培养质量的监督。

3. 教育行政部门

评价结果报送教育行政部门，便于教育行政部门了解、监督、管控职教师资培养质量。

参 考 文 献

安心. 1996. 高等教育质量的本质探析. 高等师范教育研究,（5）：39-44.

昌庆钟. 2013. 审核评估与高校内部质量保障体系建设的四个转变. 中国大学教学,（7）：75-78.

韩映雄. 2003. 高等教育质量精细分析. 高等教育研究（武昌）,（3）：72.

贺文瑾. 2014. 职业教育"双师型"教师队伍专业化建设的新部署. 中国职业技术教育,（21）：216-222.

雷冬海. 2010. 高等职业教育师资队伍建设研究. 成人教育,（12）：29-30.

李贤温. 2005. 高等职业教育目标对师资队伍建设的要求. 职教论坛,（3）：179-180.

林林, 姚青梅, 卢胜利. 2012. 职教师资人才培养模式的改革与实施：以"卓越职教师资培养计划"为例. 职业技术教育,（35）：65-68.

刘占山, 赵为粮. 2007. 需求导向的职业教育探索与实践——中国–澳大利亚（重庆）职业教育. 北京：高等教育出版社.

邵玉华. 2013. 现代高等职业教育师资队伍建设及教育质量保障探讨. 黑龙江科技信息,（10）：217.

申钢. 2010. 浅谈高等职业教育师资队伍建设. 内蒙古煤炭经济,（3）：111-113.

石美珊. 2012. 公关礼仪专业教师教学能力标准、培训方案和培训质量评价指标体系（教育部财政部中等职业学校教师素质提高计划成果）. 北京：中国人民大学出版社.

王彦红, 李翔明. 2010. 浅谈职业教育师资队伍建设. 中小企业管理与科技（上旬刊）,（4）：155.

吴友娟, 沈晓蕙. 2008. 完善"双师型"教师评价标准之我见. 今日科苑,（6）：235-236.

肖化移, 周一苗. 2009. 质量标准的职教教师教学能力结构探析. 武汉职业技术学院学报,（2）：46-49.

周芳. 2013. 高职"双师型"教师胜任力提高的研究——基于德国职教师资的引入、培训、激励评估机制. 唯实（现代管理）,（1）：53-54.